中国世界文化遗产预备名单项目

首批中国20世纪建筑遗产

汪东明　主编

江苏凤凰美术出版社

编辑委员会

前　言

2024 年 12 月，中山陵及其附属建筑被列入《中国世界文化遗产预备名单》。此前，在 2016 年，中山陵入选“首批中国 20 世纪建筑遗产”。中山陵也是首批全国重点文物保护单位、全国爱国主义教育示范基地，所处钟山风景名胜区是首批国家重点风景名胜区、国家 5A 级旅游景区。

中山陵是伟大的民族英雄、伟大的爱国主义者、中国民主革命的伟大先驱孙中山的陵墓，1926 年兴建，1931 年底完工。后因社会各界对孙中山的缅怀、纪念以及陵园的建设发展，在周边建设了音乐台、光化亭、藏经楼、仰止亭、行健亭、流徽榭、永慕庐等附属建筑。

中山陵及其附属建筑在不同时期都受到高度重视不是偶然的，作为我国近代杰出的公共纪念建筑，它们融合了古典与近代、中国与西方、庄严与世俗的元素，凝聚了从传统王朝向近代民族国家转型的多元经历和体验，成为全民共享、保存、展示公共记忆的载体，中华民族和国家认同的重要资源，具有时代特征性、文化经典性、丰厚内涵性和世界意义性，堪称人类（而不仅仅是中国）近代历史变革所留下的标志性文化遗产，对人类共同发展具有突出普遍价值。其突出普遍价值主要体现在物质性、符号性、功能性三个方面。

在物质性方面，中山陵及其附属建筑既具有中西古典特征，又具有近代意蕴，既有悠久深厚的中国传统文化渊源，又有近代西方文明的浸染，并与中国近代建筑业（设计艺术、工程技术、建筑业态）转型发展密切相关，代表了大航海时代以来中西文化碰撞融合的高峰，是中国建筑史上的重要里程碑。对此，从当时的设计者、评判专家，到后来的近代建筑史专家，已经有详细的分析和阐释。

在符号性方面，中山陵及其附属建筑既具有独特性，又具有普遍性的象征内涵。中山陵及其附属建筑不仅是物质的，因与中国近代的政治转型密切相关，更是特殊的象征符号。民族民主革命和现代国家建设是近代政治转型的基本主题，从“天下一人”“一盘散沙”，到唤起民众、民族觉醒、国家建设、世界和平，经历了复杂艰难的转型过程。这个过程，是整个人类近代历史发展进程的重要组成部分，在世界历史上具有重大意义和影响。孙中山终其一生，谋求建立一个统一、富强、民主、文明、开放并且热爱和平的现代国家，这不仅代表了近代以来中国人的期望，也是全人类的追求。中山陵的设计与建造成功地将孙中山这样一位现代伟人形象与中西合璧的纪念建筑相结合，体现了在近代中国社会转型之际，中国第一代建筑师以一种独具中国特色的现代建筑对民族精神进行传承和弘扬的努力，是中国近代以来民族复兴精神在建筑上的表达。

在功能性方面，中山陵及其附属建筑既庄严又世俗，既有精英属性又具有大众属性的公共纪念内涵，即公共文化建设与中华民族共同体从自在走向自觉。法国著名学者厄内斯特 · 勒南早在 19 世纪就指出，“一盘散沙不是一个民族”，基于共同历史记忆和未来展望的精神共识，才是凝聚民族的关键。后来的学者进一步研究发现，这种精神共识的形成，有赖于各项公共文化建设。有形的物化场所、公共纪念建筑，特别是民族英雄的纪念物，尤其具有重要作用。中山陵即属这类公共纪念建筑。与欧美各国的近代公共纪念物相比，中山陵的公共纪念内涵，也就是庄严性和世俗性、精英属性和大众属性的统一，体现得更加明显，在凝聚民族精神共识方面的作用也更加突出。

孙中山不仅是历史的，也是当代的，不仅是中国的，也是世界的。中山陵及其附属建筑的设计与建造体现了“以伟大之建筑 作永久之纪念”的初衷，近百年来的保护和管理则体现了整个中华民族对于近代伟人、民族英雄孙中山一以贯之的尊崇和纪念。目前，每年前来参观拜谒的海内外观众超过 600 万人次，中山陵成为世界了解中国和南京的一个重要窗口。

在中山陵及其附属建筑被列入《中国世界文化遗产预备名单》之际，中山陵园管理局特组织编写了《中山陵》一书。该书包括《钟山文脉的近代传承：建筑环境与空间篇》《纪念建筑的伟大杰作：建筑艺术与价值篇》《走向世界的文化遗产：建筑保护与传承篇》，图文并茂，兼顾学术性和通俗性，以全新的视角反映了中山陵及其附属建筑的设计理念、建造过程、独特价值及近百年来的保护管理情况，让读者有机会了解和感受中山陵及其附属建筑所独有的政治、经济、历史、文化、科技、美学、生态价值。

今后，我们将继续深入贯彻落实习近平总书记关于文物工作的系列重要论述，坚持“保护第一、加强管理、挖掘价值、有效利用，让文物活起来”的新时代文物工作方针，进一步加大文化遗产保护力度，做好保护传承、价值阐释及展示传播，为建设社会主义文化强国、增强民族文化自信贡献力量！

2025 年 5 月

目　录

钟山文脉的近代传承

建筑环境与空间篇

钟山文脉与古都南京

伟人孙中山与南京

以伟大之建筑 作永久之纪念

中山陵园的规划与建设

1925 年 3 月 12 日，孙中山在北京病逝。遵照其生前遗愿，在南京紫金山建造了中山陵，并规划兴建了包括附属建筑、文体设施、名人墓葬和森林景观等在内的一座大型纪念陵园，成为纪念孙中山开创共和时代的丰功伟绩和为国为民鞠躬尽瘁的崇高品格、展现中华民族从沉沦走向复兴进程和奋斗精神的重要载体和时代符号，钟山文脉实现了由古代中国向现代中国的嬗变与传承。当时的西方人评价，“雄峙在城外的紫金山是南京最触目的界石。它简直可以称为‘圣山’，因为‘中国的华盛顿’孙中山先生的陵墓就在这儿”。[1]

1.（美）罗伯特·摩尔：《扬子江往来》，《旅行杂志》1948 年第 22 卷第 4 期。

一、钟山文脉与古都南京

“文脉（context）”一词为语言学概念，具有两个层次的内容：一为横向时空关联，即共时性（synchronic）；二为纵向时空关联，即历时性（diachronic）。由此，钟山文脉可以理解为在历史发展过程中及特定条件下，钟山范围内的人、自然环境、建成环境及相应文化背景之间一种动态的、内在的本质联系的总和。[2] 简言之，钟山文脉就是钟山地区文化的发展脉络与传承关系。[3]

钟山文脉的形成与嬗变，与六朝古都南京的兴衰更迭休戚相关，是南京城市文脉的典型代表。历史上的钟山，一直是南京的重要地理标志，历代定都南京的王朝都视其为都城之根脉。[4] 在南京近 3100 年的建城史中，尤其自东吴、东晋、南朝、唐、宋、明、清以来，凡重大的政治、经济、军事、文化等变化发展，几乎都和钟山有着不可割裂的联系。而钟山之于南京，则沉积了深厚的历史底蕴和丰富的人文资源，成为孕育南京文化的重要地理空间形态，更成为南京文脉延续的载体。在钟山方圆 31 平方公里范围内，现存各类文物古迹 200 多处，成为古都南京的重要历史见证。

（一）钟山起源与早期文化形态

钟山，古名金陵山，位于南京市东部，是宁镇山脉的主峰，形成于距今 1.6 亿至 1.8 亿年前的侏罗纪中期，剧烈的地壳运动造成了其南平北险的地形地貌，气势雄伟，山水形胜，宛如巨龙。而到了大约 1000 万年前，长江南京段、秦淮河、金川河、滁河才相继形成。从这个意义上来说，钟山是南京的源头，是南京文化的根。[5]

2. 苗阳：《我国传统城市文脉构成要素的价值评判及传承方法框架的建立》，《城市规划学刊》，2005 年第 4 期。

3. 高雨辰著：《城市文脉与公共艺术》，天津大学出版社 2022 年版，第 2 页。

4. 周琦等著：《南京近代建筑史》（卷二），东南大学出版社 2022 年版，第 333 页。

5. 卢海鸣：《钟山文化：南京文化的代表》，王鹏善主编：《首论钟山文化》，南京出版社 2008 年版，第 85 页。

战国时期，楚威王熊商于公元前333年在石头城筑邑，“因山立号，置金陵邑”[6]，南京的古称“金陵”即源于此。至公元前210年，秦始皇东游渡江时，“望气者云，五百年后，金陵有天子气，因凿钟阜，断金陵长陇以通流，至今呼为秦淮，乃改金陵邑为秣陵县”。[7]汉代，始称钟山。

东汉末年，钟山及其区域得以真正获得文化的建构与开发，而这与南京开始崛起的时间正相吻合。[8]秣陵尉蒋子文追逐盗贼，战死于钟山，东吴孙权封其为中都侯。为避祖孙钟之讳，钟山更名为蒋山，尊蒋子文为蒋山之神，并建蒋子文庙，“在六朝时至为灵显，齐永明中至封以帝号，南唐追谥庄武帝，亦尤后世之崇奉关帝也”。[9]蒋子文神崇拜是当时江南地区最具代表性的民间信仰，历代到南京蒋子文庙瞻礼者众多，后逐渐演变成以祭祀、歌舞及商品交流活动为表现形式的蒋王庙庙会，成为南京历史上四大庙会之一。如今，蒋王庙早已不在，然其作为地名仍保留至今。

（二）六朝时期的扬都之镇与文化高峰

相传三国时期，诸葛亮出使孙吴时曾赞叹：“钟山龙盘，石头虎踞，此乃帝王之宅也。”[10]“龙盘虎踞”就此成为南京的象征，钟山也因此名闻遐迩。公元229年，孙权应诸葛亮等人的劝说，徙治秣陵，修建石头城，改秣陵为建业，正式迁都建业，首开南京成为都城的先河。公元252年，孙权病逝葬于蒋山之阳，称为“蒋陵”，其所在的山岗旧又称孙陵冈、吴王坟，即今梅花山，此为钟山正式开启帝王陵墓之始，从此确立了钟山作为金陵第一名山不可动摇的地位。

6. 叶楚伧、柳诒徵主编：《首都志》上，正中书局1935年版，第3页。

7. 叶楚伧、柳诒徵主编：《首都志》上，正中书局1935年版，第4页。

8. 贺云翱：《简论“钟山文化”》，王鹏善主编：《首论钟山文化》，南京出版社2008年版，第103页。

9. 朱偰著：《金陵古迹图考》，南京出版社2019年版，第11页。

10.（唐）许嵩：《建康实录》注引晋朝张勃《吴录》。

东晋及南朝时期，钟山被称为“扬都之镇”。据《丹阳记》曰“其形象龙，实作扬都之镇”[11]，表明它是六朝江山的至尊之山，受到国家臣民的崇敬。相传，晋元帝司马睿渡长江时，看到岸边山上烟云多呈紫色，故名紫金山，或称金山，这一名称与东晋王朝借山中“紫气”为符瑞巩固统治有颇多关联。又因钟山位于东晋建康宫城东北，而得名北山。南朝梁武帝时期，于钟山西麓“置爱敬寺，江表上巳常游于此，为众山之杰”。登游钟山爱敬寺在梁时成为上巳节出游的热门风俗，游人中有皇帝，故得名“圣游山”。东晋太元八年（383 年），秦苻坚入侵，晋孝武帝铸神于钟山南岩之“钟山坛”。梁武帝天监十一年（512 年）筑西静坛，作为皇家祭祀场所。钟山更成为东晋五帝、南朝刘宋二帝安葬之地，晋康帝司马岳崇平陵、晋简文帝司马昱高平陵、晋孝武帝司马曜隆平陵、晋安帝司马德宗休平陵、晋恭帝司马德文冲平陵在山阳，宋武帝刘裕初宁陵、宋文帝刘义隆长宁陵在山东[12]，进一步强化了钟山的政治地位。

六朝时期，不仅是南京城市营建史上的重要阶段，也是钟山文化景观建设的重要发展时期，钟山逐渐从林野城郊演变为汇聚皇室和士族官僚园宅、祠庙、道馆、寺院、学馆、隐社的人文荟萃之地。当时，南京是与北魏洛阳齐名的中国两大佛教中心之一，梵宫琳宇，钟磬之声相闻，而钟山就有寺庙 70 余所。据清代《同治上江两县志》：“梁以前立佛寺七十所，历代以降递有废兴。”[13]宋元嘉元年（424 年）建下定林寺，元嘉十年（433 年）天竺高僧会初于钟山之阳建宋熙寺，元嘉十二年（435 年）建上定林寺，逐渐成为建康佛教的中心之一。齐永明四年（486 年）建商飙别馆于孙陵冈，每年九月九日于该馆“宴群臣讲宴，以应金节之气”。梁武帝天监六年（507 年）王昙郎建明庆寺，天监十三年（514 年）为埋葬名僧宝志的遗骨法函建志公塔，并于次年在塔前空地建开善精舍；普通元年（520 年）梁武帝为太祖文皇帝在钟山北高峰建大爱敬寺，昭明太子萧统在钟山建读书台，称太子岩。此外，宋文帝为雷次宗在钟山西岩下建招隐馆，齐始安王萧遥光等在钟山南麓为吴苞立学馆，周颙在钟山西立隐舍，以及修建了博望苑、青林苑、东田小苑、沈约郊园等园林景观。这些文化创造到唐、宋、元时期还颇有影响。

11.《景定建康志》卷一七《山川志一·山阜》引。

12. 朱偰著：《金陵古迹图考》，南京出版社 2019 年版，第 13 页。

13. 甘绍盘修、汪士铎等纂：《同治上江两县志》，江苏古籍出版社 1991 年版，第 82 页。

南京的绿化也始于六朝，建康周围的山林以钟山地位最为显要。《金陵地记》云：“蒋山本少林木，东晋令刺史罢还都种松百株，郡守五十株。”[14] 到梁朝时期，钟山已是树木葱茏。陈朝时期，陈后主与大臣张讥游玩钟山，曾经以山上的松枝取代麈尾，故诗人梅挚有“千松麈尾”之句。如今的钟山，森林面积达 3.5 万亩，被称作南京的“绿肺”，是南京的生态符号。

更为突出的是，随着中原文化重心进一步南移，钟山成为中华文脉在南京本土化涵育的重要地理场所，钟山文化迅速发展并出现高潮。钟山是南朝审音文士与善声沙门合作发明“四声”的地方，推动了中国古体诗向格律诗的演变。钟山是山水诗、山水画、山水文学艺术的诞生处。刘勰在这里完成了千古奇书《文心雕龙》，在中国文学批评史上树立了新的里程碑，并开创了国际“龙学”之源。一代佛教律学大师僧佑在这里完成了中国迄今所见第一部佛学目录著作《出三藏记集》。昭明太子萧统“一生聚书近三万卷”，常在钟山主峰太子岩读书著述，编纂的《昭明文选》30 卷流传至今，是中国最早的一部诗文集。[15]

目前，钟山主峰之巅留有昭明太子讲经地、读书台，主峰之南山腰上有“2000 年全国十大考古发现”之一的六朝建筑遗存，是目前国内发现最古老、最大的皇家地坛，其历史地位、研究价值极其重要。定林寺遗址等佛教遗存则记述着钟山佛教的繁盛景象，原址复建的定林山庄于 2024 年辟为钟山文学馆，成为钟山一处新的文化地标。

钟山文学馆

14.《太平御览》卷四一《地部六·钟山》引《金陵地记》。

15. 王鹏善主编:《钟山志》(序二)，南京出版社 2009 年版，第 5 页。

（三）唐宋时期的江南名山与文化大观

隋灭陈后，南京因受到政治上的贬抑而衰落。唐宋时期，南京的地位和影响力不断增强，成为东南地区的重要城市之一。这一时期，钟山成为江南四大名山之一，呈现出独特的多层文化样貌，成为中国文学史上一个重要的文化符号。唐天宝年间，画家吴道子为钟山开善寺绘宝志像，诗人李白题像赞，由著名书法家颜真卿书写，刻在同一块石碑上，史称“三绝碑”。唐宋期间，开善寺几度易名，唐末改名为宝公院，南唐称开善道场，宋太宗又改为太平兴国寺，宋、元遭遇两次大火，唐三绝碑被毁，元初重刻，明清历经毁坏和重修。宋代，钟山出现了自然与人文景观建设的小高潮，新命名了一人泉、道光泉、霹雳沟、道卿岩、应潮井等。

无数大家名流，都以钟山为题，写下许多千古传诵的怀古诗篇，《钟山诗文集》收录了唐宋时期93位名人的304首诗词。唐代，六朝文化记忆有李白的“钟山危波澜……六代更霸王”的千古佳句，李商隐的“三百年间同晓梦，钟山何处有龙盘”；山林宗教文化有高适的“驾车出人境，避暑投僧家”，崔峒的“客寻朝磬至，僧背夕阳归”；山岳地理景观有王昌龄的“远别舟中蒋山暮，君行举首燕城路”，李建勋的“楼台虽少景何深，满地青苔胜布金”等[16]，金陵怀古的意象表达尤为突出。宋代，钟山从文人吟咏的写作对象之客体，升华为可寄托生命追求的精神主体。王安石、苏轼、杨万里、陆游等人的诗句最具代表，其中退隐并葬于南京的王安石对钟山倾注了最深切的情感，留下数百首与钟山有关的诗词，如《独卧有怀》“有怀无与言，伫立钟山暝”、《游钟山》“终日看山不厌山，买山终待老山间。山花落尽山长在，山水空流山自闲”[17]，钟山在文化、政治、情感与生命的交织中拥有了丰富的文化大观。

16. 王鹏善主编：《钟山诗文集》，东南大学出版社2013年版，第7、8、9、11页。

17. 王鹏善主编：《钟山诗文集》，东南大学出版社2013年版，第15、23页。

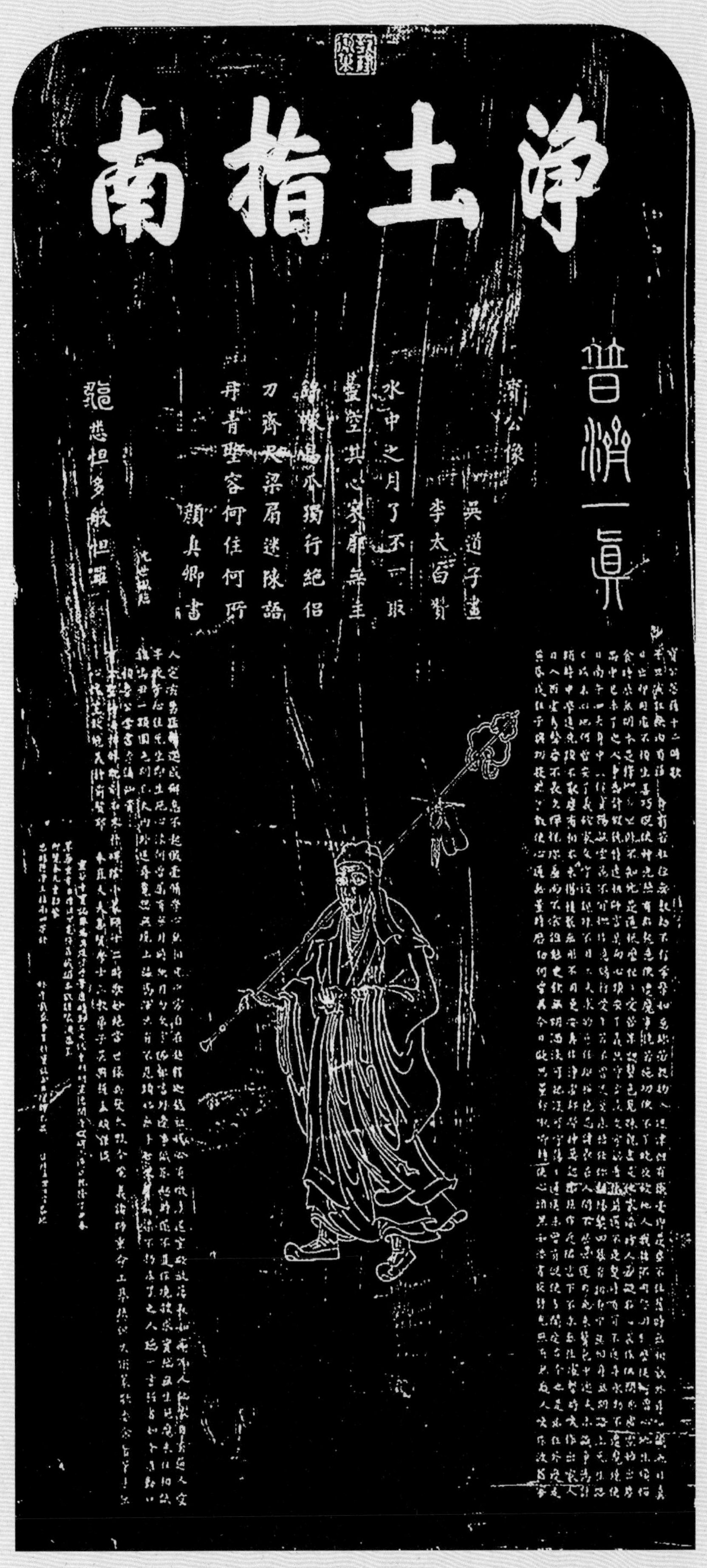
淨土指南
普濟一真
寶公像
吳道子畫
李太白贊
水中之月了不可取
虛空其心寥廓無主
錦幪鳥爪獨行絕侶
刀齊尺梁扇迷陳語
丹青聖容何往何所
顏真卿書

三绝碑拓片

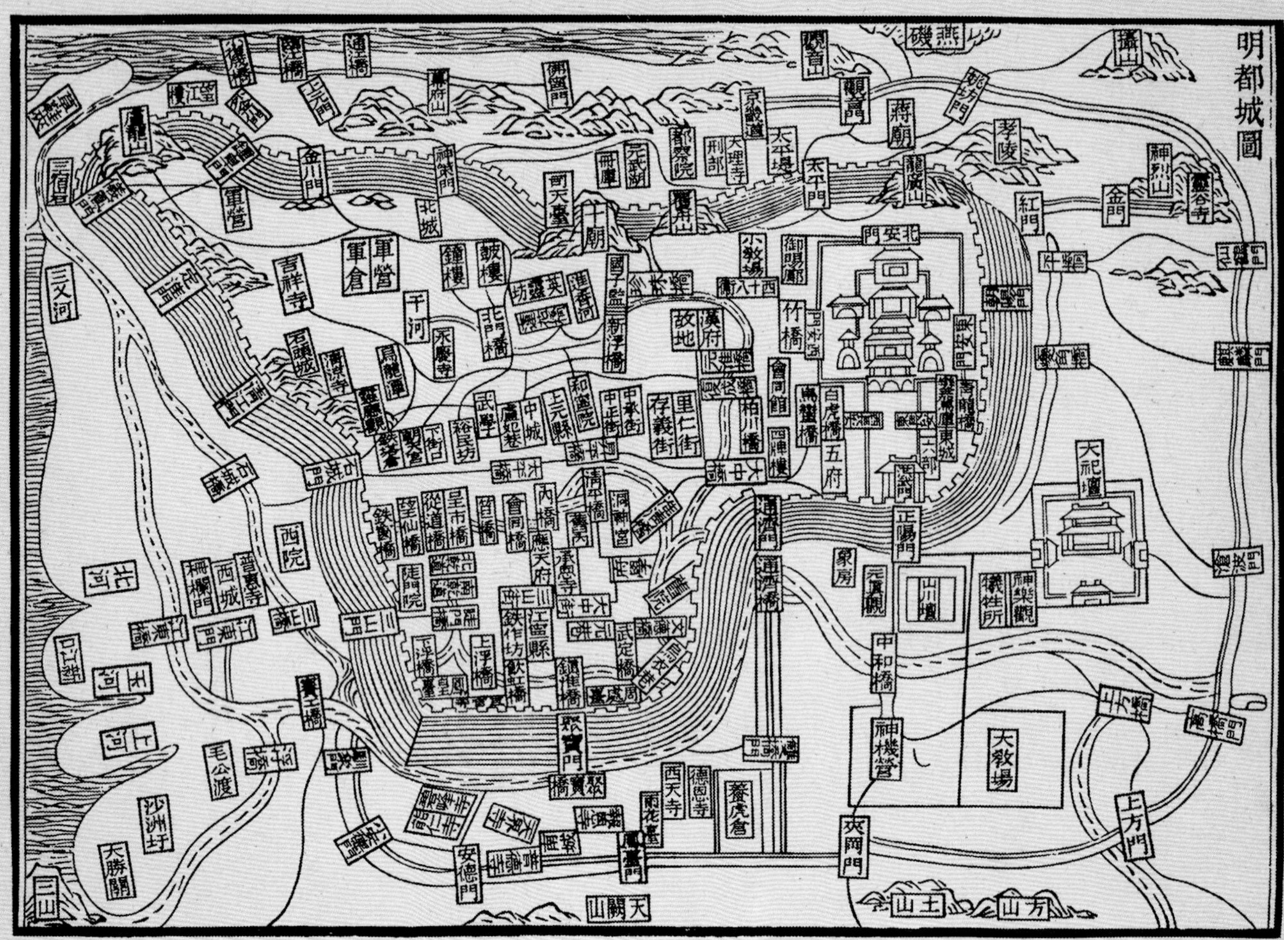
明都城圖
孝陵
神烈山
靈谷寺
金門
紅門
太平門
太平堤
大理寺
刑部
都察院
元武湖
神策門
金川門
北城
鐘樓
鼓樓
北門橋
干河
吉祥寺
軍倉
軍營
三叉河
石頭城
清涼寺
西院
竹橋
五府
會同館
存義街
里仁街
漢府
故地
國子監
正陽門
大祀壇
中和橋
神機營
大教場
上方門
夾岡門
聚寶門
養虎倉
西天寺
德恩寺
安德門
毛公渡
沙洲圩
大勝關
天闕山
土山
方山

明都城图

（四）明清时期的皇家禁地与文化兴衰

明清以降，朱元璋于1352年起义，“荡涤群雄，戡定祸乱”，1368年称帝，建都南京，国号大明，建元洪武。同年，克元大都（今北京），后又统一中国，其丰功伟绩“治隆唐宋”。明太祖朱元璋将皇宫选定在钟山之阳，在修筑四重城垣时将钟山圈入外郭之内。从某种意义上来说，自明朝起，钟山已经成为南京城内之山，与政治有了更加紧密的联系。明洪武九年（1376年），开始在钟山南麓修建孝陵，洪武三十一年（1398年）朱元璋病逝葬于此。明世宗嘉靖十年（1531年），下诏改钟山为神烈山；崇祯年间立“禁约碑”，重申保护孝陵，严禁破坏孝陵龙脉，除了灵谷寺及其以东范围，都被列为皇家禁地。

如今，钟山的独龙阜坐落着明朝开国皇帝朱元璋与马皇后合葬的明孝陵。孝陵的东侧是太子朱标的东陵，钟山之阴则分布着明初开国功臣徐达、李文忠、常遇春、吴良、吴祯等人的墓葬，显示出钟山非凡的政治地位。明孝陵布局气势恢宏，现存建筑雄伟壮观，是明清皇家陵寝的典范之作，开创了明清帝陵制度的先河，在中国帝陵制度发展史上具有划时代的地位，2003年入选《世界遗产名录》，成为古都南京唯一一处世界文化遗产。

清代，再次恢复钟山之名，钟山的政治地位日渐衰落，但军事功能得以凸显。“因钟山居高临下，易守难攻，南京历代战争，辄以钟山为全城之锁钥”。[18] 咸丰年间，洪秀全领导太平军攻占并定都南京，改南京为天京。太平军两破清军设于钟山周围的江南大营，并在钟山天堡城、地堡城等处与清军展开保卫天京的惨烈战斗，其间钟山植被、建筑景观均遭到大面积破坏，明孝陵享殿毁于战火，后于同治年间重建，但建制与规模均小于原建筑。目前，残存的部分天堡城、地堡城遗址可见当年战况的激烈。因此，钟山作为南京的东北屏障和咽喉之地，堪称南京城东锁钥。

18. 叶楚伧、柳诒徵主编：《首都志》（上），正中书局1935年版，第234页。

計開

一天下諸司官員人等車馬過

陵官步行下馬違者以大不敬論

一該監掌印提督本監官屬及[illegible]直內使

香奉祀當川灑掃俱管領一衞五所官軍

晝夜防[illegible]不許偷安疎縱[illegible]看[illegible]離

一橋垣內[illegible]樹木[illegible]

[illegible]

[illegible]

[illegible]或雷火

[illegible]要以時[illegible]移遷

一[illegible]仍具疏奏聞

一自武岐山之西燕岡花[illegible]龍岡孔山

之武燕岡湯山之黃[illegible]岡全字山之分水

岡白雲峯之橫堰武岡山之晏公岡俱係

來脉過峽不許騎奔等窯燒山殺燒違者

處斬

一官軍有科斂饋送不行用心巡視及該管

衙門貪圖賄賂不嚴加約束以致下人恣肆作

弊定行重治

一

殿宇碑亭廚庫房屋及牆垣水洞等項或有損

壞經管各官即將修理毋得任其傾圮自

干罪戾

一巡山官軍凡遇騎坐馬驘趕喝頭畜於園

林內邊牆作踐行走褻慢略無敬畏即挐

送該衙門究問如律亦不許借端生事妄

挐平民肆行擾害柔發併究

一掌教官遇有前項不法事情通同縱庇容

隱不舉許內外守備及南京部院科道即

時糾参如違一體論治

崇禎十四年五月

南京神宮監欽奉
皇帝敕諭爲禁約事竊照從古埋
金有天子葱鬱之氣我朝奠
鼎爲國家豐芑之基洪惟
太祖高皇帝驅逐胡元首闢方夏在
天之靈妥侑於斯仰瞻
孝陵關係根本祖脉發自茅山鮮原
開於鍾阜龍蟠鳳翥屬萬年
有道之靈虎踞牛眠衍千載
無疆之祚杯土寸石豈合損
傷國初列有榜文大彰明禁
無奈年久瀆湮法弛人玩或
過
陵不敬或翦伐樹株或開窯燒造或
採取土石圖利而鑿傷龍脉妨
礙風水巡緝官軍足跡不到
晨昏灑掃視爲虛文除張其
緒等已經重擬大辟外其餘
姑念無知槩從寬典合行再
申禁諭勒之碑石以垂永久
今後大小官員軍民人等敢
有仍前不法故違明禁者即

禁约碑拓片

世界文化遗产明孝陵

明清两代，关于钟山的诗文最盛，钟山的政治符号、文化符号、精神符号因为南京曾作为帝都的历史再一次得到升华，形成清晰且丰富的钟山文脉。《钟山诗文集》收录了明代228位名人的395首诗词、清代274位名人的560首诗词。明宋濂的“钟山菀如沐，绣巘孕春饶”、高启的“钟山如龙独西上，欲破巨浪乘长风”，清陈维崧的“钟山后湖，长干夜乌。齐台宋苑模糊，剩连天绿芜”，吴敬梓的“紫气冒碧峰，草木郁葱蒨”等等[19]，为钟山文脉的传承和发展注入了新的生机。

历史的钟山人文荟萃，自然的钟山风景奇绝，名胜壮美，无论是明代文伯仁所绘“金陵四十八景”，还是《金陵图咏》中的“金陵四十景”，抑或清康熙《江宁府志》中的“金陵四十八景”，“钟阜晴云”始终位列胜景之首。此外，还有因南朝佛教居士周颙建造的草堂寺而得名的“草堂之景”，因灵谷寺苍翠风物而得名的“灵谷深松”，以及“台想昭明”“商飙别馆”“甘露佳亭”“凭虚听雨”等景观，以自然山水与人工建筑相融的景观态势，一起构成钟山极具特色的胜景文化，成为古代南京的重要文化景观。[20]

作为南京重地的钟山，其历史变迁在一定程度上反映了古都南京城市的发展历史，在中国漫长的文明史上极具代表意义。而钟山对于南京，它的内涵早已超出了单纯的地质地理的概念，而成为一个包含多重文化层面、多种观念形态的抽象概念，并被赋予神圣和权威的象征。可以说，钟山文脉以其独特且复合的文化特质成为中华文脉漫长发展历史的有力见证，钟山文化更成为中华优秀传统文化的重要组成部分。

19. 王鹏善主编：《钟山诗文集》，东南大学出版社2013年版，第75、92、185、220页。

20. 唐晓岚、高思源、施国俊：《江南文脉视域下的钟山文化特质研究》，《园林》2024年第2期。

二、伟人孙中山与南京

历史进入近代，孙中山的名字与南京这座城市紧密相连。作为中国近代史的开端之地，南京见证了近代中国的历史变迁，成为孙中山领导辛亥革命推翻清政府，建立民主共和国的开府之地。而南京继明朝之后，再一次成为中国的首都，这对南京后来的政治和历史地位产生了深远的影响。孙中山虽然在南京执政仅三个月，但南京对他却有着深刻的政治意义，孙中山临终遗愿选择葬于南京紫金山。从此，南京因为有了孙中山、有了中山陵而成为全球华人共同记忆的凝结之地。

（一）南京是孙中山革命理想实现之地

1840 年鸦片战争爆发，西方列强强行打开了中国闭关锁国的大门，1842 年中国近代历史上第一个不平等条约中英《南京条约》签订。此后，西方列强通过一系列侵略战争和一系列不平等条约，使中国从一个独立自主的国家逐步沦为半殖民地半封建国家。在深重的民族危机面前，先进的中国人尝试运用各种改变中国面貌的方案，均不能推动中国迈向现代民主社会。而以孙中山为首的革命党人在总结前人经验教训的基础上，决心采用武装手段，推翻清王朝的统治。孙中山于 1894 年创立兴中会，走上革命道路，并首次响亮地喊出“振兴中华”的口号。1911 年，孙中山领导辛亥革命推翻了清政府，结束了统治中国几千年的君主专制制度，建立了亚洲历史上第一个共和制国家。辛亥革命成为中华民族伟大复兴征程上的一座巍然屹立的里程碑。[1]

1. 习近平：《在纪念辛亥革命 110 周年大会上的讲话》，《人民日报》2021 年 10 月 10 日。

任中华民国临时大总统时的孙中山

1912年1月1日，孙中山在南京宣誓就任中华民国临时大总统，组建南京临时政府，标志着中国历史上第一个共和政府的成立，从此开创了中国乃至亚洲历史的新时代。武昌起义胜利和南京临时政府的成立，都是孙中山对中国民主革命所作的丰功伟绩，标志着推翻帝制、建立共和国两大任务的初步实现，中国从旧的封建国家迈向新的民主共和国家，开启了由传统向现代的过渡转型。辛亥革命取得胜利表明，孙中山不愧是站在时代潮流的历史伟人。

孙中山创建的南京临时政府，是他“在辛亥革命时期，领导人民推翻帝制，建立共和国的丰功伟绩”[2]的最主要标志。在孙中山担任临时大总统期间，制定颁布了上百项政策法令，体现了革故鼎新、移风易俗、发扬民主政治的新精神，指明了中国未来美好的社会图景。对于在南京三个月的作为，孙中山说：“救我民国惟有两途：一则维持予在南京三月为民国所经营之诸制度；一则从头再举革命之全事业而已。”[3]

2. 毛泽东：《纪念孙中山先生》，《人民日报》1956年11月12日。

3.《救国之急务——在上海寰球中国学生会举办专题讲演会的演说》（1919年10月18日），黄彦主编：《孙文全集》第十册《演说》，广东人民出版社2021年版，第363页。

对孙中山来说，辛亥革命具有无比重要的意义，是他毕生事业的巅峰，而南京则是所有这一切的见证，他为之奋斗了十余年的事业终于结出了胜利的果实。虽然，几个月后他出于革命需要主动让位，而南京则永远留在了他的记忆中。[4]

（二）孙中山安葬南京的历史深意

1925年孙中山逝世后葬于南京，是他本人的选择。早在1912年3月10日，孙中山辞去临时大总统后，与秘书胡汉民、侍从队长郭汉章等人前往紫金山游猎，有感于彼处山水形胜，对随行者说："候他日逝世，当向国民乞此一块土，以安置躯壳。"[5]关于更多细节，郭汉章在《南京临时大总统府三月见闻实录》中回忆："中山先生说从今天起我是自由人民了，叫我备几匹马一起打猎去。遂与胡汉民等骑马出朝阳门到明孝陵，后转至半山寺（今中山陵所在），中山先生打中一只野鸡，就在一个土地庙旁下马休息。我和胡汉民跟着中山先生步行上山，走到现在中山陵墓穴地方，先生四面环顾，指着对面远处方山和回环如带的秦淮河说：'你们看，这里地势比明孝陵还要好，有山有水，气象雄伟，我真不懂当初明太祖为什么不葬在这里！'胡汉民说：'这里确比明孝陵好，拿风水讲，前有照，后有靠，左右有山环抱，加以秦淮河环绕着，真是一方大好墓地。'中山先生接着带笑说：'我将来死后葬在这里那就好极了。'"[6]因此，这些成为孙中山自选长眠地说法最早的由来。

4. 李恭忠著：《中山陵：一个现代政治符号的诞生》（修订版），生活·读书·新知三联书店2019年版，第200页。

5.《千古一瞥时之孙先生》，《民国日报》1925年3月16日第一张第三版。

6. 郭汉章：《南京临时大总统府三月见闻实录》，《江苏文史资料选辑》第1辑，第37页。

1912年3月10日，孙中山与随行人员在紫金山行猎留影。

七日第十七次報告云病者昨夜甚爲安好惟大體衰弱仍未變更脈搏
一一五溫度如常克禮醫生三月七日
八日第十八次報告云病者狀況並無變化惟水分略增脈搏一一六溫
度三七・三克禮醫生三月八日
九日第十九次報告云病者因腹部所積水分增加益見衰弱呼吸約在
每分鐘二十至三十之間脈搏一百十五溫度如常克禮醫生三月九日
十日第二十次報告云病者病情日益危險體力漸次消失水腫亦增劇
現脈搏一百二十五次體溫如常克禮醫生三月十日
十一日第二十一次報告云病者狀況較昨日更惡腹中水分增加不得
不取出以減少壓迫與嘔吐昨夜頗安靜惟已漸不願進食溫度如常脈
搏一五零至一六零呼吸十八克禮醫生三月十一日
十二日第二十二次報告云孫博士今晨九時三十分安然而逝神志清

哀思錄　醫生報告　六

明臨終不改昨日下午發表其對於諸事之最後囑咐並曾告孫夫人願
如其友人列甯保存遺體且願葬於南京孫博士之遺體已移至協和醫
院施行保存手續克禮醫生三月十二日

哀思錄　醫生報告　六

《哀思录》记载的《克礼医生之报告》

时隔 13 年后的 1925 年 3 月 11 日孙中山病重弥留之际，又对宋庆龄、汪精卫等人交代：“吾死之后，可葬于南京紫金山麓，因南京为临时政府成立之地，所以不可忘辛亥革命也。”[7] 这次谈话在为孙中山医治的德国医生克礼之报告中有明确记载：“孙博士今晨九时三十分安然而逝，神志清明，临终不改。昨日下午，发表其对于诸事之最后嘱咐，并曾告孙夫人愿如其友人列宁保存遗体，且愿葬于南京。”[8] 更有江苏人士于秋穆提出：“关于葬地问题，自以武昌、南京为最适宜，鄂为首义之区，宁为先生开府之地，先生遗命，脏（葬）南京紫金山，即此义也。”[9]

7.《千古一瞥时之孙先生》，《民国日报》1925 年 3 月 16 日第一张第三版。

8.《克礼医生之报告》，《哀思录》初编，第 6 页。

9.《关于中山葬地之意见》，《时事新报》1925 年 3 月 15 日第一张第三版。

1912年2月15日，孙中山率临时政府官员及海陆军将士谒明孝陵。

1926年3月12日孙中山逝世一周年之际，在紫金山举行的陵墓奠基典礼上，国民党中央党部代表邓泽如曾解释孙中山之所以葬于南京紫金山的原因："南京为临时政府所在地，又为孙公就任临时大总统之地，是南京一隅，与孙公所抱之革命主张有密切关系，故有如是之遗嘱。"[10]

以上种种记载表明，除了紫金山的自然环境，南京在现代中国历史上的重要地位，成为孙中山选择葬于南京最重要的政治考量。

其一，南京作为六朝古都和明朝的开国都城，凝聚着汉人的种族历史记忆，在满族统治中国的清代，成为汉人历史文化的地标。孙中山作为推翻清朝的革命领袖，位于紫金山南麓埋葬明太祖朱元璋的孝陵，对他而言尤其具有特别的意义。[11]

10. 树军编著：《中山陵历史档案》，中共中央党校出版社1999年版，第68页。

11. 李恭忠著：《中山陵——一个现代政治符号的诞生》（修订版），生活·读书·新知三联书店2019年版，第197页。

就“驱除鞑虏，恢复中华”这一历史功绩而言，孙中山领导辛亥革命推翻清朝，与朱元璋推翻元朝的异族统治是有相似之处的。所以，清帝宣布退位后的1912年2月15日，孙中山率各部官员、右都尉以上将校及数万军士赴明孝陵举行祭告典礼，宣读了两份文告，表达对明太祖朱元璋的敬仰和纪念。《祭明太祖文》曰：

迩者以全国军人之同心，士大夫之正议，卒使清室幡然悔悟，于本月十二日宣告退位。从此中华民国完全统一，邦人诸友，享自由之幸福，永永无已，实维我高皇帝光复大义，有以牖启后人，成兹鸿业。文与全国同胞，至于今日，始敢告无罪于我高皇帝，敬于文奉身引退之前，代表国民，贡其欢欣鼓舞之公意，惟我高皇帝实鉴临之。[12]

孙中山谒孝陵，是强调要建成一个“五大民族一体无猜”的“共和之制”以慰明太祖在天之灵，是他统一中国志向的表露，以仿效明太祖完成统一中国的大业。孙中山后来曾指出：“我辈敬服汉高祖，推重明太祖，因彼等能统一国内，增进国内之幸福故也。”[13]

孙中山对明太祖朱元璋的推崇，继而选择逝世后葬于紫金山，表明他把辛亥革命视为中华民族文明衍变进程中的一部分，是对传统文明的延续和改造。据《时报》报道：“中山临终前，遗嘱将来遗骸，可葬于南京之紫金山。民国元年，孙任临时大总统时，曾一度致祭明太祖，太祖光复汉土，孙氏推翻清朝，葬于紫金山，盖追踪洪武之意。”[14]广州国民政府官方报纸的阐述更加详细：“紫金山为明太祖陵寝所在，民国元年，孙任临时大总统，曾一度致祭明太祖。太祖为光复汉族之先哲，孙中山推翻清朝，以国家公诸国民，厥功尤伟，遗嘱葬于紫金山，诚为适当之地。”[15]国民党元老章太炎在孙中山逝世后撰写的一副挽联称：“洪以甲子灭，公以乙丑殂，六十年间成败异；生袭中山称，死傍孝陵葬，一匡天下古今同。”[16]该联以孙中山傍明太祖朱元璋孝陵而葬，称他们的功绩是承前启后和永垂史册的。由此，孙中山归葬紫金山，与明孝陵有着不可分割的联系。

12.《祭明太祖文》（1912年2月15日），《孙中山全集》第2卷，中华书局2021年版，第99页。

13.《在广州与松岛宗卫谈话》（1924年2月），黄彦主编：《孙文全集》第十二册（下），广东人民出版社2016年版，第365页。

14.《孙中山在京逝世》，《时报》1925年3月16日第一版。

15.《孙先生遗骸永久保存》，《广州民国日报》1925年3月24日第三版。

16.章太炎：《挽孙中山联》（1925年4月12日），《章太炎全集·太炎文录补编》（下），上海人民出版社2017年版，第681页。

其二，南京是孙中山选定的首都，他非常看重“南京”这一空间符号在中国现代历史中的象征意义，希望通过安葬南京，要后来者继承其革命遗志，完成建构新式国家的抱负，从而促进民族的觉醒，实现中华民族的伟大复兴。

对孙中山而言，辛亥革命具有无比重要的意义，是其毕生事业的巅峰，而南京则是他的成功与未竟之业的见证之地。辛亥革命以后，孙中山始终以维护共和为己任，努力将中国造就为名副其实的现代国家。可惜直到他逝世为止，这一理想仍未能实现。从某种意义上来说，孙中山人生轨迹的变迁，正是近代中国社会转型与国家重建过程的一种隐喻；其安葬地的选择，也是中国重新确认、肯定并改造自身的隐喻。因此，南京是孙中山生命记忆的凝结、人生意义的象征和未竟事业的寄托。选择葬于南京，与他著名的《国事遗嘱》一道，时时提醒后来人“革命尚未成功，同志仍须努力”！[17]

因此，葬于南京紫金山，表达了孙中山建构现代国家的抱负，留下一个关于现代中国历史记忆的焦点，提醒后来人完成建构现代国家的历史任务。正如中国现代史研究者汪利平所指出：“他决定葬于南京，是想为如下二者建立一种空间联系，一方面是他自己作为人民主权的代表，另一方面是南京作为真正大众政府的发源地。”[18]

17. 李恭忠著：《中山陵——一个现代政治符号的诞生》（修订版），生活·读书·新知三联书店2019年版，第201页。

18. 赖德霖著：《中国近代建筑史研究》，清华大学出版社2007年版，第245页。

（三）孙中山与南京的城市发展

正是由于南京作为首都的特殊意义，共和为新生政权，与南京雄伟气势相得益彰，故孙中山对南京情有独钟。1918年，孙中山在其著述的《建国方略》之《实业计划》中如此盛赞：

南京为中国古都在北京之前，而其位置乃在一美善之地区。其地有高山，有深水，有平原，此三种天工钟毓一处，在世界中之大都市诚难觅如此佳境也。……当夫长江流域东区富源得有正当开发之时，南京将来之发达未可限量也。[19]

在《实业计划》中，孙中山更是对南京城市的发展提出了具体的设想，他建议拓宽扬子江浦口河段，“以下关全市为牺牲，而容河流直洗狮子山脚”。[20]调整沿江用地，提议“削去下关全市”[21]，目的是改善长江航道，巩固码头地位。深入分析浦口因交通枢纽而蕴含的商业价值，“南京对岸之浦口，将来为大计画中长江以北一切铁路之大终点。……故浦口不能不为长江与北省间铁路载货之大中心”，建议加强长江南北两岸联系，修建穿江隧道，连接市区和浦口为“双联之市”。[22]加强浦口陆地的规划与建设，“河堤之内，应划分为新式街道，以备种种目的建筑所需”[23]，为吸引国际投资创造条件。同时，提出加强南京交通建设，规划了南京到洛阳、南京到汉口、南京韶州线、南京嘉应线的铁路线路，以把南京建设得更好。

19.《建国方略》（1922年4-5月间），黄彦主编：《孙文全集》第一册，广东人民出版社2016年版，第124-125页。

20.《建国方略》（1922年4-5月间），黄彦主编：《孙文全集》第一册，广东人民出版社2016年版，第115页。

21、22、23.《建国方略》（1922年4-5月间），黄彦主编：《孙文全集》第一册，广东人民出版社2016年版，第125页。

孙中山不仅对南京城市寄予厚望，而且由于南京是他指定的首都及陵墓所在地，对南京的城市规划与建设亦产生了深远的影响。1927 年国民政府迁都南京，社会各界明确表示是遵从“总理意旨”，在 4 月 18 日国民政府举行的迁宁庆祝典礼上，国民党元老吴稚晖发表演说，重申建都南京是孙中山的主张。更有迁都南京促进委员会发表欢迎辞：“我总理……关于国都之设立，极为重视，遍观全国，认为无过于南京，故特指定为永久首都，身后陵墓，即命置之于此，其昭告于我后来者至为明显。”[24] 蒋介石还发布告全体将士书，宣称“南京为总理指定的都城，在历史上亦有中国民族求独立自由而屡次建立的都城，开国之基，自此永奠”。[25]

作为全国的政治中心，南京的政治地位空前提升，迎来了继六朝、南唐、明初以来的第四次建设高潮。1928 年 1 月，南京国民政府专门成立首都建设委员会，下设国都设计技术专员办事处，聘请美国建筑师墨菲、古力治为顾问，负责制定《首都计划》。1929 年 12 月 31 日，《首都计划》正式出台，借鉴欧美模式对南京进行了全面而系统的规划，使南京成为我国第一座按照国际标准，运用西方都市的现代功能、技术，采用棋盘格和放射状规划模式，进行综合分区规划的城市，奠定了现代南京城市布局的基本框架。

24.《迁都南京促进委员会欢迎辞》，《民国日报》1927 年 4 月 22 日第一张第三版。

25.《蒋总司令告全体将士书》（1927 年 4 月），转引自李恭忠著：《中山陵——一个现代政治符号的诞生》（修订版），生活·读书·新知三联书店 2019 年版，第 204 页。

1928 年 8 月 12 日，南京特别市市长刘纪文主持中山路破土典礼。

在南京城市规划建设中，尤以 1929 年 4 月 2 日开通的中山大道最为著名。中山大道又叫迎榇大道，专为迎接孙中山灵榇由北平西山碧云寺南下安葬中山陵而建造，它北起下关江边，东出中山门与陵园大道相接，全长 12 公里，设计宽度为 40 米。为了表达对孙中山的纪念，除了将这条道路命名为中山路外，全线工程各路段及配套工程，大多冠以孙中山的名字或号。如：下关码头改称“中山码头”；原来的惠民桥拆除重建后更名为“中山桥”；朝阳门改名为“中山门”；玄津桥北侧新建一座桥，取名为“逸仙桥”。中山大道是国民政府定都南京后“南京城里的第一大工程”，也是民国时期首都道路建设和城市发展的标志性工程。孙中山安葬中山陵后，国民政府对中山大道又进行了多次改造修建，最终形成由快车道、慢车道和人行道构成的三块板路型。中山大道沿线还兴建了大批的市政新建筑和成片的新住宅。中山大道改变了中国历史上以王朝政治中心作为城市中轴线设计原点的传统理念，改变了南京城市中轴线呈南北走向的传统格局，也改变了南京城倚重秦淮河而疏离长江的局面，它将南京城北、城中、城东有机连接起来，为南京城走出封闭 600 多年的南京明城墙的范围奠定了基础。直到今天，中山大道依然扮演着南京城市中轴线的角色。[26]

26. 卢海鸣著：《南京近代建筑》（上），南京出版社 2024 年版，第 20 页。

建设中的中山大道

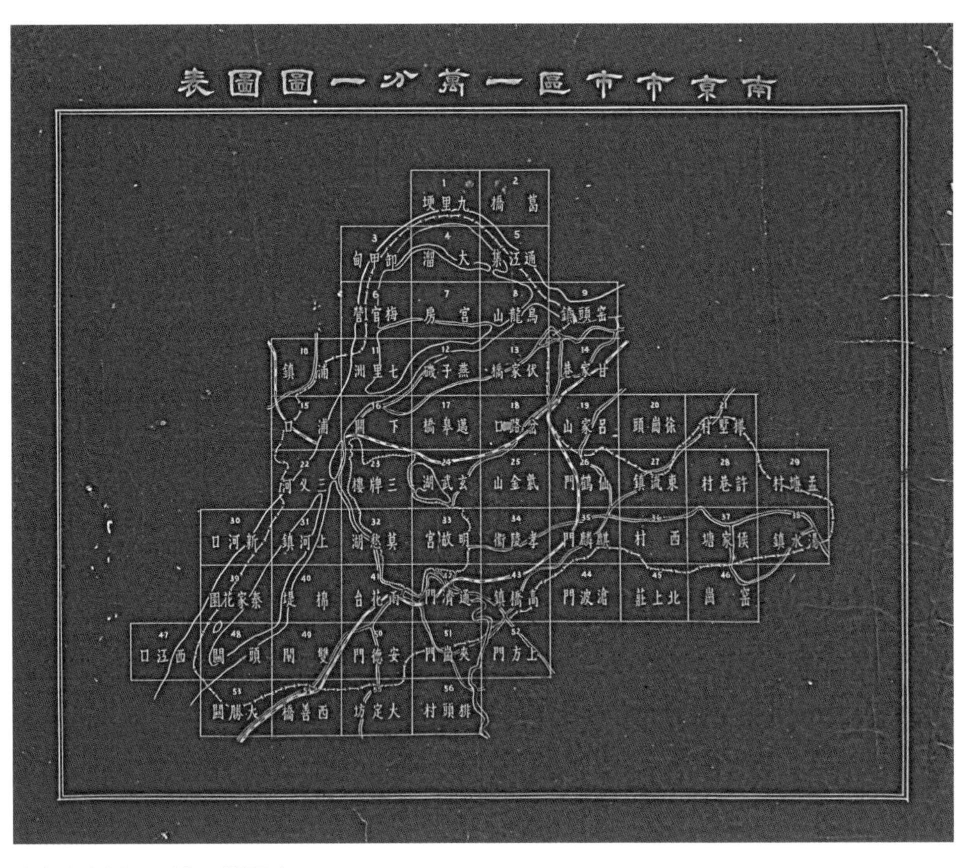

南京市市区一万分一图图表

经过持续十年的建设，南京城市面貌发生了巨大的改观，一个多区域协同发展的现代城市格局初具雏形。1937 年 6 月 1 日，南京市市长马超俊在市政府成立十周年纪念周报告中称："这十年之中，南京市人口从三十万增加到一百万有零，在十年前一个破旧的城市，造成了七千万公私建筑费的都市。"[27]《首都导游》开篇即强调："重建新都，始规模大备，昔之荒凉荆棘者，近已平坦如砥，九逵四达矣！"[28] 更有西方人罗伯特·摩尔在《扬子江往来》一文中写道："一九二八年，中国把首都从北京南迁时，南京城里还没有宽阔的马路，也没有水电和沟渠设备。国民政府在南京建都后，就开始把它改建为一个现代都市；从簇聚的陋屋缝中开辟出宽阔的马路来；兴建新的官舍、医院和学校；创办现代化的水电交通事业。"[29]

27.《十年来之南京市政建设》，《南京市政府公报》第 178 期，1937 年 6 月。

28. 中国旅行社编印：《首都导游》，《江苏文库·史料编》第 118 册，凤凰出版社 2021 年版，第 469 页。

29.〔美〕罗伯特·摩尔：《扬子江往来》，《旅行杂志》1948 年第 22 卷第 4 期。

1943 年前后的新街口

如今，南京的城市发展早已超越了当年孙中山勾画的蓝图，成为一个融“山、水、城、林”于一体的现代化大都市，而以中山命名的码头、学校、道路、桥梁、城门以及矗立在新街口广场的孙中山铜像、中山陵、总统府等地标性建筑，亦成为孙中山留给南京这座城市最宝贵的历史文化遗产，凝聚着一个国家和民族的集体记忆与认同。

三、以伟大之建筑 作永久之纪念

孙中山逝世后，社会各界纷纷倡议，通过纪念物来使他的形象永垂不朽。1925 年 3 月 21 日，天津《大公报》报道：

> 一般热心人士，以为中山先生之主张与精神，宜有永久之纪念，拟发起一全国国民纪念孙中山先生大会，主张进行下列数项：（一）于京宁粤汉各地铸建铜像；（二）于各省区重要地点建立纪念碑；（三）择相当地点开辟中山公园；（四）于京沪等处建立中山图书馆；（五）编辑中山先生丛书；（六）发行纪念刊；（七）举行年祭。[1]

这些观点深得国民党人认同，1925 年 6 月 17 日，国民党中央执行委员会通过并公布了《孙中山先生永久纪念会组织大纲》，包括墓地及各地纪念物、纪念图书馆、中山学院的建设，以及孙中山传志的撰述。国民党人即着手修建中山陵和进行永久纪念事宜。

（一）葬事筹备：机构、选址与墓地范围

1. 成立葬事筹备处

1925 年，孙中山治丧活动一结束，在北京的中国国民党中央执行委员便开始筹备安葬事宜。4 月 4 日，推定汪精卫、张静江、林森、于右任、戴季陶、杨庶堪、邵力子、宋子文、孔祥熙、叶楚伧、林焕廷、陈去病 12 人为孙中山先生葬事筹备委员，负责修建中山陵的有关决策事项。[2] 4 月 18 日，葬事筹备委员会第一次会议在上海张静江宅召开，决定成立常设办公机构——孙中山先生葬事筹备处，推定宋子文、林焕廷、叶楚伧为常务委员，分别主持工程、会计和文牍事务；推定孙科为家属代表，杨杏佛为葬事筹备处主任干事，负责执行委员会决议；推定宋子文代表葬事筹备委员会，前往广州接洽葬事经费事宜。

1.《将有全国国民纪念孙中山先生大会出现》，天津《大公报》1925 年 3 月 21 日第一张第五版。

2. 孙中山先生葬事筹备处编：《孙中山先生陵墓图案》，民智书局 1925 年版，第 1 页。

会议决定葬事筹备进行程序：“（一）决定墓地；（二）测量墓地；（三）交涉圈拨墓地；（四）征求陵墓图案；（五）决定陵墓图案与建筑师；（六）投标征求陵墓建筑包工；（七）陵墓建筑开工。”[3]

1925年7月，葬事筹备处在环龙路44号（国民党中央执行委员会上海执行部机关所在地），设立了固定的事务所，年底在南京设立了分事务所。11月28日，葬事筹备委员会第十五次会议在上海召开，会议通过了《葬事筹备处办事简则》，具体规定了葬事筹备处的组织结构和职能。其中，家属代表与葬事筹备委员会联合承担决策职责，议决一切有关孙中山的墓葬事宜。干事部包括一名主任干事和若干名职员，主任干事负执行全责，并定期向委员会及家属代表报告执行情况。

随着国民政府统一全国和工程的进展，1927年9月18日，国民党中央正式委派胡汉民、汪精卫、蒋介石、张静江、谭延闿、程潜、李石曾、蔡元培、许崇智、于右任、林森、谢持、邓泽如、伍朝枢、宋子文、孔祥熙、林焕廷、叶楚伧、杨杏佛等为葬事筹备委员，新推举林森、林焕廷、叶楚伧为常务委员，主任干事为夏光宇。干事部的人数和组织有所扩充，增设陵墓工程处、测量工程处、购地处、中山陵园，在葬事筹备委员会指挥及主任干事指导下，分别负责工程、测量、土地收购、园林植被方面的事务，直到1929年6月1日孙中山正式安葬后，葬事筹备处于1929年7月1日改组为总理陵园管理委员会，负责管理中山陵墓和陵园区域，继续办理其他各项未竟建设事业。

3.《孙中山先生葬事筹备及陵墓图案征求经过》，孙中山先生葬事筹备处编：《孙中山先生陵墓图案》，民智书局1925年版，第1页。

1925 年 4 月 21 日，宋庆龄等登上紫金山为孙中山选择墓址。左起：何香凝（左四）、宋庆龄（左六）、倪桂珍（左七）、宋美龄（左八）、宋子安（左九）、宋子文（左十一）。

2. 选定墓址与范围

遵照孙中山生前遗愿，参加完北京治丧活动的国民党要人李烈钧、邹鲁、杨庶堪等纷纷离京南下，到南京紫金山勘察墓址。孙中山葬事筹备委员林焕廷、叶楚伧等于 1925 年 4 月 4 日从上海专程来南京，到紫金山选择墓址。4 月 11 日，家属宋庆龄和孙科第一次登紫金山勘察墓地，因要参加 4 月 12 日在上海西门外公共体育场举行的上海各界追悼孙中山大会，时间仓促，草草察看。4 月 21 日，宋庆龄、孙科、何香凝、杨杏佛、邵元冲、林焕廷、马超俊等人参加南京各界追悼孙中山大会后，第二次登紫金山为孙中山详细勘察墓址。4 月 22 日，宋庆龄等人第三次登上紫金山，确定了墓地的大致位置，即紫金山中茅山南坡。

1925 年 4 月 23 日，孙中山先生葬事筹备委员会第二次会议上，墓址最终确定。会上，叶楚伧报告了调查墓址经过，提出墓址应在山南。孙科提出“择墓址三点：（一）安全；（二）交通便利，为吊者来祭方便；（三）墓之附近应有地数百亩，以为建筑纪念品之用。”[4] 最后，议定了墓址在紫金山中茅山南坡，并强调地点应高于明孝陵，且“不可使人在更高处建墓”。会后，孙中山先生葬事筹备处主任干事杨杏佛再赴南京拍摄了中茅山南坡的照片，并请江苏陆军测量局协助测绘千分之一比例墓地高度图、五千分之一及二万分之一比例墓地形势图，为征求图案时用，于 5 月底绘制完成。另由测量局代为测绘五千分之一比例墓地详图，计划墓地全部纪念建筑之用，于 10 月内制成。

圈拨墓地事务，由内务部、江苏省长及葬事筹备处会同进行。内务部除先后派王经佐、汪兆銮南下，接洽圈拨手续，又指定江宁交涉员廖恩焘为驻宁委员，江苏省省长郑谦则委托实业厅厅长徐兰墅为孙中山先生墓地筹备委员，会同葬事筹备处进行圈地各事。1925 年 7 月 12 日，筹备会议正式决定，“墓地范围暂以墓地、墓道及纪念建筑应用之地二千亩为限”。[5] 9 月中旬，葬事筹备处致函内务部，江苏省委派廖恩焘、徐兰墅两委员呈准江苏省省长郑谦批准，并咨内务部备案，同时由各方代表到墓地会同勘视范围，并竖立界石。[6]

4.《葬事筹备委员会第二次会议记录》（1925 年 4 月 23 日），南京市档案馆、中山陵园管理处编：《中山陵档案史料选编》，江苏古籍出版社 1986 年版，第 55-56 页。

5.《奉安专刊委员会关于葬事筹委会筹备纪述》（1930 年 1 月），南京市档案馆、中山陵园管理处编：《中山陵档案史料选编》，江苏古籍出版社 1986 年版，第 25 页。

6.《孙中山葬事筹备及陵墓图案征求经过》（1925 年 10 月 10 日），南京市档案馆、中山陵园管理处编：《中山陵档案史料选编》，江苏古籍出版社 1986 年版，第 14 页。

八、筹备处致内务部函（一致江苏省长及通告義農会内各相同從略）

逕啟者：孫中山先生墓地前經孫先生家屬及葬事籌備委員會遵孫先生遺囑擇定南京紫金山南坡，並經家屬及委員會代表勘定墓地範圍，計山地包括紫金山第一峰第二峰平地，北以山脚為界，南以鍾湯路為界，東西以距墓基中心左右各一華里半之直線為界（參看孫先生墓地形勢圖上紅綫範圍），平地面積闊三華里，長約四華里，共約六千五百畝。據各方估計內

義農會地　約四千餘畝（紫金山地不在內）

造林場地　約一千餘畝

民地　約一千餘畝

以上僅為估計之數，至墓地所佔各部份確實畝數及界綫，已由敝處函請江蘇省長陸軍測量局派員代為實測打樁，作為正式根據。茲因建墓工程進行在即，墓地範圍亟須圈定，頃由七月十一日葬事籌備委員會議決，所有墓地圈佔之義農會造林場地，原係公產，擬請照土地公用徵收法撥用；至所圈民地，擬請照公用徵收法由地方官委托該地鄉董按照實值給價收買，所需經費自當由敝處担任。其所圈義農會造林場地，除[illegible]時建墓築路必需者外，一切地上林木之[illegible]利益，在葬事籌備委員會未施用該地以前，仍歸原有機關享受；至林木之管理事項，在同一時期則由委員會與原有機關共同担負，以期無礙原有造林事業，而紀念創造民國元勳。想荷大部贊同。除函呈江蘇省長外，相應函達左右，敬希查照並咨請江蘇省長施行為荷。此致

內務部部長

孫中山先生葬事籌備處啟　七月十三日

附孫中山先生墓地詳圖一幅（註：原圖過大從略）

1925 年 7 月 13 日孙中山先生葬事筹备处关于勘定墓址、圈征墓地致内务部部长函（南京市档案馆藏）

（二）图案竞征：中国有史以来第一次国际性建筑竞赛

作为新生共和国领袖的陵寝及其思想精神的纪念丰碑，中山陵的设计形式关乎国家的形象和民族的气魄。孙中山先生葬事筹备处认为，“先生之陵墓为人群之公物，非有坚朴雄厚之建筑，无以纪念此崇高伟大之人格。……先生陵墓不特为民族史上之伟大永久纪念，即在中国之文化与美术上亦有其不朽之价值”。[7] 因此，中山陵的设计方案“纯取公开态度”，“合海内外美术专家之心思才力以计划此空前之纪念建筑”。[8] 1925 年 5 月 2 日，孙中山先生葬事筹备委员会第四次会议讨论决定，面向国内外公开悬奖征集陵墓设计图案，并采用密封卷方式评选。

7. 孙中山先生葬事筹备处编：《孙中山先生陵墓图案》“缘起”，民智书局 1925 年版。

8. 孙中山先生葬事筹备处编：《孙中山先生陵墓图案》“缘起”，民智书局 1925 年版。

《孙中山先生陵墓建筑悬奖征求图案条例》

孫中山先生陵墓建築懸獎徵求圖案條例

1 此次懸獎徵求之目的物爲中華民國開國大總統孫中山先生之陵墓與祭堂之圖案。建築地址在南京紫金山內之中茅山南坡。

2 祭堂圖案須採用中國古式而含有特殊與紀念之性質者。或根據中國建築精神特創新格亦可。容放石槨之大理石墓。卽在祭堂之內。

3 墓之建築在中國古式雖無前例。惟苟採用西式、不可與祭堂之建築太相懸殊。墓室須有可防制盜竊之銅門。門上並裝設機關鎖。俾祭堂中舉行祭禮之時可以開放墓門瞻仰石槨。

4 祭堂建在紫金山之中茅山南坡上、約在水平線上一百七十五米突高坡上應有廣大之高原、俾祭堂四週可有充分之面積遇焚火時不致危及堂屋。并須在堂前有可立五萬人之空地、備舉行祭禮之用。墓地四週皆圍以森林。堂背山立。山前林地約十餘方里、東以靈谷寺爲界西以明孝陵爲界、南達鍾湯路。將來擬築一大路由鍾湯路直達墓地。祭堂須面南。登臨之徑擬用石台堦或石級向南直達山脚。此徑將爲連貫墓道大路與堂墓高原之通道。

5 石台堦或石級之建築由應徵之設計者自定。惟其起點在山邊不宜高過一一〇米突高度線。祭堂之建築由設計者自定、惟計劃須包括祭堂與石台堦或石級等登臨之徑。此兩部應視爲一體。祭堂雖擬採用中國式、惟爲永久計、一切建築均用堅固石料與鐵筋三合土。不可用磚木之類。

6 應徵者如爲建築師其所繳圖案應包括下列各圖：

1 平面全圖包括進處登臨之徑及祭堂（比例尺由設計者自定）

2 祭堂平面圖　　比例尺一英寸等於八英尺

3 祭堂前面高度圖　　比例尺同上

4 祭堂側面高度圖　　比例尺一英寸等於十六英尺

5 祭堂切面圖　　比例尺同上

6 透視圖

7 應徵者如爲美術家所繳圖案可用彩色畫或黑白畫、惟至小不得過二英尺乘三英尺、俾採用後建築師可以根據之繪製實際建築應用之一切詳圖。此項補製建築圖案工作不在懸獎徵求圖案範圍之內。

8 應徵獎金額由葬事籌備委員會議定如下

美術家應徵僅繳表現其觀念之繪畫未附有建築詳圖者其獎額爲

頭獎一千元

二獎七百五十元

三獎五百元

建築師應徵繳有建築圖案及一切詳圖。可供實際建築之用者其獎額爲

頭獎二千五百元

二獎一千五百元

三獎一千元

9 應徵圖案之評判與決定得獎人名由孫中山先生葬事籌備委員會博採委員會所延聘建築師與美術家之意見執行之。應徵得獎人名將在登載徵求圖案廣告之各報發表。委員會之評判爲最後決定、無論何方不得變更或否認。

10 委員會保留在此次徵求圖案範圍之外任何圖案已繳而未得獎者用特別合同之購買權。已得獎之三種圖案在獎金交付以後、其所有權及施用權均歸委員會。惟委員會對於一切圖案無論得獎與未得獎者在實際建築時採用與否有絕對自由、不受任何方面之限制。

11 得獎之應徵者其圖案採用後。是否請其擔任監工由委員會自由決定。

12 對於應徵之建築師尙有一事須注意者卽關於祭堂陵墓工程包括登臨之徑及墓地與行徑之土工、其建築費總額定爲三十萬元。建築師於設計時分配工程宜注意此點。建築估價雖非徵求圖案條例所規定。如建築師能並以其設計之估價見告尤所歡迎。

13 應徵者報名以後繳納保證金十元、卽由報名處發給墓地攝影十二幅、紫金山高度地圖兩幅。備設計參攷之用。

14 此項徵求圖案期限從登報之日起至八月三十一日止。一切應徵圖案須註明應徵者之暗號另以信封藏應徵者之姓名通訊址與暗號於上述期限之內一併交到委員會。委員會評判結果之發表至遲不得過八月三十一日後四個星期之外。

15 未得獎之應徵圖案於評判結果發表以後兩個月內均由委員會寄還原應徵人、并附還前繳之保證金。惟委員會對於所收到之應徵圖案倘有意外損失或毀壞不負賠還之責。

孫中山先生葬事籌備委員會謹訂 民國十四年五月十五日

家属代表孙科和担任建筑工程常务委员的宋子文代表赫门，起草了中英文版的《孙中山先生陵墓建筑悬奖征求图案条例》。1925 年 5 月 13 日，葬事筹备委员会第五次会议通过该条例，并决议：一是用“陵”和“祭堂”来称孙中山的坟墓和核心建筑，二是刊登陵墓图案征求条例，进行国际性的建筑图案竞赛。同时，在评判要点中提出“陵墓建筑计划简朴庄严而坚固，不取奢侈华贵”，须注重“墓地及其环境与建筑”“墓道及墓之四周”的关系及经费的限制。

《孙中山先生陵墓建筑悬奖征求图案条例》对陵墓形式要求如下：

1. 祭堂图案须采用中国古式而含有特殊与纪念之性质者，或根据中国建筑精神特创新格亦可。容放石椁之大理石墓即在祭堂之内。

2. 墓之建筑在中国古式虽无前例，惟苟采用西式，不可与祭堂之建筑太相悬殊。墓室须有可防制盗窃之铜门，门上并装设机关锁，俾祭堂中举行祭礼之时，可以开放墓门瞻仰石椁。

3. 祭堂建在紫金山之中茅山南坡上，约在水平线上一百七十五米突高。坡上应有广大之高原，俾祭堂四周可有充分之面积，遇焚火时不致危及堂屋，并须在堂前有可立五万人之空地，备举行祭礼之用。

4. 祭堂之建筑由设计者自定，惟计划须包括祭堂与石台阶或石级等登临之径。此两部应视为一体。祭堂虽拟采用中国古式，惟为永久计，一切建筑均用坚固石料与钢筋三合土，不可用砖木之类。[9]

简言之，陵墓应该表达一种中国特性，要突出鲜明的纪念性，全面彰显孙中山的伟大形象；又要有持久性和公共特征，富有现代公园气息，表达出时代新气象，从而作为一个巨型的时代符号，在某种程度上成为新的“中国”的象征。[10]

9.《孙中山先生陵墓建筑悬奖征求图案条例》，孙中山先生葬事筹备处编：《孙中山先生陵墓图案》，民智书局 1925 年版，第 5-6 页。

10. 李恭忠：《孙中山崇拜与民国政治文化》，《二十一世纪》总第 86 期，2004 年 12 月。

本埠新聞

孫中山先生陵墓圖案選定

▲評定應徵各卷 ▲定期公開展覽

孫中山先生陵墓圖案、自五月間由葬事籌備處懸獎徵求佳構、海內外中西專家之應徵者四十餘人、原定八月底截止收圖、嗣因海外郵寄不及、延長至九月十五日、收到之圖案均陳列於四川路大洲公司三樓、由十六日至二十日爲評判時期、除中山先生家屬孫宋夫人哲生君及葬事籌備委員等均親到評閱外、並由委員會聘中國畫家王一亭南洋大學校長凌竹銘彫刻家李金髮德建築師樸士四君爲評判顧問、各顧問均於二十日上午以前將其評判意見書交到委員會、由委員會於是日下午二時在大洲公司三樓召集孫先生家屬及葬事籌備委員開聯席會議、列席者孫宋夫人孫哲生君及夫人孔庸之林煥庭葉楚傖陳佩忍楊杏佛等、根據評判顧問意見及徵求條例、詳加討論、決得獎名單如下、

頭獎呂彥直、二獎范君、三獎楊錫宗、按照徵求條例頭獎爲二千五百元二獎爲一千五百元三獎五百元、均將於月內贈給得獎者、

此次應徵佳作極多、委員會於上項金錢獎額以外復添名譽獎七名、其名單如下、（一）孚開洋行乃君（俄人）、（二）趙深、（三）開恩斯（美人）、（四）恩那與佛雷（俄人）、（五）戈登士達（俄人）、（六）士達打樣建築公司（俄人）、（七）士達打樣建築公司、此外應徵者之計畫各有特長、均爲慘淡經營之作、聞委員會將各贈以中山先生之遺像遺書以示感謝之意、上項圖案將於本月二十二日起至二十六日止每日下午二時至六時在四川路三十六號大洲公司三樓公開展覽、以供上海人士之評判、此次徵求陵墓圖案成績爲中國從前所未有、聞委員會擬將徵求經過及得獎圖案編印報告贈送海內外之關心中山先生葬事者、此項報告大約下月半前可以出版、

《民国日报》关于孙中山陵墓图案选定的报道

1925 年 5 月 15 日，孙中山先生葬事筹备处在《申报》等报刊刊登启事，规定截止日期为 8 月底。因海外应征者要求延期，遂经葬事筹备会议议决延期 15 天。至 9 月 15 日，共收到中外建筑师应征图案 40 余种，全部陈列于上海大洲公司三楼。

为慎重起见，孙中山先生葬事筹备处专门组织了评判委员会，由葬事筹备委员及孙中山家属代表宋庆龄、孙科担任评判委员，由评判委员会聘请中国画家王一亭、南洋大学校长凌鸿勋、雕刻家李金发、德国建筑师朴士四位专家担任评判顾问。9 月 16 日至 9 月 19 日，四位评判顾问在审阅了各种应征图案后，分别写出了书面评判报告。

孫中山先生陵墓圖案
首奬吕彦直（正面）（二）

1925年9月20日，葬事筹备委员会在大洲公司召开现场会议，出席者有宋庆龄、孙科及其夫人陈淑英、孔祥熙、林焕廷、叶楚伧、陈去病、杨杏佛等人。会上，葬事筹备处主任干事杨杏佛报告了各评判顾问的评判结果，经过与会者详细讨论，最终评出了各项获奖图案，分别为首奖吕彦直，二奖范文照，三奖杨锡宗，名誉奖七名，依次是孚开洋行乃伯斯（Cyrill Nebuska）、赵深、开尔思（Francis K. Kales）、恩那与佛雷（C. Y. Anney & W. Frey）、戈登士达（W. Livin. Goldenstaedt）、士达打样建筑公司（Zdanwitch & Goldenstaedt）。其余未获奖的应征者各具匠心，由孙中山先生葬事筹备处赠以孙中山遗像和著作，以示感谢。评选结果体现了中国近代第一批建筑师高超的专业水准，足以引为民族的骄傲。

首奬呂彥直全部(平面及正面立視)(四)

首獎呂彥直祭堂各面及全部縱切剖視(六)

上：二奖范文照设计图

下：三奖杨锡宗设计图

名譽獎(一)孚開洋行乃君
(CYRILL NEBUSKA)

名譽獎(二)趙深

名譽獎(三)開爾思
(FRANCIS K. KALES)

名譽獎(四)恩那與佛雷
(C. Y. ANNER & W. FREY)

名譽獎(五)戈登士達
(W. LIVIN-GOLDENSTAEDT)

名譽獎(六)士達打樣建築公司
(ZDANOWITCH & GOLDENSTAEDT)

名譽獎(七)士達打樣建築公司
(ZDANOWITCH & GOLDENSTAEDT)

七名名誉奖设计图

评判顾问们对葬事筹备处“Chinese Classic（中国古式）”做了自主的阐释，著名工程专家、南洋大学校长凌鸿勋，从孙中山的历史地位着眼，更深刻地阐释了中山陵的意义及其应有的风格。他认为：

孙先生之陵墓，系我中华民族文化之表现，世界观瞻所系，将来垂之永久，为近代文化史上之一大建筑物，似宜采用纯粹的中华美术，方足以发扬吾民族之精神。应采取国粹之美术，施以最新建筑之原理，巩固宏壮兼而有之，足以表现孙先生笃实纯厚之国性，亦足以留东方建筑史上一纪念也。[11]

首奖得者吕彦直的设计方案，勾画出他的设计初衷：

墓地全部之布置　本图案之题标为祭堂与墓堂之联合及堂前台阶石级及空地门道等之布置。今在中茅山指定之坡地，以高度线约四三五尺（即百四十米左右）为起点，自此而上达高度线五九四尺（即百七十米左右）为陵墓之本部，其范界略成一大钟形。……陵门劈三洞，前为广场及华表，车舆至此止步。入陵门即达广原，此即条例中所需容五万人伫立之空地。

祭堂　前面作廊庑，石柱凡四，成三楹堂之四角，各如堡垒。堂门凡三拱形，其门用铜铸之，堂顶复檐，上层用飞昂搏风之制。檐下铺作之斗拱，因用石制而与木制略异其形式。……堂之内……顶作穹隆式，其上施以砌磁，作青天白日之饰，而堂之地面则铺红色炼砖，以符满地红之征象。堂之四壁用大理石作壁板，上刻中山先生遗嘱及建国大纲等文。

墓室　门作双重，自祭堂入门升级而达机关门，以入于墓室。室作圆形，穹隆顶亦饰以青天白日之砌磁。安置石椁之处较周围为低，绕以石栏以供瞻仰。[12]

11. 凌鸿勋：《孙先生陵墓图案

吕彦直的图案大获赞赏，王一亭认为“墓在祭堂后合于中国观念”“建筑朴实坚固”“形势及气魄极似中山先生之气概及精神”；凌鸿勋认为“全体结构简朴浑厚，最适合于陵墓之性质及地势之情形，且全部平面作钟形，尤有木铎警世之想。祭堂与停柩处布置极佳，光线尚足，祭堂外观形式甚美”[13]；朴士认为“似根据中国宋代格式而参加己意”，其墓室置于地面之下，与祭堂既分开又相连的布置方式，也深得葬事筹备处赞许，因而被评定为首奖。正如后来总理陵园管理委员会指出的，它足以“完全融汇中国古代与西方建筑精神，庄严俭朴，别创新格，墓地适成一警钟形，寓意深远”。[14]

吕彦直本人关于中山陵的设计构思，在1925年9月23日《申报》刊登的一则对他的简短访谈中这样写道：

> 余此次拟样，系中国式。初意拟法国拿破仑墓式，继思之不合，故纯用中国式。陵墓最重要之点，即在柩之保存，与祭堂之阔大，此合于中国习惯也。发柩之处在地窟内，四围隔以高栏，以供后人之瞻仰凭吊，余此样式，并非极华丽者。式样较华美者颇多，不过需费太多，不甚相宜。
>
> 记者又询以全图形势，似一钟形，闻委员会中人言，寓暮鼓晨钟之意，然否？吕君曰：“此不过相度形势，偶然相合，初意并非必求如此也。”[15]

“唤醒民众”是20世纪中国革命以及文化、政治重建的核心问题。孙中山在其《国事遗嘱》中明确指出：“余致力国民革命凡四十年，其目的在求中国之自由平等。积四十年之经验，深知欲达到此目的，必须唤起民众，及联合世界上以平等待我之民族，共同奋斗。”[16]因此，当一个民族、一个国家需要一个嘹亮的声音将其彻底唤醒之际，“木铎警世”这一寓意就被阐发出来，得到各界的特殊青睐而成为共识，称中山陵的空间布局“象征着孙中山先生毕生致力于唤醒民众，反抗压迫，为拯救国家、民族奋斗不息的伟大精神”。

13. 孙中山先生葬事筹备处编：《孙中山先生陵墓图案》，民智书局1925年版，第19、22页。

14.《总理陵管会关于陵墓建筑图案说明》，南京市档案馆、中山陵园管理处编：《中山陵档案史料选编》，江苏古籍出版社1986年版，第154页。

15.《与吕彦直君之对话》，《申报》1925年9月23日。

16.《国事遗嘱》，《孙中山全集》第11卷，中华书局2021年版，第634页。

事实上，吕彦直的设计方案基本沿袭了明清帝陵的规制，通过空间的收放引入西方园林开放式构图，顺应紫金山地形地貌的自然排水坡向，使得中山陵在气质和神态上都更加贴近孙中山精神及其所倡导的共和理念。

1925 年 9 月 27 日，孙中山先生葬事筹备处再次开会讨论陵墓图案。经过对吕彦直和范文照设计的陵墓图案、说明书及估价表的详细审查和讨论，结合各方关于图案的意见，最终一致决定中山陵墓采用吕彦直的设计图案，并聘请他为陵墓建筑师，主持计划建筑详图、草拟合同及监工验收等事务。

中山陵墓设计方案的公开竞征，是中国有史以来举办的第一次国际性建筑竞赛，展现了正处于民族国家建设初期的一种民主、开放、求新的姿态，成为中国近代史上具有开拓性的一件大事。

1925 年 11 月 3 日孙中山先生葬事筹备委员会与吕彦直建筑师订立的合同译文（南京市档案馆藏）

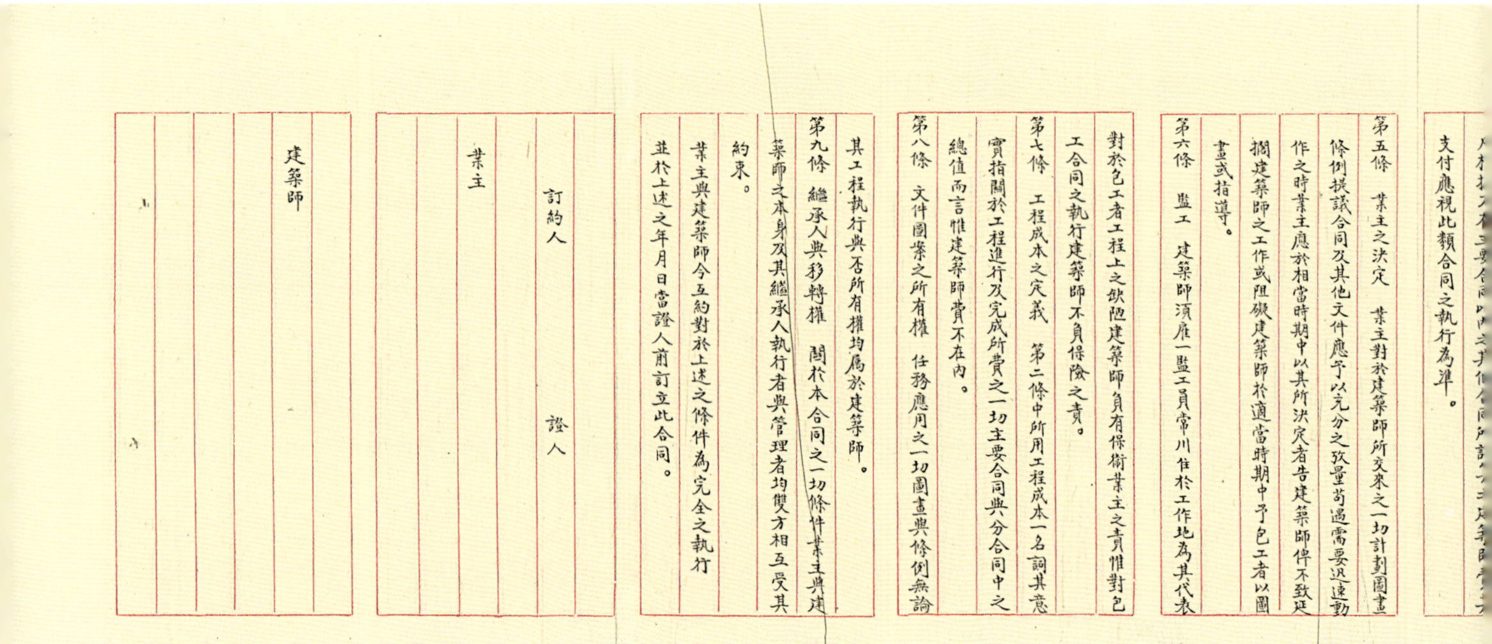
支付應視此類合同之執行為準。
第五條　業主之決定　業主對於建築師所交來之一切計劃圖畫
條例摸議合同及其他文件應予以充分之孜量苟遇需要迅速動
作之時業主應於相當時期中以其所決定者告建築師俾不致延
擱建築師之工作或阻礙建築師於適當時期中予包工者以圖
畫或指導。
第六條　監工　建築師須雇一監工員常川住於工作地為其代表
對於包工者工程上之缺陷建築師負有保衛業主之責惟對包
工合同之執行建築師不負保險之責。
第七條　工程成本之定義　第二條中所用工程成本一名詞其意
實指關於工程進行及完成所費之一切主要合同與分合同中之
總值而言惟建築師費不在內。
第八條　文件圖案之所有權　任務應用之一切圖畫與條例無論
其工程執行與否所有權均屬於建築師。
第九條　繼承人與移轉權　關於本合同之一切條件業主與建
築師之本身及其繼承人執行者與管理者均雙方相互受其
約束。
業主與建築師今互約對於上述之條件為完全之執行
並於上述之年月日當證人前訂立此合同。
訂約人　證人
業主
建築師

（三）陵墓建造：历时六年的国家建设工程

1. 主体工程

中山陵墓工程浩大，但由于受到经费限制和时局动荡的影响，分三部进行，所有工程均采用公开招标方式发包、分期付款的形式。

第一部工程为陵墓主体工程，包括墓室和祭堂，计划工期 14 个月，预算经费银圆 34.1078 万两。工程建设的首要任务是计划建筑详图，以供投标使用，且图纸须于 1925 年 11 月底前完成。经过两个月的紧张绘制，吕彦直及彦记建筑师事务所同人最终于 12 月 5 日绘定 11 张图纸，分别是总图、全工程详图、祭堂暨坟墓底脚图、祭堂暨坟墓地面图、祭堂正立面图、祭堂暨坟墓侧面图、祭堂与坟墓背面图、祭堂与坟墓横剖面图、祭堂纵切面图、祭堂墓室挡土详结构图、祭堂屋顶梁架详图。

1925 年 12 月 1 日至 12 月 7 日，孙中山先生葬事筹备处在上海各大报纸刊登广告公开招标。但截至 12 月 19 日开标日，仅有 7 家营造厂参加投标，且报价大大超过葬事筹备委员会原预算。究其原因，孙科认为：

葬#34

孫中山先生葬事籌備委員會
與呂彥直建築師訂立合同譯文

孫中山先生葬事籌備委員會與建築師訂立合同譯文
（附註）本合同以雙方簽字之英文本為準譯文僅供參攷之用
本合同於民國十四年十一月三日由孫中山先生葬事籌備處及孫先
生家屬：以下簡稱業主與呂彥直建築師（彥記建築事務所）：
以下簡稱曰建築師訂立。茲因業主決意建築　孫中山先生陵墓
及祭堂於南京之紫金山坡特由業主與建築師根據下述之酬報
協定如下：
建築師允為上述之建築担任照後列業主與建築師所訂合同條件
第一條所規定之一切專門事務。
業主允酬建築師按照百分之五之比率（以下簡稱曰基本率）其計
算與支付悉照後列條件辦法。又其他款項之支付與償還為條
件所規定者亦由業主担任。
雙方更進為下列之協定：
業主與建築師間之合同條件
第一條　建築師之任務　建築師之專門任務包括應有之會商
初步之研究工作圖畫及條例（通稱章程）與用大比例尺及照實體
大小各種詳圖之製備一切提議與合同稿式之草擬付款證書之填
發驗收全部工程之證明帳目之編記與事務之主持及工程之監督等等。
第二條　建築師費　業主因建築師執行上述之任務所付與之報酬費
為一種百分數即上文所簡稱為基本率者其計算以與其任務有關一
切工程之成本為根據（造像不在其內）惟同時須受由合同條件所產生
任何變更之增減。
第三條　償還之費用　建築師及其助理因執行關於工程上任務所
費去之往來舟車費應由業主償還或由業主用他種方法担任。
第四條　費之支付　建築師費之支付分期如下：
在工作條列與普通工作圖畫完成之時先付二千五百兩。在設

盖以此项建筑属于政府委托办理。且调查委员会尚无备款，恐不稳当，或将来难于领款，沪上营造家遂多不敢应征，而应征者开价均视普通工程为大，以泛开之数作为一种保险也。[17]

葬事筹备处于是决定，与资本殷实、报价次低的姚新记营造厂直接交涉，要求其对原价 48.3 万两进行削减报价。姚新记表示，“夫孙公乃一代伟人，功泽在民，岂可与其他并论。当开账之时，敝处即抱一名誉观念、义务、决心，……谨以将敝处应得之车马、监工等费及酌提工料涨落之准备金计二万五千两如数捐输”。[18]1925 年 12 月 31 日，葬事筹备处代表林焕廷、孙科，与姚新记营造厂正式签订了第一部工程合同，规定工程期限为 14 个月，造价为 44.3 万两，采取分期付款的方式。合同还声明，依照葬事筹备委员会议决，“承办人与委员及筹备处职员均不得授扣佣，及有其他贿赂式的交易，违者处罚”。[19]

为了保证工程质量和进度，吕彦直拟定了《总理陵墓第一部工程说明书》，对陵墓建设中的挖工及底脚工程、钢筋三合土工程、凿石工程、泥匠工程、大理石镶花磁及人造石工程、铜工、玻璃工程及沟渠工程作了详细说明，其中规定：

工料之品质　凡本章程所规定之工作，必须用最优等之人工与材料，按照图样说明书造就之；

样品　凡本工程中所用一切材料，承包人须将样品呈送建筑师核定，得其认可，嗣后所供材料须与样品符合，不得以他品混充；

翻样　一切图样由建筑师绘给，但承包人须照详细图样翻成工作大样，请建筑师更正，俟其准许后，始可动工；

模型　凡装饰部分，承包人须制木质或石灰质模型，并照建筑师之意更正之，不拘次数，至得建筑师满意为止；

照片　承包人应于每月在建筑师指定之地点，摄取八寸乘十寸照片二张，以示工程之进行，呈交建筑师留存。[20]

17.《孙科关于葬事筹备经过之报告》（1926 年 1 月），南京市档案馆、中山陵园管理处编：《中山陵档案史料选编》，江苏古籍出版社 1986 年版，第 18 页。

18.《姚新记营造厂投标之说贴》（1925 年 12 月），南京市档案馆、中山陵园管理处编：《中山陵档案史料选编》，江苏古籍出版社 1986 年版，第 164-165 页。

19.《孙科关于葬事筹备经过之报告》（1926 年 1 月），南京市档案馆、中山陵园管理处编：《中山陵档案史料选编》，江苏古籍出版社 1986 年版，第 18 页。

20.《总理陵墓第一部工程说明书译文》，总理陵园管理委员会编：《总理陵园管理委员会报告》“工程”部分，南京出版社 2008 年版，第 171-172 页。

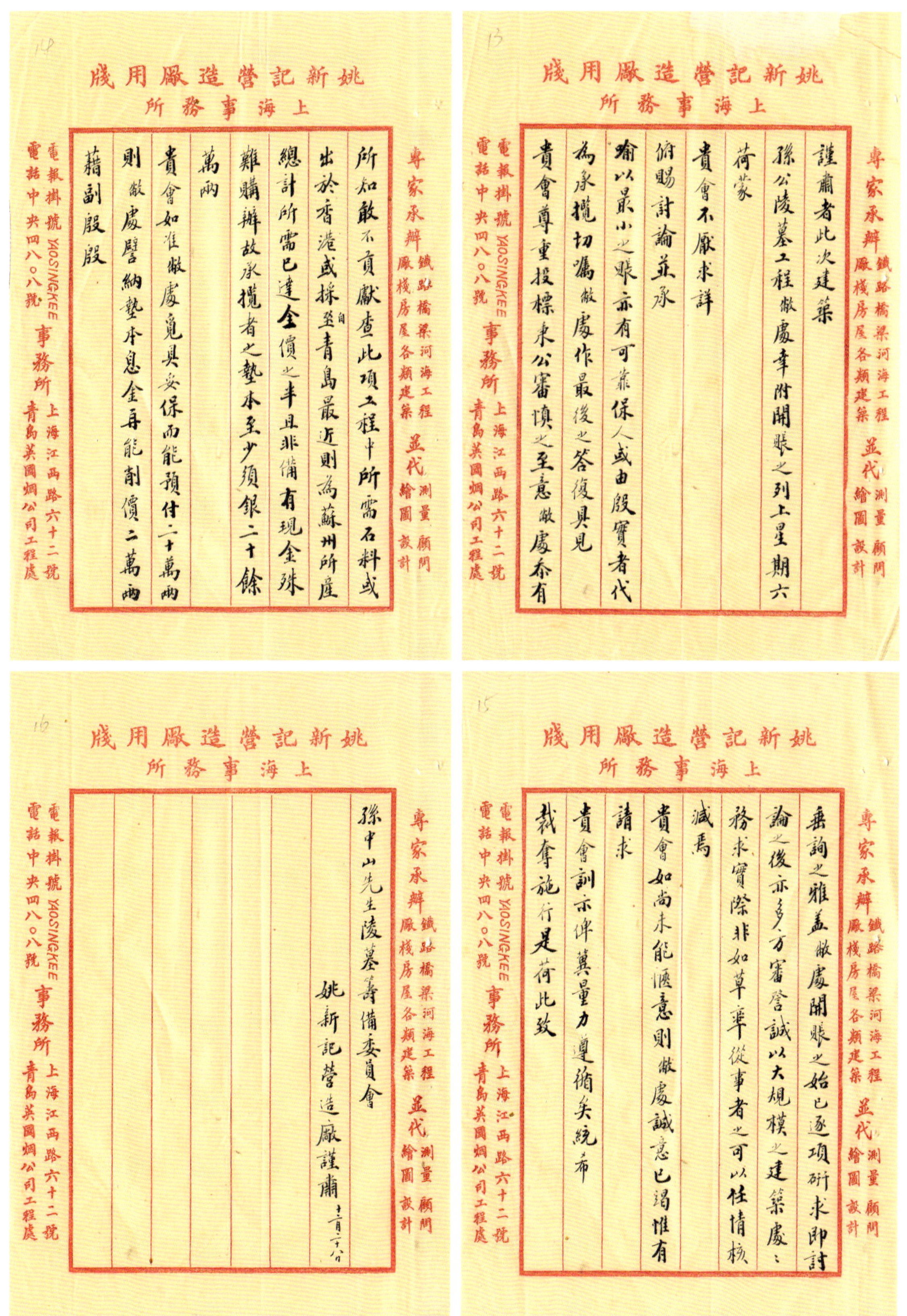

姚新記營造廠用箋
上海事務所
專家承辦 鐵路橋梁河海工程 廠棧房屋各類建築 並代測量繪圖顧問設計
電報掛號 YAOSINGKEE 電話中央四八○八號
事務所 上海江西路六十二號 青島英國烟公司工程處

謹肅者此次建築
孫公陵墓工程敝處幸附開賬之列上星期六
荷蒙
貴會不厭求詳
俯賜討論並承
諭以最小之賬亦有可靠保人或由殷實者代
為承攬切囑敝處作最後之答復具見
貴會尊重投標秉公審慎之至意敝處忝有
所知敢不貢獻查此項工程中所需石料或
出於香港或採自青島最近則為蘇州所産
總計所需已達全價之半且非備有現金殊
難購辦故承攬者之墊本至少須銀二十餘
萬兩
貴會如准敝處竟具妥保而能預付二十萬兩
則敝處譬納墊本息金再能削價二萬兩
藉副殷殷
垂詢之雅意敝處開賬之始已逐項研求即討
論之後亦多方審營誠以大規模之建築處處
務求實際非如草率從事者之可以任情核
減焉
貴會如尚未能愜意則敝處誠意已竭惟有
請求
貴會訓示俾冀量力遵循矣統希
裁奪施行是荷此致
孫中山先生陵墓籌備委員會
姚新記營造廠謹肅 十二月二十八日

1925年12月28日姚新记营造厂为承揽陵墓工程致孙中山先生葬事筹备委员会函（南京市档案馆藏）

葬 1

第一部陵墓工程合同

THIS AGREEMENT, made and entered into this Thirty-first day of the Twelfth month of the Fourteenth Year of the Republic of China by and between the Committee on Dr. Sun Yat-Sen's Tomb Construction and Dr. Sun's Family, (孙中山先生葬事筹备委员会及家属) hereinafter called "the Employers", of the one part, and Yao Sing Kee Building Contractor (姚新记营造厂) hereinafter called "the Contractor", of the other part.

WITNESSETH that it is hereby mutually agreed between the Employers and the Contractor, as follows:

That for and in consideration of the sum of Taels Four Hundred Fourty-three Thousand only (₮443,000.00) of Shanghai Sycee to be duly paid by the Employers to the Contractor, the Contractor doth hereby promise and agree with the Employers to provide material, labor and other things as hereinafter mentioned, and under the direction and to the entire satisfaction and subject to the powers as referee of "Y. C. LU. ARCHITECT", of Shanghai hereinafter called "the Architect", to execute, perform and Complete in the manner shown upon the Working Drawings and in the Specifications herewith supplied to the Contractor, and unto which the Employers and the Contractor have set their hands, all the works of every kind and description in connection with the erection of the Memorial Hall and Tomb of Dr. Sun Yat-Sen on the Purple Hill in the City of Nanking, the whole hereinafter to be called "the Works" to be erected.

AND the Employers and the Contractor hereby promise and agree to abide by and be subject to the following conditions of this Agreement, namely:-

Article 1. The Contractor shall be put in possession of the land on the Fifteenth day of the First Month of the Fifteenth Year of the Republic of China and the execution of the aforesaid works, including all alterations and additions thereto, if any, shall be completed and delivered over to the Employers in perfect order and condition on or before the Fifteenth day of the Third Month of the Sixteenth Year of the Republic of China, it being agreed that the Contractor shall pay to the Employers the sum of Taels Fifty (₮50.00) as liquidated and ascertained damage for every day expiring after that date until the completion and delivery to the Employers of the Works aforesaid, or at their option the Employers shall be entitled to retain such sum out of any moneys then or thereafter due to the Contractor and the amount so retained shall be entered in the Architect's certificate. Provided that in case it should be necessary to suspend during the said term the execution of the Works for a period of one day or over at a time owing to causes altogether beyond the control of the Contractor, rain and frost however not being considered as such cause, an allowance of time shall be granted for completion of the works as the Architect certifies that he is entitled to.

Article 2. The sum of Taels Four Hundred Forty-three Thousand (₮443,000.00) to be paid by the Employers to the Contractor, heretofore agreed to in this Agreement subject to any additions or deductions that may be made in accordance with provisions hereinafter more particularly set forth, shall be paid during the progress of the work in instalments as follows;-

1st Instalment;	one month after commencement of work	₮ 28,450.00
2nd Instalment;	~~one~~ Two months after commencement of work	28,450.00
3rd Instalment;	~~one~~ Three months after commencement of work	28,450.00
4th Instalment;	~~one~~ Four months after commencement of work	28,450.00
5th Instalment;	~~one~~ Five months after commencement of work	28,450.00
6th Instalment;	~~one~~ Six months after commencement of work	₮ 28,450.00
7th Instalment;	~~one~~ Seven months after commencement of work	28,450.00
8th Instalment;	~~one~~ Eight months after commencement of work	28,450.00
9th Instalment;	~~one~~ Nine months after commencement of work	28,450.00
10th Instalment;	~~one~~ Ten months after commencement of work	28,450.00
11th Instalment;	~~one~~ Eleven months after commencement of work	28,450.00
12th Instalment;	~~one~~ Twelve months after commencement of work	28,450.00
13th Instalment;	~~one~~ Thirteen months after commencement of work	28,450.00
14th Instalment;	~~one~~ Fourteen months after commencement of work	28,450.00
15th Instalment;	three month after completion and delivery of Works	44,700.00
	Total	₮ 443,000.00

Article 3. All payments by the Employers to the Contractor shall be made on the certificates of the Architect and it is expressly agreed that notwithstanding anything to the contrary hereinbefore contained, the Architect shall have full power in his discretion to withhold any certificate for any instalment pending the completion of the Works, and the final payment shall not be made until the Architect certifies that the Contractor has completed to their entire satisfaction all the works to be executed and has fully complied with all the stipulations of this agreement.

Article 4. The Architect may at any time before or during the execution of the works make any deviation from or alteration in the plan, form, construction and execution of the said works, or any addition to or deduction from them; but in case any of the said deviations, additions or deductions so made shall increase or diminish the expense of the Works, such difference of expense, after due notice is given to the Architect by the Contractor, shall be estimated basing on the unit prices given in the following "Schedule of Prices", and no such deviation or alteration shall be executed unless and until difference of expense has been approved and rectified in writing by the Architect.

Article 5. The "Schedule of Prices" heretofore mentioned is as follows:-

1.	Excavation	at Tls. 2.50	per fong
2.	Reinforced Concrete (including steel)	at Tls. 53.00	per fong
3.	Concrete without steel	at Tls. 40.00	per fong
4.	Hongkong Granite (average 7½" thick)	at Tls. 6.00	per sq. ft.
5.	Soochow Granite (5" thick)	at Tls. 4.50	per sq. ft.
6.	Artificial Stone Work	at Tls. 1.50	per sq. ft.
7.	Granite Paving (4" thick)	at Tls. 3.00	per sq. ft.
8.	Concrete Block Paving (4" thick)	at Tls. 1.50	per sq. ft.

Article 6. From the time the works are commenced until their completion the Contractor shall be solely responsible for the safety of all labor, materials and executed works to the amount paid him by the Employers and shall restore and make good all injuries, damages, re-erection and repairs occasioned or rendered necessary by accidental cause or by storm, trespass or otherwise.

Article 7. The Contractor shall, before the issurance of the final certificate for payment, furnish the Employers with a written guarantee to the effect that he will promptly make good at his own expenses any defect or deficiency arising or discovered in the works caused by defective materials or labor within one year of the delivery of the works.

Article 8. In all questions as to the interpretation of the drawings, and specifications or as to the proper method of carrying out the works, or as to the date at which any payment is due to the Contractor, or in any point or dispute of whatever nature relating to the Works, the decision of the Architect shall be final and binding on both parties; and no firm or person other than the said "Y. C. LU, Architect, of Shanghai," shall be employed as Architect or referee during the subsistence of this agreement.

Article 9. The Contractor shall respect the resolution passed by the Committee on Dr. Sun Yat-Sen's Tomb Construction to the effect that members and employees of the Committee shall refrain from any dealings in whatever form with the Contractor for the purposes of self profit and to the detriment of the works, and should evidence of such case of corruption be found and proven the Contractor shall be held liable and subject to the same penalty as may be incurred by the member or employee thus involved. The Contractor shall be held similarly liable if such case involves a member of the Architect's staff.

IN WITNESS whereof the said Employers and the said Contractor have hereunto set their hands and seals the day and year first above written.

Signed, sealed and delivered by the Employers in presence of

Signed, sealed and delivered by the Contractor in presence of

1925年12月31日孙中山先生葬事筹备委员会及家属与姚新记营造厂订立的第一部陵墓工程合同（英文）（南京市档案馆藏）

“孙中山先生陵墓奠基礼”牌楼

葬事筹备处亦在开工前委托时任中国工程学会材料试验股股长的凌鸿勋试验把关工料，“凡一切水泥、沙石等料，请该会提取样品，详细分析试验，以期得所保证”。[21]

1926 年 1 月 8 日，葬事筹备委员会代表、建筑师吕彦直及姚新记营造厂经理等，现场勘定陵墓及祭堂具体位置与方向。1 月 15 日，中山陵第一部工程破土动工。3 月 12 日孙中山先生逝世一周年纪念日，陵墓奠基礼在紫金山举行，各省区党部代表、江苏各地代表、家属宋庆龄和孙科及葬事筹备处成员及国民党员数千人参加。广州国民政府特派代表邓泽如为大会主席，叶楚伧为赞礼。杨杏佛受宋庆龄、孙科委托，代表家属在纪念会上答谢，向大家报告陵墓择地的经过、工程计划以及招投标情况等。另据黄檀甫之子黄建德提供的未刊稿，黄檀甫曾在奠基礼上代表吕彦直致辞，表达了对孙中山的景仰和对首都建设的期望，“惟中山先生之逝世，则非惟民国损失新创造人，即在世界上亦失去一伟人。……今此陵墓者，所以为中山先生纪念者也，而为民国第一次之永久建筑”。[22]

21.《工程学会试验孙墓建筑材料》，《申报》1926 年 1 月 13 日第十五版。

22. 孙中山纪念馆馆藏资料“在中山陵奠基礼上的发言稿”（复制件）。

但是，工程开工后却遇到了种种困难。孙中山先生葬事筹备委员会要求陵墓主体工程“均用坚固石料与钢筋三合土，不可用砖木之类”，于是需从苏州、青岛、香港及意大利等各地运送大批石料，其中花岗岩大多采自苏州金山，须装船水运至南京。运抵南京的石材由卡车运抵山下，再由工人抬到山上，而柱基、大石料等则需在山坡上铺上铁轨，然后绞上山。由于山上没有水，每天要用 200 名民工从山下紫霞湖挑水上山，解决工程用水问题。当时，苏沪一带为北洋军阀控制，政局动荡、交通运输不畅，因而严重制约了工程的进度，加之铁路、轮船等运输部门“动辄假公益之名，行敲诈之实”，对姚新记多方刁难，致使建筑材料不能及时运到，也制约了工程的进度。

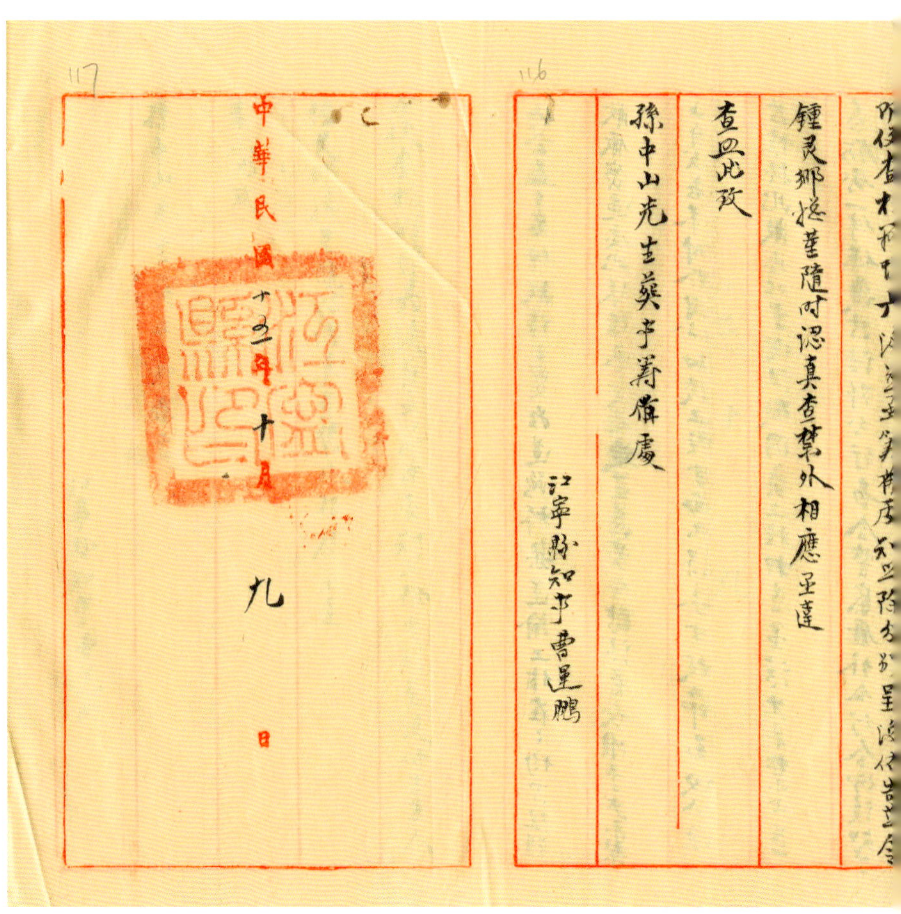

鍾靈鄉總董隨時認真查禁外相應函達
查照此致
孫中山先生葬事籌備處
江寧縣知事曹運鵬
中華民國十五年十月九日

右上：1926 年 7 月 19 日葬事筹备处为催促陵墓工程致吕彦直函（南京市档案馆藏）

下：1926 年 10 月 9 日江宁县知事曹运鹏转江苏省省长关于不得阻碍国葬工程令致孙中山先生葬事筹备处公函（南京市档案馆藏）

公函

逕啟者案奉
省長第六六九零號訓令內開頃接孫中山先生葬事籌備處
函稱案准敝處包工人姚新記營造廠函開敝廠承攬孫中山先生
陵墓工程當估價之初即共崇拜偉人觀念以致一再削減實覺甚
利可圖殊由尋常營業有異乃外界不明真相遇事尋隙動輒
僞公益之名行敲詐之實於道路橋梁運輸工作在在均有阻難
敝廠實逼處此殊難承受爲迫函懇貴處轉請省長准予出示禁
止自後外界對於關係西陵工程方面不得妄生枝節至紉公誼
等情據此敝處以事關阻礙國葬工程相應函請出示禁止並
懇飭屬一體保護等語除分行各公警察廳外合行令仰該知事

为此，姚新记营造厂致函孙中山先生葬事筹备处请江苏省省长发布禁令，要求“各界对于关系孙陵工程方面，不得妄生枝节”。[23] 于是，孙中山先生葬事筹备处与江苏省地方当局进行交涉，但由于江苏省长两年内五易其人，各项交涉异常困难。孙中山先生葬事筹备委员会认为工程迟缓，建筑师和营造厂均应负相当责任，遂敦促在上海的建筑师吕彦直转告姚新记营造厂，“即日设法加工运料”[24]，并请吕彦直设法聘请富有经验的工程师驻山监工。

23.《曹运鹏转省长关于不得阻碍国葬工程令致葬事筹备处公函》（1926年10月9日），南京市档案馆、中山陵园管理处编：《中山陵档案史料选编》，江苏古籍出版社1986年版，第116页。

24.《葬事筹备处为请加速陵墓工程致吕彦直函》（1926年7月19日），南京市档案馆、中山陵园管理处编：《中山陵档案史料选编》，江苏古籍出版社1986年版，第166页。

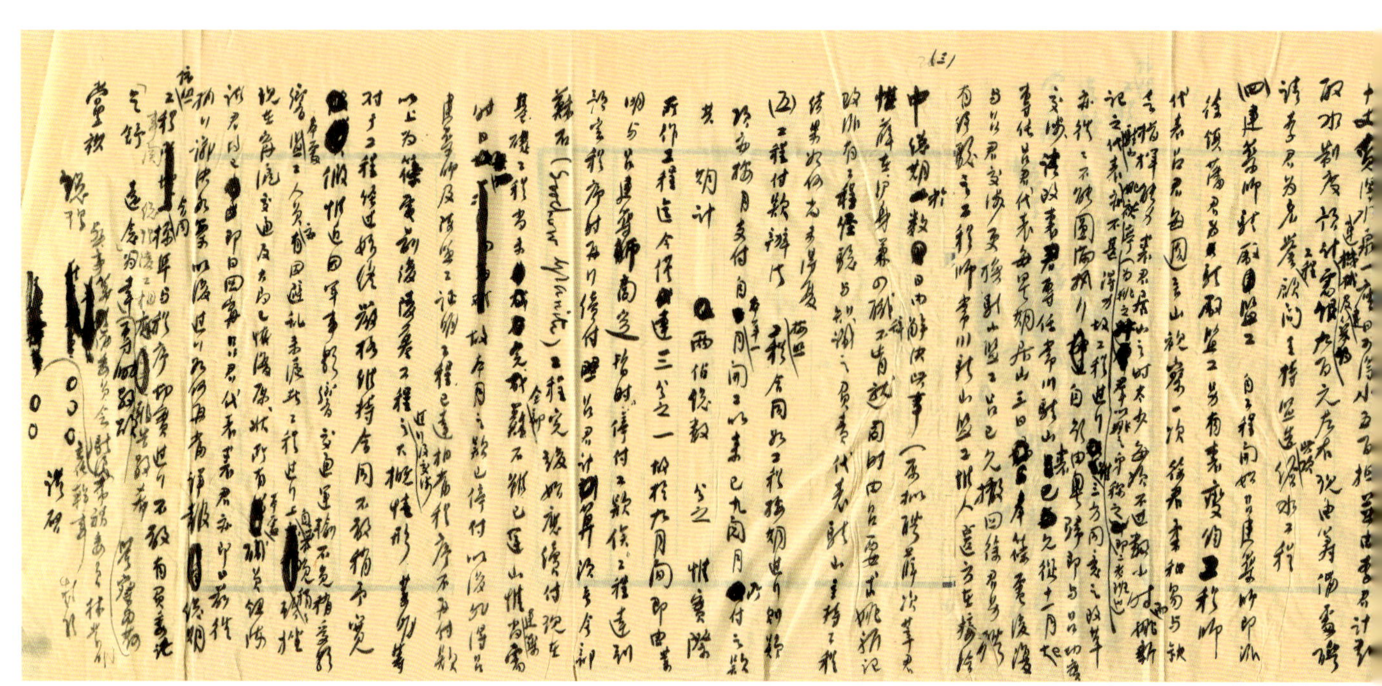

工程进展不仅缓慢，且墓基工程用料也出现了一些问题，姚新记营造厂使用劣质砂石和砖，被广州国民政府派驻监工陈希平发现，随即向孙科报告，孙科在致林焕廷、杨杏佛电中勒令营造厂严肃整改："迭据陈监工报告，墓基工程，姚新记营造厂屡用不纯洁之砂水、碎石及劣砖，建筑师、驻厂监工均不过问制止，显有串通作弊嫌疑。请通知吕君饬姚新记营造厂即将劣料工程全部改造，不得稍予通融，贻误永久建筑，如不遵办，则停款废约，另筹办法。"[25] 吕彦直立即与姚新记营造厂沟通，告知对祭堂砖石工程的调查结果，最终一致决定姚新记营造厂烧制之砖一律不用，已筑砖墙全部拆除。

南京国民政府成立后，为了加快工程进度，1927 年 4 月 26 日葬事筹备处由上海迁至南京，重定未完工程分期竣工办法，增加工人人数，与政府磋商材料运输给予便捷，故而工程进行较为迅速。到 1929 年 2 月，祭堂、墓室建成，5 月由葬事筹备处正式验收。

25. "孙科致林焕廷、杨杏佛电"（1926 年 10 月），全宗号：1005-1-240，南京市档案馆藏。

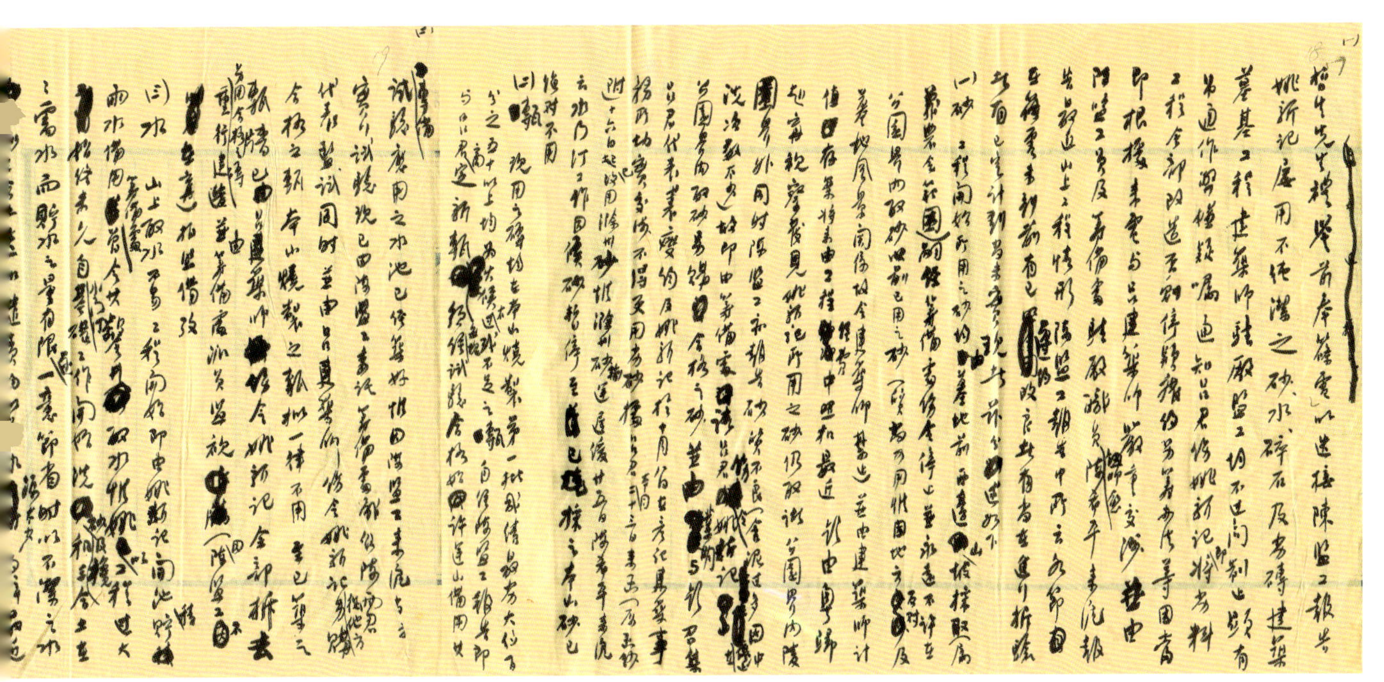

孙中山先生葬事筹备委员会常务委员林焕廷关于姚新记营造厂用料存在问题及暂停付工程款致孙科的报告（南京市档案馆藏）

祭堂及墓室模型

陵墓地基工程

建造中的祭堂

右上：甬道填土开掘

右下：石阶工程

孫中山先生陵墓工程攝影 十七年十月九日

因第一部工程进展缓慢，到1926年9月，葬事筹备处决定第二部工程招标，两部工程同时进行，以求早日完工。但各营造厂眼看时局混乱，姚新记营造厂承包第一部工程吃了亏，因此造价远远超出建筑师预算，葬事筹备处只好暂时搁置。1927年春，北伐军攻下南京，8月又在龙潭战役中彻底打败了军阀孙传芳，时局逐渐安定。10月2日，葬事筹备处登报招标第二部工程，上海新金记康号营造厂以26.8084万两中标。第二部工程包括挖土、填土、水沟工程，石坡工程，撑墙工程，石阶工程及祭堂平台铺石工程等，1927年11月24日开工，期限至1928年12月26日前完工。因政局相对安定，工程进展比较顺利，1929年5月完成并正式验收。1929年6月1日，举行了隆重的孙中山安葬典礼。

1929年孙中山安葬典礼前的中山陵全景

1929 年 6 月 1 日，黄檀甫（右）与李锦沛（左）在中山陵合影。

因吕彦直去世，中山陵未竟工程由彦记建筑师事务所黄檀甫和李锦沛负责完成。1929 年 4 月 3 日，孙中山先生葬事筹备委员会第六十六次会议专门讨论通过了“继承吕建筑师工作案”，决议“承认用彦记事务所名义，继续执行总理陵墓工程建筑师任务；关于工作图样、工作说明书及放大比例与照实体大小各种详图之制备、材料之选定、工程之监督，以及解决工程上一切问题，均应由彦记之建筑师李锦沛负完全责任”。[26]

26.《葬事筹委会第六十六次会议记录》（1929 年 4 月 3 日），南京市档案馆、中山陵园管理处编：《中山陵档案史料选编》，江苏古籍出版社 1986 年版，第 141 页。

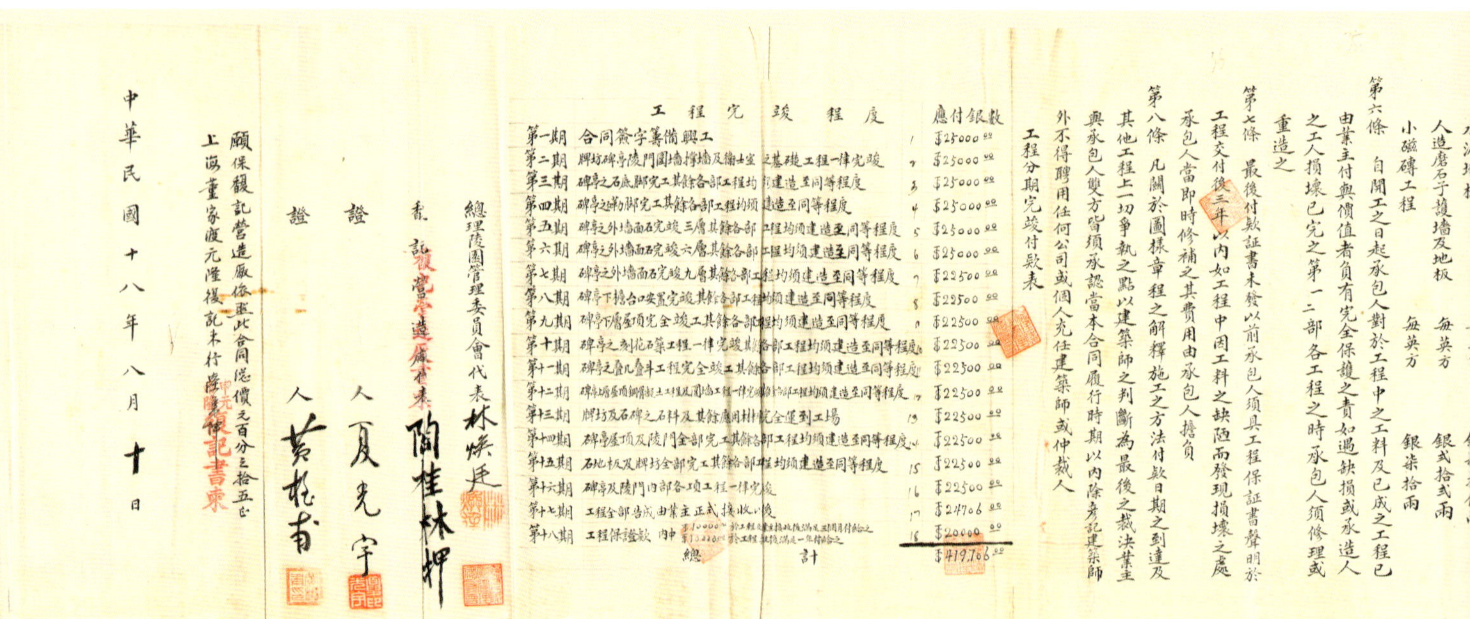

人造磨石子護墻及地板　每英方　銀式拾式兩

小磁磚工程　每英方　銀柒拾兩

第六條　自開工之日起承包人對於工程中之工料及已成之工程已由業主付與價值者負有完全保護之責如遇缺損或承造人之工人損壞已完之第一二部各工程之時承包人須修理或重造之

第七條　最後付款証書未發以前承包人須具工程保証書聲明於工程交付後三年以内如工程中因工料之缺陷而發現損壞之處承包人當即時修補之其費用由承包人擔負

第八條　凡關於圖樣章程之解釋施工之方法付款日期之到達及其他工程上一切爭執之點以建築師之判斷為最後之裁決業主與承包人雙方皆須承認當本合同履行時期以内除彥記建築師外不得聘用任何公司或個人充任建築師或仲裁人

工程分期完竣付款表

	工程完竣程度		應付銀數
第一期	合同簽字籌備興工	1	$25000.00
第二期	牌坊碑亭陵門圍墻撑墻及衞士室之基礎工程一律完竣	2	$25000.00
第三期	碑亭之石底脚完工其餘各部工程均須建造至同等程度	3	$25000.00
第四期	碑亭之勒脚完工其餘各部工程均須建造至同等程度	4	$25000.00
第五期	碑亭之外墻面石完竣三層其餘各部工程均須建造至同等程度	5	$25000.00
第六期	碑亭之外墻面石完竣六層其餘各部工程均須建造至同等程度	6	$25000.00
第七期	碑亭之外墻面石完竣九層其餘各部工程均須建造至同等程度	7	$22500.00
第八期	碑亭下檐台口安置完竣其餘各部工程均須建造至同等程度	8	$22500.00
第九期	碑亭下層屋頂完全竣工其餘各部工程均須建造至同等程度	9	$22500.00
第十期	碑亭之刻花石築工程一律完竣其餘各部工程均須建造至同等程度	10	$22500.00
第十一期	碑亭之疊几疊斗工程完全竣工其餘各部工程均須建造至同等程度	11	$22500.00
第十二期	碑亭上層屋頂鋼骨泥土工程及圍墻工程一律完竣其餘各部工程均須建造至同等程度	12	$22500.00
第十三期	牌坊及石碑之石料及其餘應用材料完全運到工場	13	$22500.00
第十四期	碑亭屋頂及陵門全部完工其餘各部工程均須建造至同等程度	14	$22500.00
第十五期	石地板及牌坊全部完工其餘各部工程均須建造至同等程度	15	$22500.00
第十六期	碑亭及陵門内部各項工程一律完竣	16	$22500.00
第十七期	工程全部告成由業主正式接收以後	17	$24706.00
第十八期	工程保證款　内中 $10000.00 於工程交業主接收後滿足三個月付給之；$10000.00 於工程接收後滿足一年付給之	18	$20000.00
總計			$419706.00

總理陵園管理委員會代表　林煥廷

書記　馥記營造廠代表　陶桂林押

證人　夏光宇

證人　黃檀甫

願保馥記營造廠依照此合同總價之百分之拾五

上海董家渡元隆弄馥記木行

中華民國十八年八月十日

總理陵墓第三期工程碑亭勒脚石完工攝影

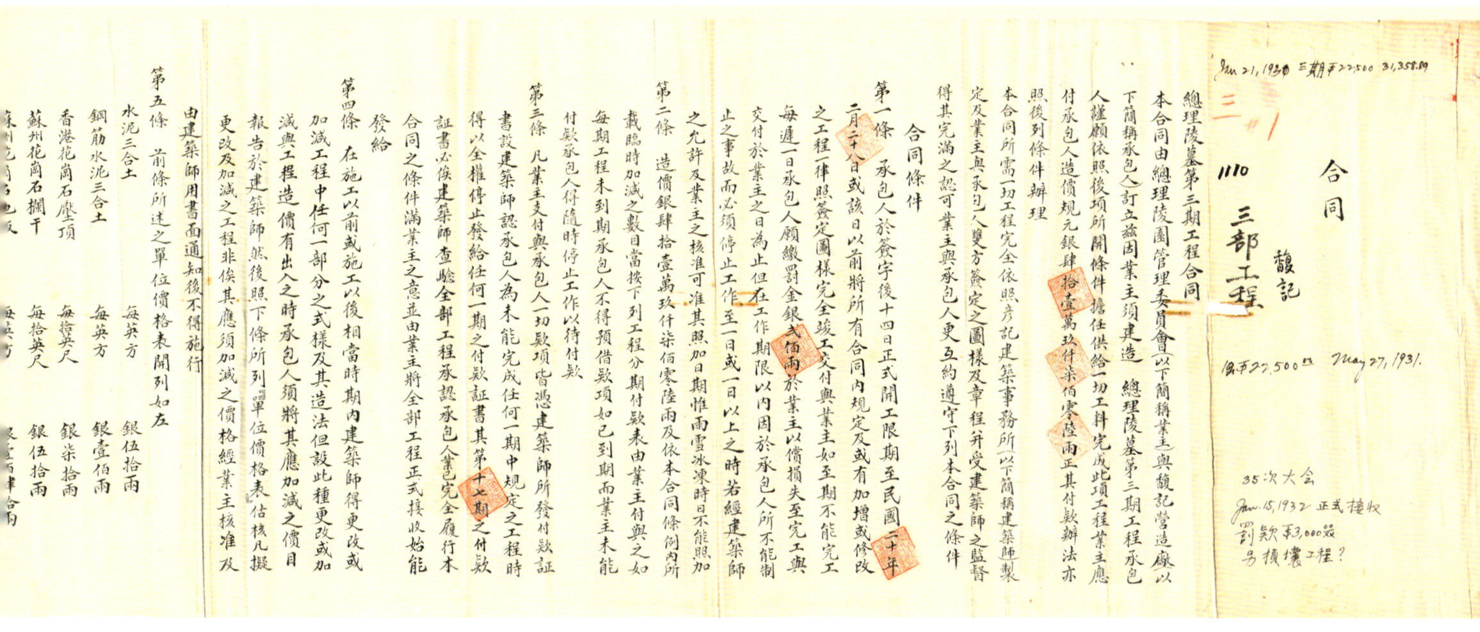

合同

三部工程

馥記

總理陵墓第三期工程合同

本合同由總理陵園管理委員會（以下簡稱業主）與馥記營造廠（以下簡稱承包人）訂立茲因業主須建造總理陵墓第三期工程承包人謹願依照後項所開條件擔任供給一切工料完成此項工程業主應付承包人造價規元銀肆拾壹萬玖仟柒佰零陸兩正其付款辦法亦照後列條件辦理

本合同所需一切工程完全依照彥記建築事務所（以下簡稱建築師）製定及業主與承包人雙方簽定之圖樣及章程并受建築師之監督得其完滿之認可業主與承包人更互約遵守下列本合同之條件

合同條件

第一條　承包人於簽字後十四日正式開工限期至民國二十年二月二十八日或該日以前將所有合同內規定及或有加增或修改之工程一律照簽定圖樣完全竣工交付與業主如至期不能完工每遲一日承包人願繳罰金銀式佰兩於業主以償損失至完工與交付於業主之日為止但在工作期限以內因於承包人所不能制止之事故而必須停止工作至一日或一日以上之時若經建築師之允許及業主之核准可准其照加日期惟雨雪冰凍時日不能照加

第二條　造價銀肆拾壹萬玖仟柒佰零陸兩及依本合同條例內所載臨時加減之數目當按下列工程分期付款表由業主付與之如每期工程未到期承包人不得預借款項如已到期而業主未能付款承包人得隨時停止工作以待付款

第三條　凡業主支付與承包人一切款項皆憑建築師所發付款証書設建築師認承包人為未能完成任何一期中規定之工程時得以全權停止發給任何一期之付款証書其第十七期之付款証書必俟建築師查驗全部工程承認承包人業已完全履行本合同之條件滿業主之意並由業主將全部工程正式接收始能發給

第四條　在施工以前或施工以後相當時期內建築師得更改或加減工程中任何一部分之式樣及其造法但設此種更改或加減與工程造價有出入之時承包人須將其應加減之價目報告於建築師然後照下條所列單位價格表估核凡擬更改及加減之工程非俟其應須加減之價格經業主核准及由建築師用書面通知後不得施行

第五條　前條所述之單位價格表開列如左

水泥三合土	每英方	銀伍拾兩
鋼筋水泥三合土	每英方	銀壹佰兩
香港花崗石壓頂	每拾英尺	銀柒拾兩
蘇州花崗石欄干	每拾英尺	銀伍拾兩

1929 年 8 月 10 日总理陵园管理委员会与陶馥记营造厂订立的总理陵墓第三部工程合同（南京市档案馆藏）

1929 年 7 月初，葬事筹备委员会改组后的总理陵园管理委员会刊登广告，为第三部工程公开招标，包括牌坊及纪念碑石、碑亭、陵门、围墙、平台铺石、撑墙石铺面、卫士室、休息室等。六家营造厂投标，上海陶馥记营造厂中标，造价为 41.9706 万两。1929 年 8 月底开工，按合同规定应于 1931 年 2 月 28 日以前全部完工。

總理陵墓第三期工程陵門勒脚石完工攝影

總理陵墓第三部工程牌樓安置時攝影
馥記營造廠承造

總理陵墓
東首
圍墻
工程
攝影
十九年六月曾

總理陵墓西石壩内填土時攝影
民國二十年九月十五日
馥記營造廠承造

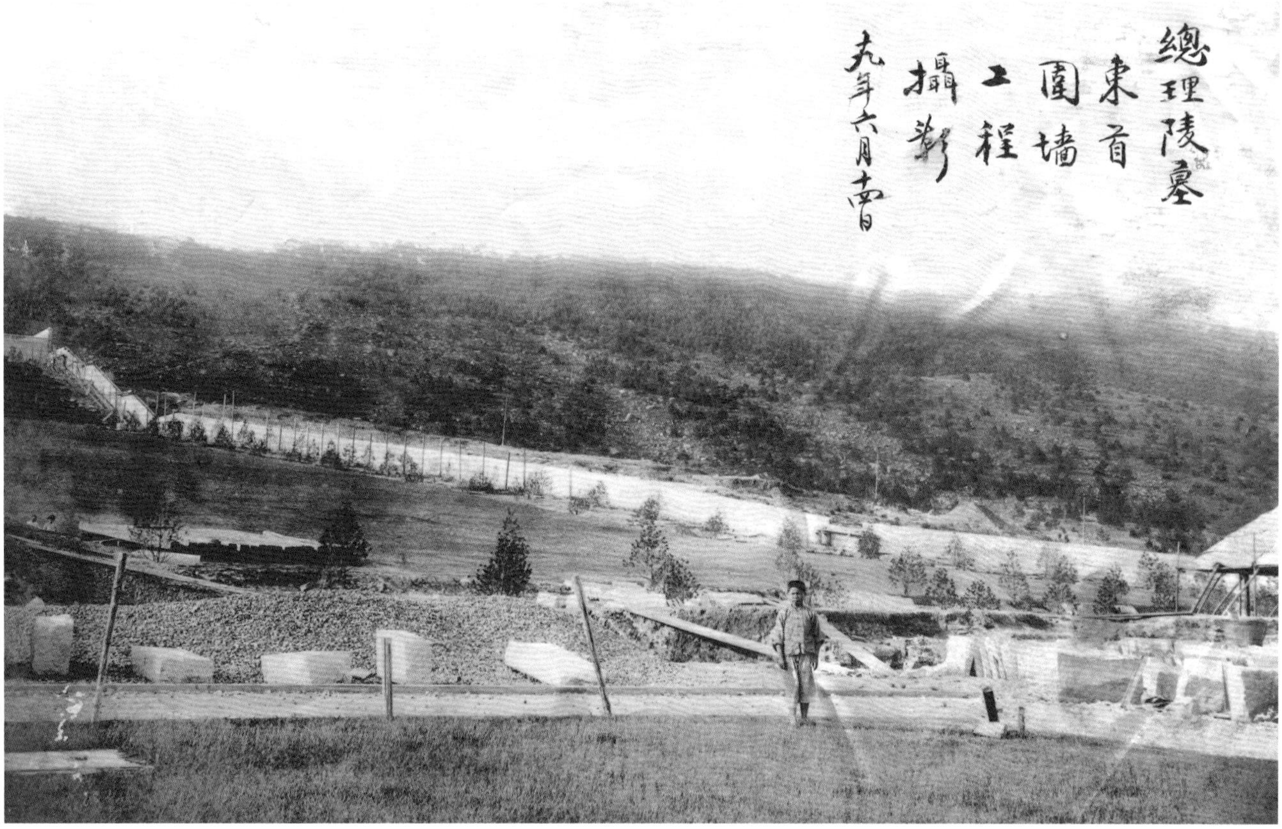

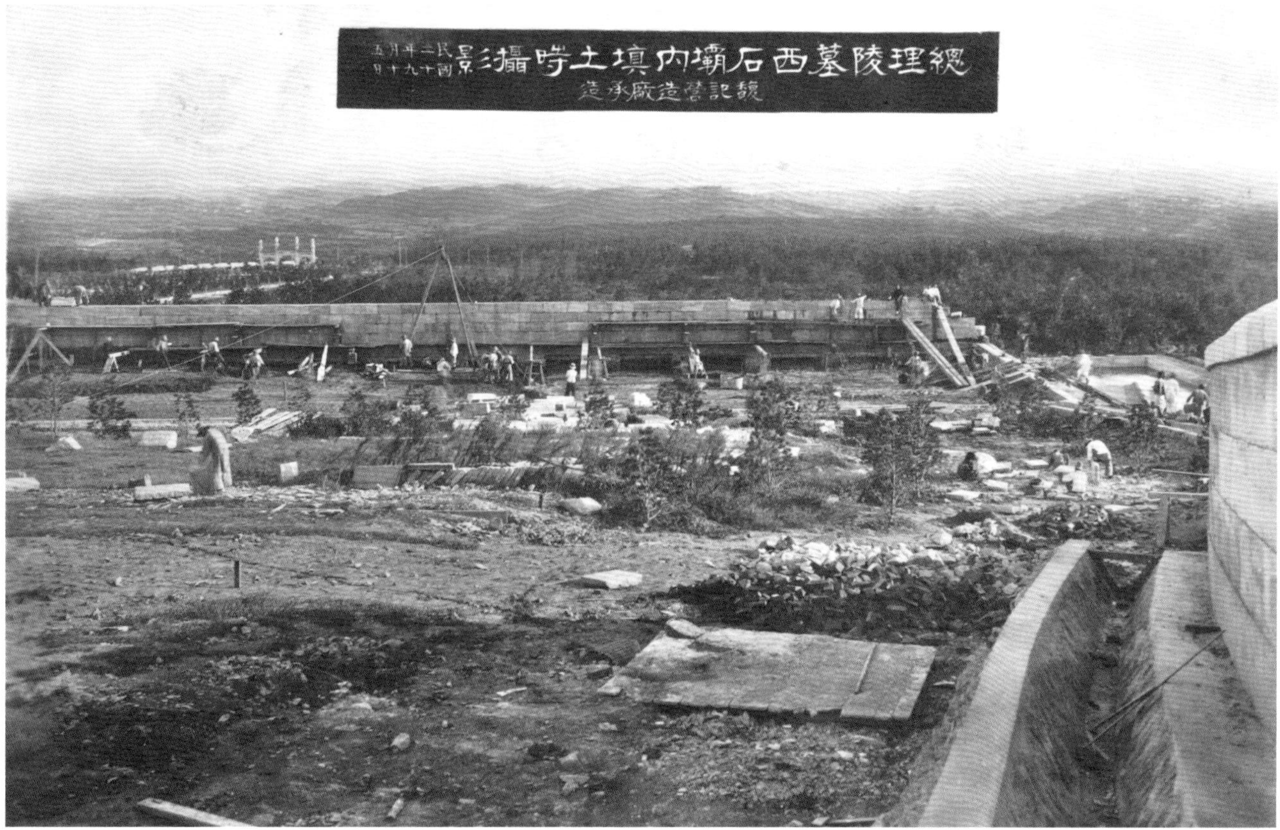

在第三部工程中，牌坊最初设计置于陵门前，因葬事筹备处主任干事夏光宇提议在陵门前增加一条墓道，以增添陵墓的雄伟气势，于是牌坊移到墓道南端。对于牌坊形制，葬事筹备处曾决议将三门改为五门，请美国建筑师墨菲另行设计绘就[27]，但彦记建筑师事务所坚持要求用吕彦直原设计三门图案，葬事筹备委员会讨论决定仍用吕彦直生前设计。1930 年，牌坊工程完工。碑亭最初因受建筑费限制，并未设计，后参照明孝陵神功圣德碑亭，吕彦直又设计了碑亭，并在碑亭内竖立高大石碑，碑高 8.1 米，宽 4 米，重达几十吨，用福建花岗石雕琢而成。但是，1930 年 9 月，陶馥记营造厂在用船从福建往南京运送碑亭中的大石碑时，因石料过重而沉没，总理陵园管理委员会准其宽延 40 天，到 1931 年底全部陵墓主体工程竣工，1932 年 1 月 15 日正式验收，陶馥记营造厂因延期被罚款 3000 两。

27.《葬事筹委会第六十六次会议记录》（1929 年 4 月 3 日）、《葬事筹委会第六十八次会议记录》（1929 年 5 月 11 日），南京市档案馆、中山陵园管理处编：《中山陵档案史料选编》，江苏古籍出版社 1986 年版，第 142、145 页。

建成后的中山陵全景

2. 造像工程

在公共空间安放形象生动的孙中山塑像，更能向广大民众传输和普及孙中山符号。1925 年 7 月，葬事筹备处计划在中山陵建造孙中山塑像，并开始向社会各界征集。孙中山塑像是陵墓的重要组成部分，葬事筹备处极为重视，从选择雕塑家到审核塑像小样，都极为严格，并由孙科亲自主持。7 月 29 日，葬事筹备委员会第七次会议上，孙科报告孙中山铜像事，“有捷克斯拉夫人高纪，愿以全力担任此事。惟先须赴北京摹石膏像，数月内当可完工”，另“祭堂内亦拟造一大理石造像”。[28]

1925 年 12 月底，孙科与宋庆龄商量后，决定仿效中山陵设计图案征求的办法，悬奖征求造像模型，设定奖金为头奖 2000 元、二奖 1000 元、三奖 500 元，在上海《申报》《新报》《民国日报》《商报》及日本、俄国各美术杂志上公开刊登广告，以 1926 年 5 月底为截止期限。但是，征求的结果并不理想，原因在于征求模型条例未规定价格及质料，无从应征，征求期限遂延至 8 月底，直到 1927 年 1 月葬事筹备委员会仍称“征求总理铜像模型成绩不良”，议决再次“延长征求期限”。1927 年 6 月，推定邓泽如、戴恩赛、戴季陶、林焕廷为应征模型评判委员，后又加推伍朝枢为委员，但因应征模型成绩甚低，决定发还应征模型，概不给奖金、奖品。

1928 年 1 月，葬事筹备委员会根据孙科的提议，决定请高祺塑造孙中山卧像。高祺以北平产的大理石为原料，花了一年零三个月的时间，于 1929 年 5 月完成孙中山卧像的制作。该石像用汉白玉雕琢而成，与孙中山的实际身高等同，两手安详地放于胸前，双脚自然并拢，眼帘轻垂，似入睡状，形象生动。卧像右腿靠近脚踝处，雕刻着一株菊花，花的下方用汉字阳刻“高祺”二字。

28.《葬事筹委会第七次会议记录》（1925 年 7 月 29 日），南京市档案馆、中山陵园管理处编：《中山陵档案史料选编》，江苏古籍出版社 1986 年版，第 61 页。

29.《葬事筹委会第六十二次会议记录》（1928 年 10 月 20 日），南京市档案馆、中山陵园管理处编：《中山陵档案史料选编》，江苏古籍出版社 1986 年版，第 130 页。

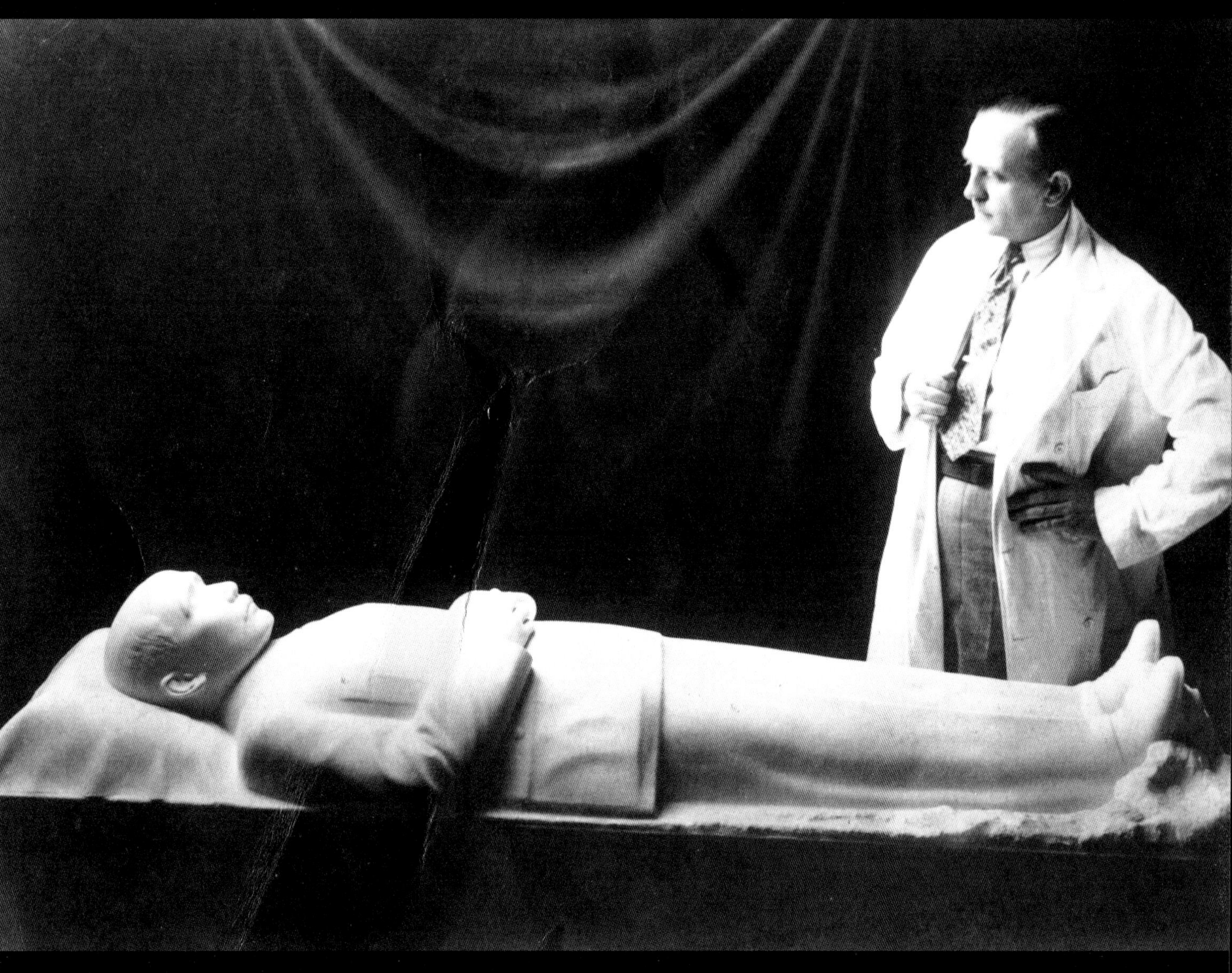

捷克雕刻家高祺创作孙中山汉白玉卧像

1928 年 10 月，葬事筹备处向法国雕刻家保罗·朗特斯基（Paul Maximilien Landowski）定制石制坐像，并要求用中国服式。[29] 历时一年，这尊坐像用意大利白色大理石雕刻完成，造价达 150 万法郎，从法国巴黎以 10 万法郎的运费运到南京。同时运来的还有坐像底座四周反映孙中山从事革命活动的六幅浮雕。事先，葬事筹备处已经制作完成坐像底座。1930 年 11 月 12 日孙中山诞辰纪念日，在中山陵祭堂内举行了隆重的孙中山石像揭幕典礼。[30]

30.《总理石像揭幕典礼》，《中央周报》第 128 期，1930 年 11 月 17 日。

法国雕刻家保罗·朗特斯基雕刻的孙中山坐像、底座浮雕

祭堂内坐像高 4.6 米，孙中山着长袍马褂，极目寰宇，手展宏图，接受着认同他的理想的人们的瞻礼。坐像底座四侧六幅浮雕，以往说法认为，正面一幅为《如抱赤子》，东面两幅为《出国宣传》《商讨革命》，西面两幅为《振聋发聩》《讨袁护国》，背面一幅为《国会绶印》。

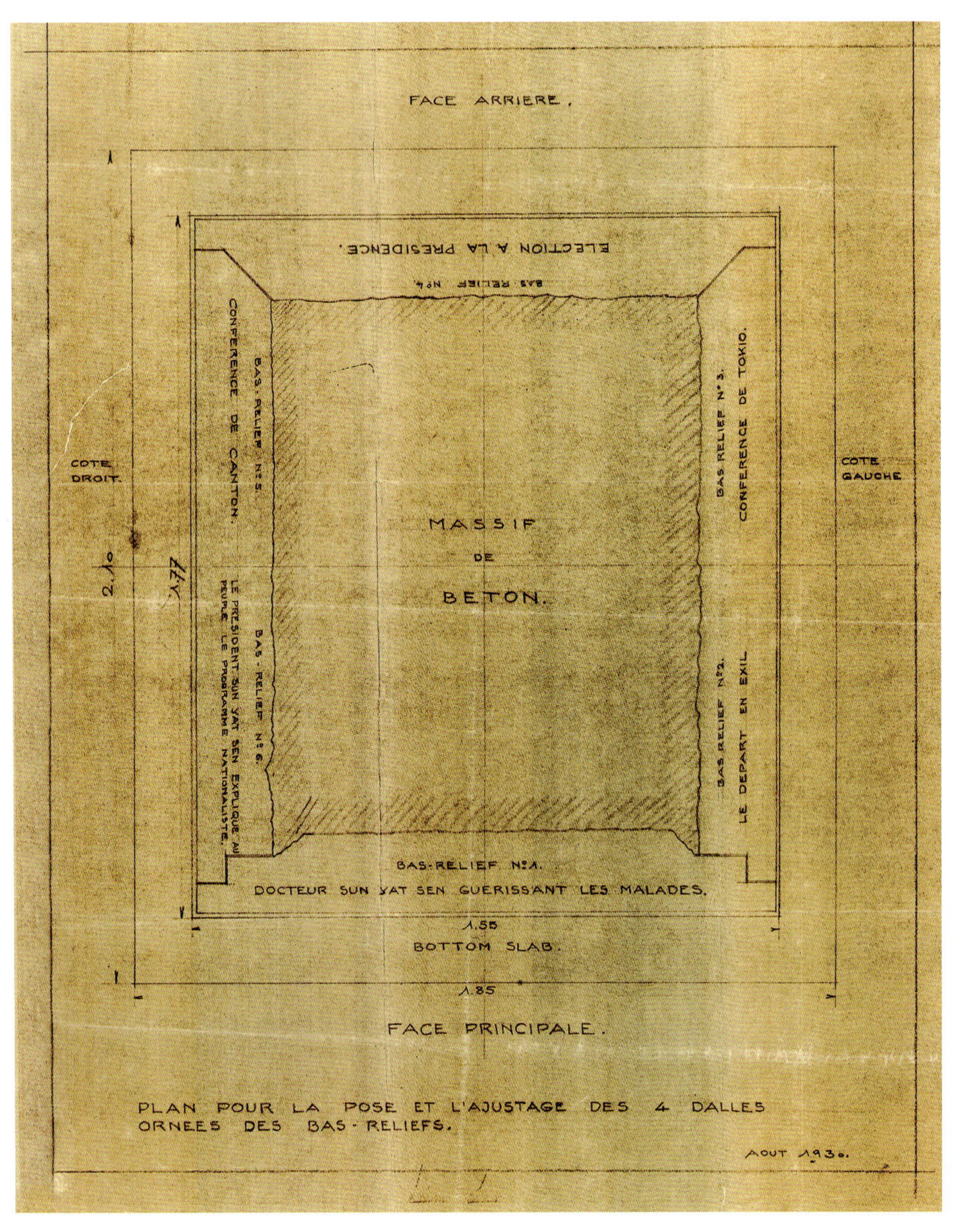

孙中山坐像底座剖面图
（南京市城市建设档案馆藏）

但学者赖德霖依照法文原始设计图纸和浮雕内容分析，认为原有翻译并不准确。其中：《如抱赤子》浮雕，法文原文为“DOCTEUR SUN YAT SEN GUERISSANT LES MALADES”，表现了孙中山面对贫苦的民众，正在伸手抚慰一位母亲怀抱中的幼儿，可简译为《疗疾问苦》；《出国宣传》浮雕，法文原文为“LE DEPART EN EXIL”，可另译为《流亡国外》；《商讨革命》浮雕，法文原文为“CONFERENCE DE TOKIO”，指 1905 年中国同盟会在东京成立，可译为《东京会议》或《同盟之会》；《讨袁护国》浮雕，法文原文为“CONFERENCE DE CANTON”，指 1924 年中国国民党第一次全国代表大会，可另译为《广州会议》；《振聋发聩》浮雕，法文原文为“LE PRESIDENT SUN YAT SEN EXPLIQUE AU PEUPLE LE PROGRAMME NATIONALISTE”，翻译为“孙中山总统向民众宣传民族主义大纲”，可简译为《宣传主义》；《国会绶印》浮雕，法文原文为“ELECTION A LA PRESIDENCE”，指 1912 年孙中山在南京就任临时大总统时被绶“中华民国大总统印”，可另译为《当选总统》。除正面浮雕外，其余五幅浮雕在空间安排上被分为三组，体现了孙中山革命的三个最主要方面，以及他对现代中国的三个基本理想。东面两组表现孙中山的反清革命和建立同盟会，主题为民族主义；背面浮雕表现他绶印国会，主题为民主与共和；西面浮雕表现他提出新三民主义的国民党“一大”和他在工农中宣传三民主义，主题为民生主义。概括而言，这组浮雕可以说是孙中山三民主义奋斗史的图解。[31] 笔者认为，赖德霖教授的解读为我们重新认识浮雕所表达的政治用意和精神内涵，提供了一个全新的视角。

31. 根据 2024 年 6 月 15 日赖德霖教授在孙中山纪念馆讲座内容整理而成。

3. 题刻工程

为了使孙中山的精神永存，中山陵各部建筑题刻了孙中山手书和遗训文字，从形式和内容上突出了陵墓的纪念功能。

1925 年 12 月 28 日，葬事筹备委员会第十八次会议推举吴稚晖、汪精卫、胡汉民、张静江四人撰写陵墓所用碑铭、传记，并推举国民党内三位擅长楷书、草书和篆书的元老谭延闿、于右任、张静江书写。[32]1926 年 3 月 18 日，葬事筹备委员会第三十三次会议明确分工，汪精卫、胡汉民、吴稚晖、张静江分别负责撰写碑文、墓志铭文、传文、记文，并规定碑、铭、传文限当年 7 月底交稿，记文待陵墓工程即将完工时交稿，并决议“祭堂内石刻文字，应包括总理手书建国大纲及遗嘱、传与其他遗墨”。[33]

1926 年 9 月 5 日，葬事筹备委员会驻粤委员会议决议稍作改变，不用墓志铭，碑、传文仍请汪精卫、吴稚晖分别担任，并函催汪、吴二人从速撰写，“以简括、庄严为主”。另决议祭堂墓室内各文字，“祭堂匾额：天下为公。询民新公司黎民伟借用总理手墨（廖夫人处亦有，可备采用）；民族、民权、民生，静江先生篆书；墓门题字，用总理手书：浩气长存；机关门上篆文书：孙中山先生之墓，静江先生书”。[34]1927 年 10 月，葬事筹备委员会第五十二次会议决议，“祭堂内石刻文字为建国大纲及遗嘱二种；祭堂正面匾额定为‘天地正气’四字”。[35]

但是，由于国民党内部的权力斗争、矛盾和冲突，一年多后汪精卫迟迟没有写出碑文。于是，1928 年 1 月 7 日，葬事筹备委员会第五十五次会议最终决定，墓志铭、传、记文字全部不用，碑文正文只用“中华民国十七年　月　日　中国国民党葬总理孙先生于此”，理由是“以总理之伟大，非墓志铭、传记文字所能包括一切，故以不用为宜”[36]，并推定胡汉民撰写石刻文字，谭延闿撰写石刻碑文。这里突出了整座陵墓独特的纪念含义，尤其凸显了“党葬”的性质。孙中山逝世后，北京临时执政府曾经为他颁发国葬令，但遭到国民党人的反对，用“党葬”则体现了孙中山的独特地位以及国民党与他的特殊关系。

32.《葬事筹委会第十八次会议记录》（1925 年 10 月 28 日），南京市档案馆、中山陵园管理处编：《中山陵档案史料选编》，江苏古籍出版社 1986 年版，第 75 页。

33.《葬事筹委会第三十三次会议记录》（1926 年 3 月 18 日），南京市档案馆、中山陵园管理处编：《中山陵档案史料选编》，江苏古籍出版社 1986 年版，第 89 页。

34.《葬事筹委会驻粤委员会议记录》（1926 年 3 月 18 日），南京市档案馆、中山陵园管理处编：《中山陵档案史料选编》，江苏古籍出版社 1986 年版，第 97-98 页。

35.《葬事筹委会第五十二次会议记录》（1927 年 10 月 27 日），南京市档案馆、中山陵园管理处编：《中山陵档案史料选编》，江苏古籍出版社 1986 年版，第 113 页。

36.《葬事筹委会第五十五次会议记录》（1928 年 1 月 7 日），南京市档案馆、中山陵园管理处编：《中山陵档案史料选编》，江苏古籍出版社 1986 年版，第 117 页。

37.《葬事筹委会第六十一次会议记录》（1928 年 9 月 25 日），南京市档案馆、中山陵园管理处编：《中山陵档案史料选编》，江苏古籍出版社 1986 年版，第 128 页。

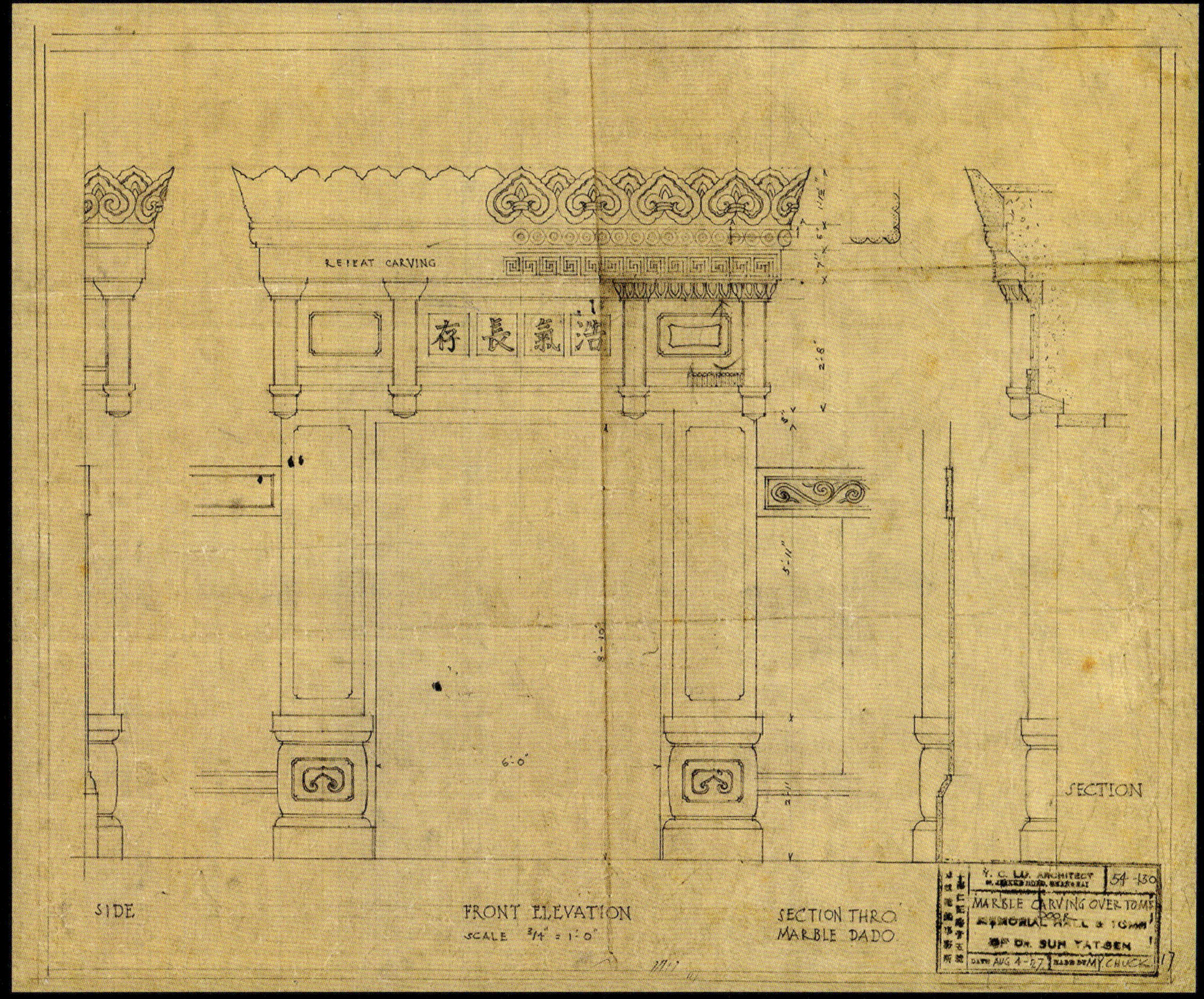

墓门门楣雕刻文字设计图（南京市城市建设档案馆藏）

1928 年 9 月 25 日，胡汉民在葬事筹备委员会议上提议“石刻总理留声机演说词于灵前右壁”，会议通过并决议由谭延闿书写。[37] 一个月后更改为“总理告诫同志演说词”。1929 年 4 月 3 日，葬事筹备委员会议决议牌坊中门题字用孙中山亲书“博爱”二字。

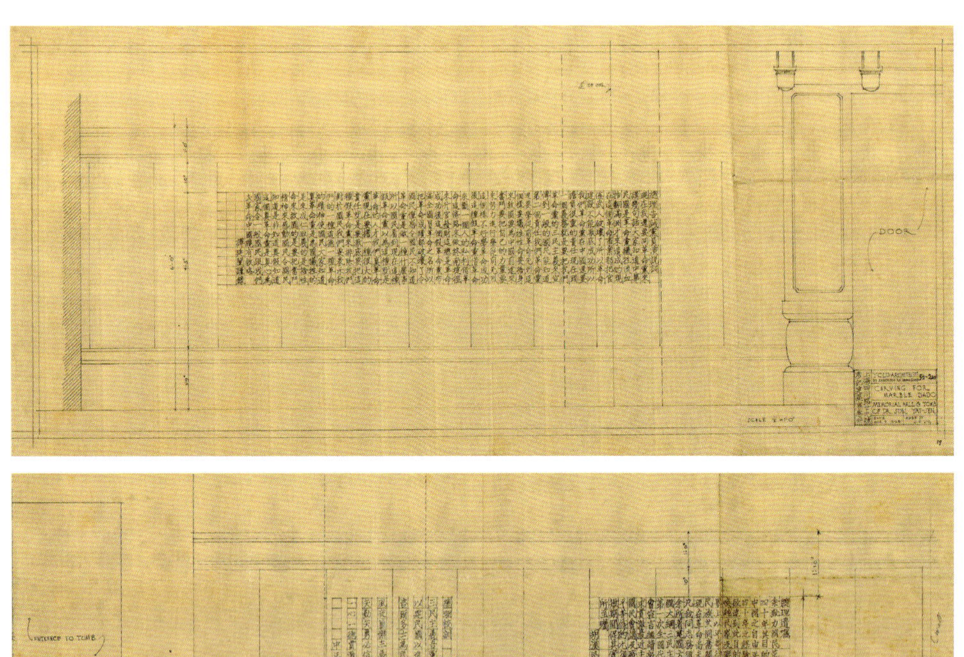

祭堂内壁北侧雕刻文字设计图
（南京市城市建设档案馆藏）

建成后的中山陵，牌坊、陵门和祭堂中门上方，分刻孙中山手书“博爱”“天下为公”“天地正气”，其中“天下为公”选自孙中山书赠杨庶堪的《礼运大同篇》。祭堂门楣，分刻张静江篆书“民族”“民生”“民权”，“民生”居中则体现了孙中山视民生为国家建设第一要务的思想。祭堂内壁，东西两侧分刻孙中山手书《建国大纲》全文；后壁左刻蒋介石、胡汉民所书《总理校训》《总理遗嘱》，右刻谭延闿所书《总理告诫党员演说词》。墓室两道门，第一道门门楣刻孙中山手书“浩气长存”，第二道门上刻张静江篆书“孙中山先生之墓”。这些以纪念者的思想所构成的纪念物，以传统的书法充分表现出来，不仅维系着东方艺术的意蕴，同时铿锵有力地向世人宣扬着孙中山的革命理想和政治抱负。[38]

38. 李恭忠著：《中山陵：一个现代政治符号的诞生》，社会科学文献出版社2009年版，第200页。

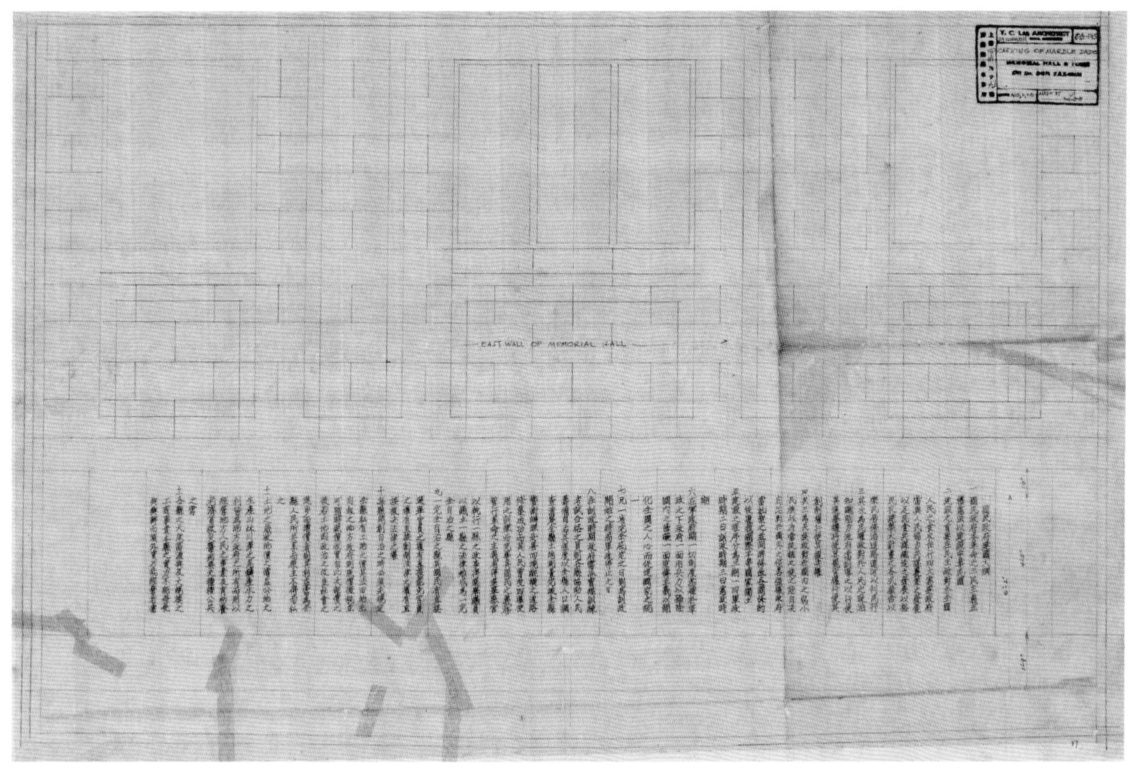

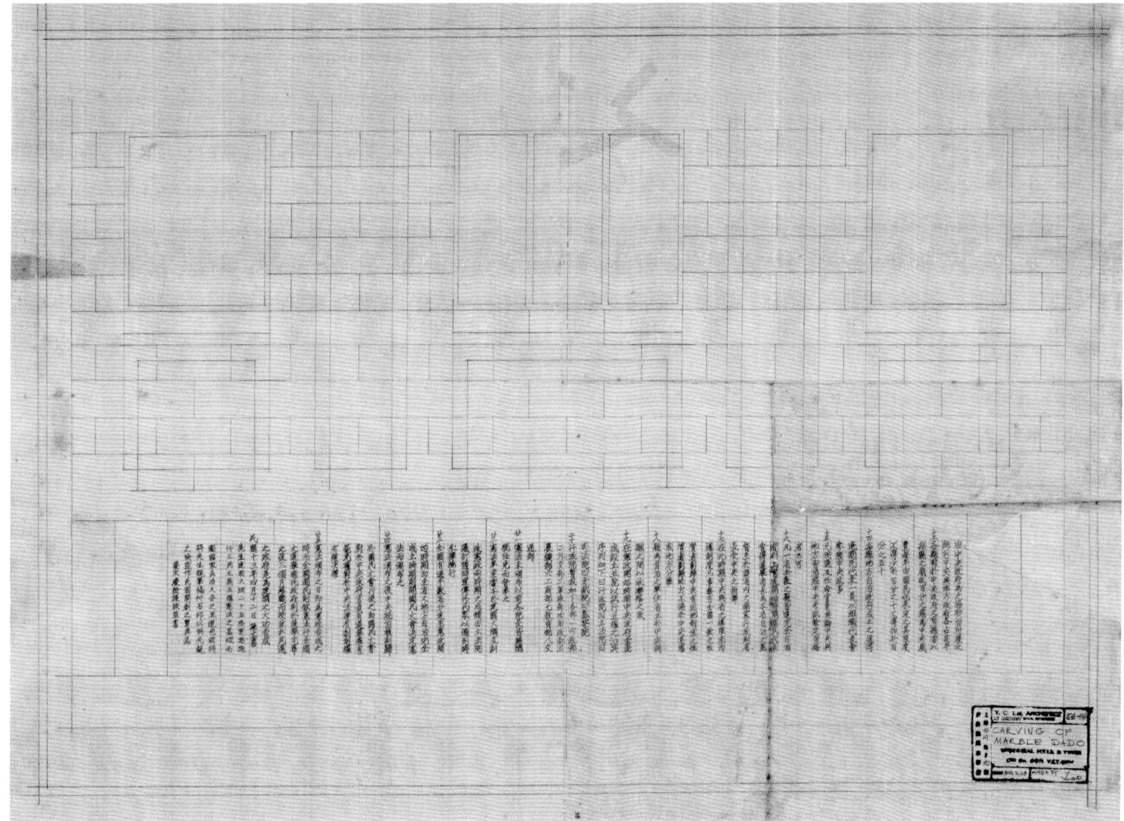

祭堂内壁东西两侧雕刻文字设计图
（南京市城市建设档案馆藏）

（四）突出贡献者

为了“以伟大之建筑 作永久之纪念”，中山陵墓的整个设计建造过程凝结了一大批社会精英的心血，他们值得后人永远铭记。

吕彦直

吕彦直（1894.7.28—1929.3.18），字古愚，祖籍安徽滁州，生于天津。父亲吕增祥是李鸿章幕僚，曾出任天津、南宫、临城、献县等县知县。父亲去世后，1902年，随二姐侨居法国巴黎数年，1905年回国，入北京五城学堂，1911年入清华学堂读书。1913年，由清华学堂派往美国康奈尔大学学习，初学机械工程，后改学建筑。1918年12月毕业后，在美国纽约墨菲&丹纳事务所担任绘图员，参与金陵女子大学（今南京师范大学随园校区）及燕京大学（今北京大学）校舍的设计。1921年初回国，与过养默、黄锡霖合办东南建筑公司，设计上海银行公会大楼。1924年，与黄檀甫创立真裕公司，1925年9月，创办上海彦记建筑师事务所，先后获南京中山陵、广州中山纪念堂及纪念碑设计首奖，“以西洋物质文明发扬中国文艺之真精神，成为伟大之新创作”。[39]

39.《故吕彦直建筑师传》，《中国建筑》第一卷第一期，1933年7月，第1页。

作为中山陵的建筑师，吕彦直参与了初始设计图纸、绘制大小详图、工程说明书、材料选定、工程监督等整个建设过程，参与研究和解决施工过程中出现的各种问题和困难，为建造中山陵这座伟大的建筑作出了杰出贡献。1929年3月18日，吕彦直因积劳成疾，不幸在上海病逝，时年36岁。虽未能参加6月1日举行的孙中山安葬典礼，但他以设计并主持建造中山陵奠定了他在中国建筑史上的地位。为表彰吕彦直，1929年4月3日，葬事筹备委员会第六十六次会议议决，“吕君荣典，准在祭堂奠基室内刻碑志记”。[40]同年6月11日，南京国民政府向全国发布第472号褒扬令，全文为：

总理葬事筹备处建筑师吕彦直，学识优良，勇于任事。此次筹建总理陵墓，计画图样，昕夕勤劳，适届工程甫竣之时，遽尔病逝，眷念劳勋，惋惜殊深，应予褒扬，并给营葬费二千元，以示优遇。此令。[41]

吕彦直成为近代中国历史上唯一受到政府通令褒奖的建筑师。1930年5月28日，总理陵园管理委员会第十七次委员会议决议吕彦直纪念碑式样，“地位、大小照奠基石一样，遗像照刻，文字定为‘总理陵墓建筑师吕彦直监理陵工积劳病故，总理陵园管理委员会于十九年五月二十八日决议，立石纪念’”。[42]之后，总理陵园管理委员会委托捷克雕刻家高祺雕刻吕彦直纪念碑。

据1930年12月25日《时事新报》载：“捷克国雕刻专家高祺氏，最近为已故吕彦直建筑师雕刻高大石像一座，……像高约三十寸左右，高氏因与吕君生前素未谋面，是以仅凭一纸遗容，从事奏刀，像成后，吕君亲友均认为惟妙惟肖、神传阿堵。该像下端，镌有‘总理陵墓建筑师吕彦直监理陵工，积劳病故，总理陵园管理委员会于十九年五月二十八日议决立石纪念’等字样，闻该石像，现已运往首都，树立于总理陵墓祭堂之西首休息室壁间，斯亦留古千载，将与总理之陵墓并不朽焉。”[43]从此，吕彦直与中山陵同在。

40.《葬事筹备委员会第六十六次会议记录》(1929年4月3日)，南京市档案馆、中山陵园管理处编：《中山陵档案史料选编》，江苏古籍出版社1986年版，第142页。

41.《申报》，1929年6月12日第四版。

42.《总理陵园管理委员会第十七次委员会议记录》(1930年5月28日)，南京市档案馆、中山陵园管理处编：《中山陵档案史料选编》，江苏古籍出版社1986年版，第550页。

43.《雕刻家高祺氏为故吕彦直建筑师所造石像》，《时事新报(上海)》1930年12月25日第三张第四版。

黄檀甫（1898.3.27—1969.1.21），名传国，祖籍广东台山。1911年随本家人到英国利物浦当学徒，1917年至1920年就读于英国利兹大学毛纺系。1921年，与吕彦直在巴黎卢浮宫相识。1921年秋，入上海东南建筑公司，任纺织部主任。1924年，与吕彦直合办真裕公司。1925年，吕彦直获得中山陵墓设计图案首奖后，两人随即成立彦记建筑师事务所，隶属于真裕公司。吕彦直主要负责建筑设计、施工图绘制，黄檀甫负责对外联络与工程计划、监理等事务。 1926年9月1日，吕彦直再次在广州中山纪念堂和纪念碑的设计竞赛中获首奖，彦记建筑师事务所同时承担了两大纪念建筑的施工。

黄檀甫

自1926年初，吕彦直一直抱病在身，中山陵、广州中山纪念堂的奠基礼及与政府、营造厂谈判、接洽等事务均由黄檀甫代表。吕彦直去世后，黄檀甫与李锦沛建筑师先后完成了中山陵一、二期工程的验收，中山陵三期工程及广州中山纪念堂的建设、施工、监理等。此外，黄檀甫还出资请上海王开照相馆的摄像师拍摄了近200张工程照片，并将吕彦直留下的所有中山陵、中山纪念堂及纪念碑的资料妥善保管。

李锦沛

李锦沛（1900.1.14—1968），字世楼，广东台山人，生于美国纽约。1920年，毕业于普瑞特学院（Pratt Institute）建筑系。1921年至1923年，在麻省理工学院和哥伦比亚大学建筑系进修建筑。1923年，获纽约州立大学建筑师文凭，先后受聘于墨菲建筑公司、杰克逊建筑公司及卢罗建筑公司等，成绩斐然。1923年11月，作为基督教青年会的建筑师来到上海，参与青年会大楼的设计。1927年4月，独立开办建筑师事务所。1928年，加入吕彦直开设的彦记建筑师事务所。吕彦直病逝后，受孙中山先生葬事筹备委员会之聘，继续完成南京中山陵、广州中山纪念堂等工程。他所设计的作品遍及全国各地，如上海八仙桥青年会、全国青年协会、广肇公学、旅沪广浸信会教堂、昆山基督教青年会、广东银行大楼、杭州建业银行，长沙、保定、宁波、济南、南昌、成都、福州、厦门等地的青年会大楼，以及南京新都大戏院、首都大戏院等，1930年当选为中国建筑师学会会长。[44]

44.《建筑师李锦沛小传》，《时事新报》1930年12月25日第二张第三版。

在葬事筹备委员会委员中，林焕廷、叶楚伧、孔祥熙、宋子文、林森、孙科、杨杏佛等委员对陵墓工程倾注了大量心力，以杨杏佛、林焕廷的工作最为突出。

杨杏佛

杨杏佛（1893.4.5—1933.6.18），原名铨，江西玉山人。早年，追随孙中山参加革命，曾先后任南京临时政府秘书处收发组组长、孙中山秘书。孙中山逝世后，担任葬事筹备处主任干事，参与勘察墓址、交涉圈地、陵墓图案征集与评比、建陵工程招标等多项工作，因其为葬事出力甚多，后被加推为葬事筹备委员。尤其值得称道的是，他在办理陵墓工程招标中廉洁公正，曾将一些不法厂商送的财物及清单全部在招标会上展出。1929年担任总理陵园管理委员会委员，继续办理陵墓未竟工程及陵园的后续建设，为建设、保护、管理中山陵鞠躬尽瘁。

林焕廷

林焕廷（1881—1933），名业明，广东顺德人，早年加入同盟会，曾任越南海防支部主盟人，后从事新闻出版工作，创办民智书局。孙中山逝世后，被推举为葬事筹备处常务委员，负责财务，责任重大。他出席了所有各次葬事筹备会议，参加了选址、圈地、征集陵墓图案、招标、签订工程合同等，自始至终为中山陵的建设尽心尽力，是葬事筹备处事实上的“主心骨”。后担任总理陵园管理委员会常务委员、陵园计划委员会常务委员，继续专注于中山陵园建设，直至病逝。对于他的贡献，总理陵园管理委员会同人一致认为：“陵墓第一、二部工程得以完竣，总理遗体克告奉安者，实惟该委员之苦心筹措有以成之……使陵墓基础日益巩固，陵园事业日益繁荣者，亦惟该委员是赖。该委员宣劳革命，功在党国，致力陵工，功在陵园。”[45] 1933年9月16日，国民政府明令：“总理陵园管理委员会常务委员林焕廷，早年参加革命，功成不居，恬淡襟怀，群流景仰。民国十四年后，筹办总理陵墓工程，悉心规划，懋著勤劳。兹闻溘逝，殊深悼惜。著由行政院转饬财政部，拨给治丧费三千元，并交考试院饬部从优议恤，以示政府笃念勋勚之至意。”[46]

45.“总理陵园管理委员会呈国民政府”（1933年9月1日），全宗号：1005-1-175，南京市档案馆藏。

46.“国民政府文官处致总理陵园管理委员会函”（1933年9月16日），全宗号：1005-1-175，南京市档案馆藏。

姚新记营造厂、新金记康号营造厂、陶馥记营造厂是承建中山陵墓三部工程的营造商，与我国第一代建筑师成长历程相似，在20世纪20年代崛起，改变了洋商对中国大型工程的垄断。

中山陵墓第一部工程承造商姚新记营造厂，成立于清光绪二十五年（1899年），厂主姚锡舟。1905年至1925年间，曾在上海、南京、汉口、武昌、青岛等地承造过16项造价10万两以上的工程，包括上海外白渡桥、粤汉铁路、南洋劝业会、公共租界工部局、大中华纱厂、和记洋行、怡和洋行、上海造币厂、英美烟草公司等。1919年创办大通纱厂，1921年创办中国水泥厂。[47]在承造中山陵的过程中，姚新记营造厂因未能如期完工而亏损14万两。国民政府主席林森曾对姚锡舟说过："先生这次为总理陵寝出了力，亏了本，国民政府是知道的。"为表彰姚锡舟所作贡献，1928年12月13日，孙中山先生葬事筹备委员会第六十四次会议决定，由葬事筹备处建立"中山先生陵墓建筑记"石碑，建筑师及姚新记营造厂名字可以一起刻入碑文之中。[48]虽然这块石碑后来没有立，但姚新记营造厂已经载入了中山陵的史册。

47.《姚新记营造厂投标之说贴》（1925年12月），南京市档案馆、中山陵园管理处编：《中山陵档案史料选编》，江苏古籍出版社1986年版，第165页。

48.《葬事筹委会第六十四次会议记录》（1928年12月13日），南京市档案馆、中山陵园管理处编：《中山陵档案史料选编》，江苏古籍出版社1986年版，第136页。

四、中山陵园的规划与建设

中山陵园是中山陵的广义概念，其规划以中山陵墓为中心展开，将紫金山全部建设为一座大型的纪念陵园。1927 年国民政府定都南京后，提出把中山陵园建设成全国示范自然公园的构想，陵园总体规划和建设正式展开，至 1937 年南京沦陷前，陵园整体面貌基本成型，成为独具特色、影响至深的世界性纪念陵园。

（一）现代纪念公园：中山陵园的概念与范围

中山陵墓建筑设计之初，中山陵园整体概念的构架便已开始。1925 年 3 月，江苏公团联合会、改造江苏同志会等 64 个团体代表严伯威、倪端、周梦怯、蒋逸民等人士呼吁将南京城改名为中山城，并为孙中山修建一个巨大的纪念公园，[1] 以彰显孙中山的功德，激励后世，与欧美并驾齐驱，以增国光。当时的孙中山先生葬事筹备委员会也提出“将紫金山全部划定为纪念林园，以备造成一规模宏大之纪念森林”[2] 的设想，更有人认为陵墓应包括全山与后湖[3]，并在陵墓附近建设中山学院、中山园、中山林，造成一个规模宏大的纪念陵园。[4]

1.《章炳麟反对中山城》，《晨报》1925 年 3 月 29 日第二版。

2.《中山先生陵墓筹备经过——民国十五年一月十二日在中国国民党第二次全国代表大会讲》，《演讲（上）——孙哲生先生文集第二册》，第 7-8 页。

3.《葬事筹备委员会第二次会议记录》（1925 年 4 月 23 日），南京市档案馆、中山陵园管理处编：《中山陵档案史料选编》，江苏古籍出版社 1986 年版，第 56 页。

4.《灵柩暂厝西山碧云寺》，《广州民国日报》1925 年 4 月 14 日第八版。

1925 年 8 月 31 日内务部为墓地圈用事宜致孙中山先生葬事筹备处公函（南京市档案馆藏）

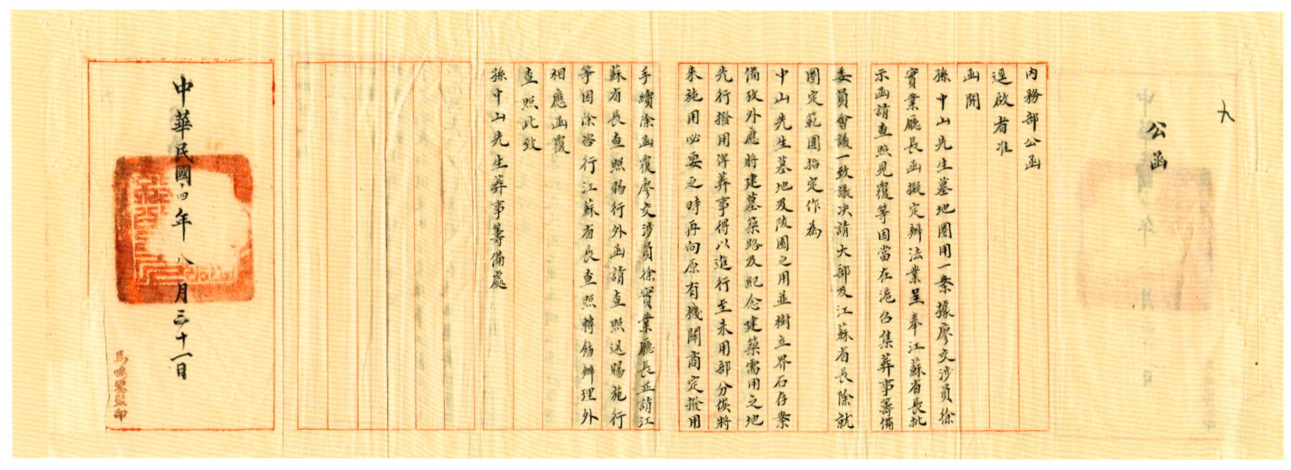
公函

内務部公函
逕啟者准
函開
孫中山先生墓地圈用一案據廖交涉員徐
實業廳長函擬定辦法業呈奉江蘇省長批
示函請查照見覆等因當在滬召集葬事籌備
委員會議一致議決請大部及江蘇省長除就
圈定範圍指定作為
中山先生墓地及陵園之用並樹立界石存案
備攷外應將建墓築路及紀念建築需用之地
先行撥用俾葬事得以進行至未用部分俟將
來施用必要之時再向原有機關商定撥用
手續除函覆廖交涉員徐實業廳長並請江
蘇省長查照飭行外函請查照迅賜施行
等因除咨行江蘇省長查照轉飭辦理外
相應函覆
查照此致
孫中山先生葬事籌備處
中華民國十四年八月三十一日

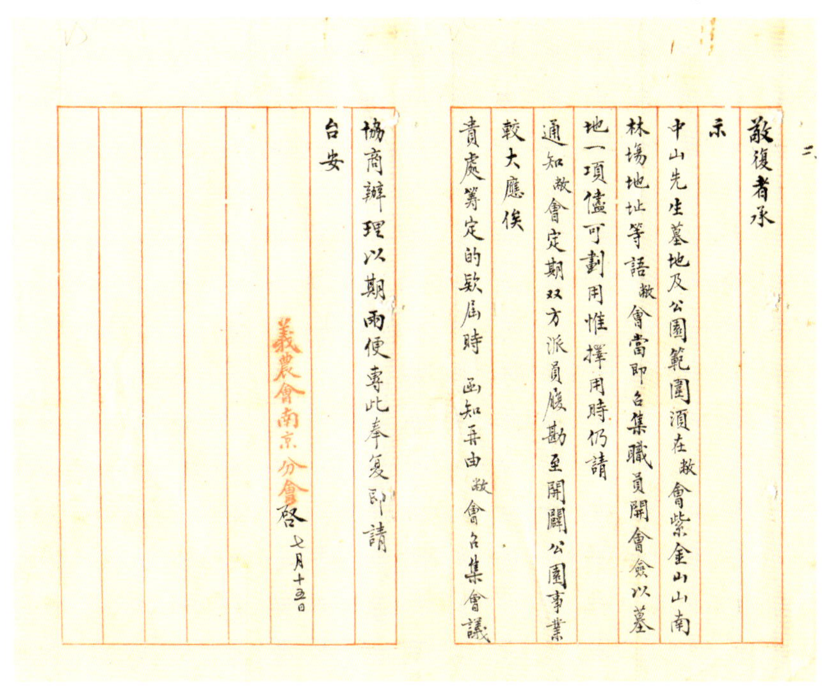

敬復者承
示
中山先生墓地及公園範圍須在敝會紫金山南
林場地址等語敝會當即召集職員開會僉以墓
地一項儘可劃用惟擇用時仍請
通知敝會定期双方派員履勘至開闢公園事業
較大應俟
貴處籌定的款屆時 函知再由敝會召集會議
協商辦理以期兩便專此奉复即請
台安
義農會南京分會啓 七月十五日

1925 年 7 月 15 日义农会南京分会为圈用墓地时请通知该会派员履勘致孙中山先生葬事筹备处函（南京市档案馆藏）

纪念陵园概念的提出，首先涉及的就是征地和经费问题。1925 年 5 月 1 日，江苏省当局派员会同杨杏佛、孙科一道勘察墓地，确定了圈地范围：计山地包括紫金山第一峰、第二峰，平地北以山脚为界，南以钟汤路为界，东西以距墓基中心左右各一华里半之直线为界，平地面积阔三华里，长约四华里。据各方估计，包括义农会南京分会 4000 余亩（紫金山地不在内），江苏省立第一造林场约 1000 余亩，以及民地约 1000 余亩。[5] 6 月至 7 月间，葬事筹备处以范围过广，恐不易成功，乃缩小圈地范围，西至孝陵，东至灵谷寺，南至钟阳路，北至山巅，计须圈地 12000 余亩。8 月至 9 月间着手实行圈地时，江苏省长郑谦忽以范围太大，恐引起地方人士反对为词，请于内务部备案指定范围中，再行缩小。交涉结果，乃分两步办法，以经内务部备案之界，为未来造林地点，定为纪念森林界；现在所圈用之地，宜为陵园界，比原定范围，减为 6000 余亩。[6] 而对于征地方案，因江苏省立第一造林场对土地被征后的造林事业和建设前景表示怀疑，以及需要筹措征地所需的大量经费等不利因素，葬事筹备委员会决定先筑陵墓，再行规划陵园。

5.《葬事筹备处关于勘定墓址圈征墓地致内务部部长函》（1925 年 7 月 13 日），南京市档案馆、中山陵园管理处编：《中山陵档案史料选编》，江苏古籍出版社 1986 年版，第 35 页。

6.《孙科关于葬事筹备经过之报告》（1926 年 1 月），南京市档案馆、中山陵园管理处编：《中山陵档案史料选编》，江苏古籍出版社 1986 年版，第 17 页。

1927年国民政府定都南京后，中山陵园的整体规划和建设逐步提上日程。1927年6月，葬事筹备会议决定扩大陵园范围，组织陵园计划委员会，延聘园林专家，筹备陵园，进行整体规划。[7]7月20日，葬事筹委会推定杨杏佛起草陵园计划委员会组织章程，并函请各委员物色陵园计划专门人才，两个月后经筹备委员会开会议决通过[8]，勘定园界，规划一切。陵园计划委员会成立后，制定了整体规划方案，建议以紫金山全部为陵园范围：北以省有林地为界，东迄钟灵乡之马群镇，西至首都城根，南则自五棵松村而西，经东西凹子、白骨坟，南折至赵家桥，又西出韦陀巷，后绕西山前铁匠营，后由下马坊沿钟汤路达朝阳门（今中山门）为界。1927年10月27日，陵园界址照陵园计划委员会所拟办理，公园界址图样报告国民政府立案，勘定陵园界址的计划完成。

7.《葬事筹备委员会第四十八次会议记录》（1927年6月27日），南京市档案馆、中山陵园管理处编：《中山陵档案史料选编》，江苏古籍出版社1986年版，第105-106页。

8.《葬事筹备委员会第五十次会议记录》（1927年9月18日），南京市档案馆、中山陵园管理处编：《中山陵档案史料选编》，江苏古籍出版社1986年版，第107、108-109页。

江苏省立第一造林场

1928 年 1 月，葬事筹备处函请江苏省政府，将江苏省立第一造林场在紫金山南北原有林木场址划归国有，并入陵园范围。[9] 3 月，葬事筹备委员会推定委员林森、林焕廷、主任干事夏光宇实行接收江苏省立第一造林场紫金山林区房屋及苗木，改为中山陵园，订定陵园管理章程、事业范围。[10] 义农会南京分会的林地，也一并归于陵园范围之内。6 月，由测量工程师汤有光主持，历经八个月，完成陵园地形全图，覆盖面积共 26.5 平方公里，环陵周围约四十华里。

1929 年 7 月，葬事筹备委员会改组为总理陵园管理委员会，隶属于国民政府，其职责为：1. 护卫陵墓；2. 管理陵园；3. 办理陵墓工程及陵园建设；4. 办理陵园农林事业；5. 指导陵园内新村之建设。[11] 总理陵园管理委员会下设园林设计委员会，聘请国内外农林、建筑、工程、艺术等专家，负责总理陵园全部设计事宜，其主要工作如下：规定全园建筑位置、布景范围及交通线路；审定全园建筑、布景、路线等图案；规划全园生产及农林等研究事业；规划全园溪涧、水塘等蓄水方法及土地之整理；规划全园农村改进及自治事宜；规划园中住宅新村之建设；规划全园一切风景及卫生等事宜。[12]

更为准确地说，中山陵园的规划与建设是与《首都计划》一脉相承的。1927 年国民政府定都南京后，即着手谋划首都未来的发展。1928 年国民政府定南京为特别市，1 月由孙科负责的首都建设委员会成立，下设“国都设计技术专员办事处”，以林逸民为主任，推动国都规划建设。1929 年 12 月，历时一年多编制的《首都计划》正式由国民政府公布。孙科在《首都计划》序言中指出：“首都之于一国，固不唯发号施令之中枢，实亦文化精华之所荟萃。觇人国者，观其首都，即可以衡定其国民文化地位之高下，关系之巨，盖如是也。”而林逸民则指出：“关于各种建设，……将使首都一地不独成为全国城市之模范，并足比伦欧美之名城也。”[13] 由此可以看出，国民政府的目的是把南京建成全国模范城市。

9.《葬事筹委会为陵园界址、经费事致国民政府函》（1928 年 2 月 7 日），南京市档案馆、中山陵园管理处编：《中山陵档案史料选编》，江苏古籍出版社 1986 年版，第 52-53 页。

10.《中山陵园成立之经过》，《傅焕光文集》，中国林业出版社 2008 年版，第 6 页。

11.“国民政府公布总理陵园管理委员会组织条例通饬施行训令”（1930 年 12 月 30 日），全宗号：1005-003-0022，南京市档案馆藏。

12.《园林设计委员会简章》，（民国）总理陵园管理委员会编：《总理陵园管理委员会报告》，南京出版社 2008 年版，第 10 页。

13.《呈首都建设委员会文》，（民国）国都设计技术专员办事处编：《首都计划》，南京出版社 2010 年版，第 3 页。

在首都建设事业中，中山陵园的定位和功能将如何表达呢？国民党高层、总理陵园管理委员会和建筑工程界等技术人士都提出了自己的建议。首都计划委员会顾问之一的吕彦直曾提出：

国家公园，包括现规划之中山陵园，拟再圈入玄武湖一带，并迤西更植广袤之森林，作京城东面之屏藩。中山陵园之设计，大致以中山陵墓为中心，包括钟山之全部，南部则废止钟汤路，其中就天然之形势，经营布置，以成规模宏大之森林野园。其间附设模范村，为改进农民生活之楷模。有植物及天文台学术机关，为国家文化事业附设于此者。此外拟有烈士墓之规定，及纪念总理之丰碑。其余明孝陵及灵谷寺等名胜古迹，则皆保存而整理之。按此为总理陵墓之所在，使民众日常参谒游观于其地，感念遗教之长存，以不忘奋发砥砺，而努力吾人之天职，得不愧为兴国之国民。则其设计宜有深刻之意义，又岂徒以资吾人游息享乐而已哉。[14]

吕彦直的意见，首次提出将中山陵园与玄武湖一起，作为南京东面屏障。这一意见虽未被采纳，但是中山陵园的总体规划却是建设为全国第一纪念陵园。

（二）中山陵园规划的实施与建设

中山陵园规划以中山陵墓为中心，对紫金山进行全面规划和建设，总计面积四万五千余亩，“广植林木，修筑道路，筹建各项纪念建筑，布置园景，阐扬艺术，以为千秋大地之壮观”[15]，并达到“宏其体制，发扬孙先生崇高伟大之精神”的目的。“原有山林之地，借以经营农林生产事业，冈阜溪涧优美之处，布置庭院，增益风景，成首都郊外一大公园，使谒陵者如沐孙先生之化育也”。[16]

1. 纪念建筑及附属工程：1929年孙中山安葬典礼前后，海内外各界人士纷纷捐款，要求在中山陵周围建造纪念建筑，当时提出建设寓意为：“以发扬我国三民主义文化学术为要旨。举凡占有历史价值之建筑，与夫文化学术研究之组织设施，莫不广事罗置，尽力创导。俾陵园不仅为风景名胜地区，且为三民主义文化中心之所寄。”[17]1929年7月11日，总理陵园管理委员会第一次常务委员会议决议陵园内应配置各种建筑及布景，包括：博物馆、交通馆、艺术馆、音乐亭、喷水池、纪念塔、革命纪念馆、运动场、图书馆、山南公园、山北公园、纪念花木区、新村动物园、植物园及温室、各种园亭、各种石座、灯柱、饮水池、桥梁、碑亭、牌楼、华表。[18]这些规划充分显示出将中山陵园建设成当时最先进、最全面、最宏大的城市近郊公园的勃勃雄心。而实际建造因经费限制及全面抗战爆发，与最初计划有所出入，但各界募捐和政府人士的各类提议，又为陵园内建筑类型和功能配置提供了新思路。因此，在全面抗战前建成的纪念性建筑有行健亭、音乐台、光化亭、永丰社、仰止亭、桂林石屋、永慕庐、流徽榭、孝经鼎、藏经楼等，兴建的文化设施有总理陵园纪念植物园、天文台、中央体育场、外交部郊球场、中山文化教育馆、奉安纪念馆、革命历史图书馆、中央国术馆、国民革命军遗族学校、陵园新村等，中山陵园初具规模。主要纪念性建筑分述如下：

15.《奉安专刊委员会关于陵园筹备述略》（1930年1月），南京市档案馆、中山陵园管理处编：《中山陵档案史料选编》，江苏古籍出版社1986年版，第30页。

16.（民国）总理陵园管理委员会编：《总理陵园管理委员会报告》（下），南京出版社2008年版，第521页。

17.《陵园附属建设概况》，南京市档案馆、中山陵园管理处编：《中山陵档案史料选编》，江苏古籍出版社1986年版，第707页。

18.《总理陵管会第一次常务委员会议记录》（1929年7月11日），南京市档案馆、中山陵园管理处编：《中山陵档案史料选编》，江苏古籍出版社1986年版，第620页。

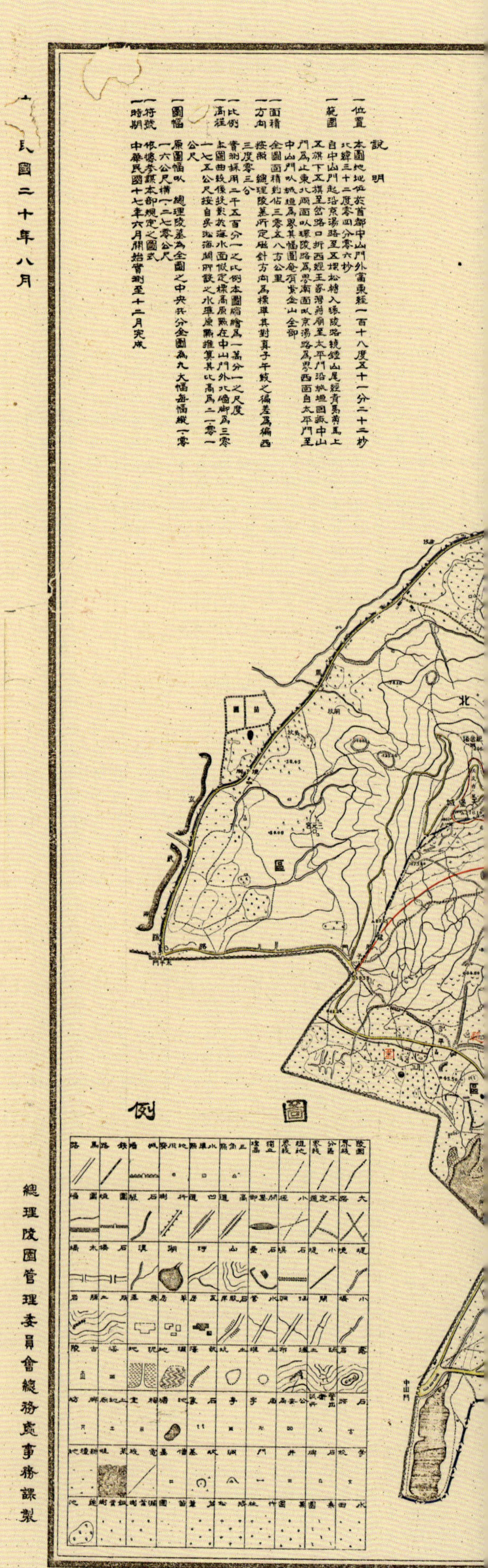

1931 年绘制的总理陵园地形全图

總理陵園地形全圖
南京京華印書館承印

音乐台

音乐台　位于陵墓前广场南，美国旧金山华侨与辽宁省政府合资捐建，基泰工程司建筑师关颂声、杨廷宝设计，利源公司承建，1932 年秋动工，1933 年夏落成。全部建筑为钢筋混凝土结构，形式借鉴了古希腊半圆形露天剧场的布局，以大片半圆形草坪为观众席，以 5 条放射状与 3 条半圆形步道将草坪划分为 12 个区域，并结合江南造园手法，在外圈建有半圆形紫藤花廊道，内外两侧设石花盆和石凳，体现了中西方建筑文化与自然生态环境的完美融合。

音樂臺立面圖
音樂臺
48'-0"
48'-0"

音乐台立面图（南京市城市建设档案馆藏）

光化亭　位于陵墓东，海外华侨捐建，福建蒋源成石厂承建，1931 年夏开工，1934 年秋落成。光化亭曾有两套设计方案，一为陵园建筑师黄玉瑜设计，亭内有楼梯，可以登楼远眺；一为中央大学建筑系教授刘敦桢设计，没有楼梯。最终，总理陵园管理委员会选中了刘敦桢的设计方案。亭为八角形，全部采用福建产花岗石建造，不敷色彩，平棋天花、藻井与梁枋石质构件之间浑如天成。

上：光化亭

下：光化亭立面图（南京市城市建设档案馆藏）

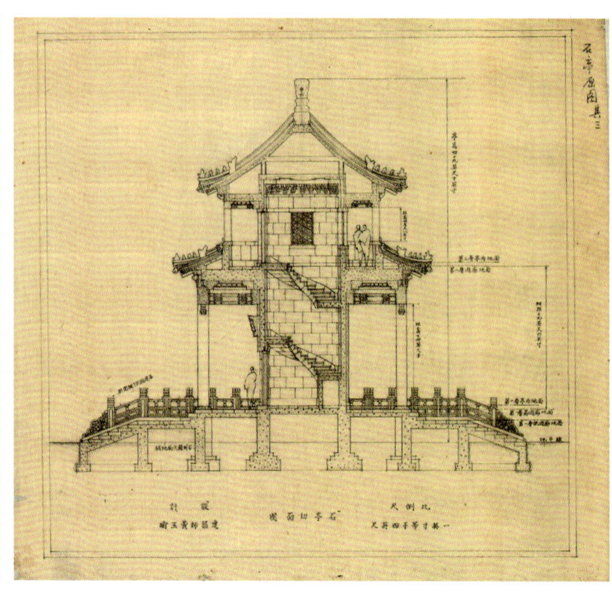

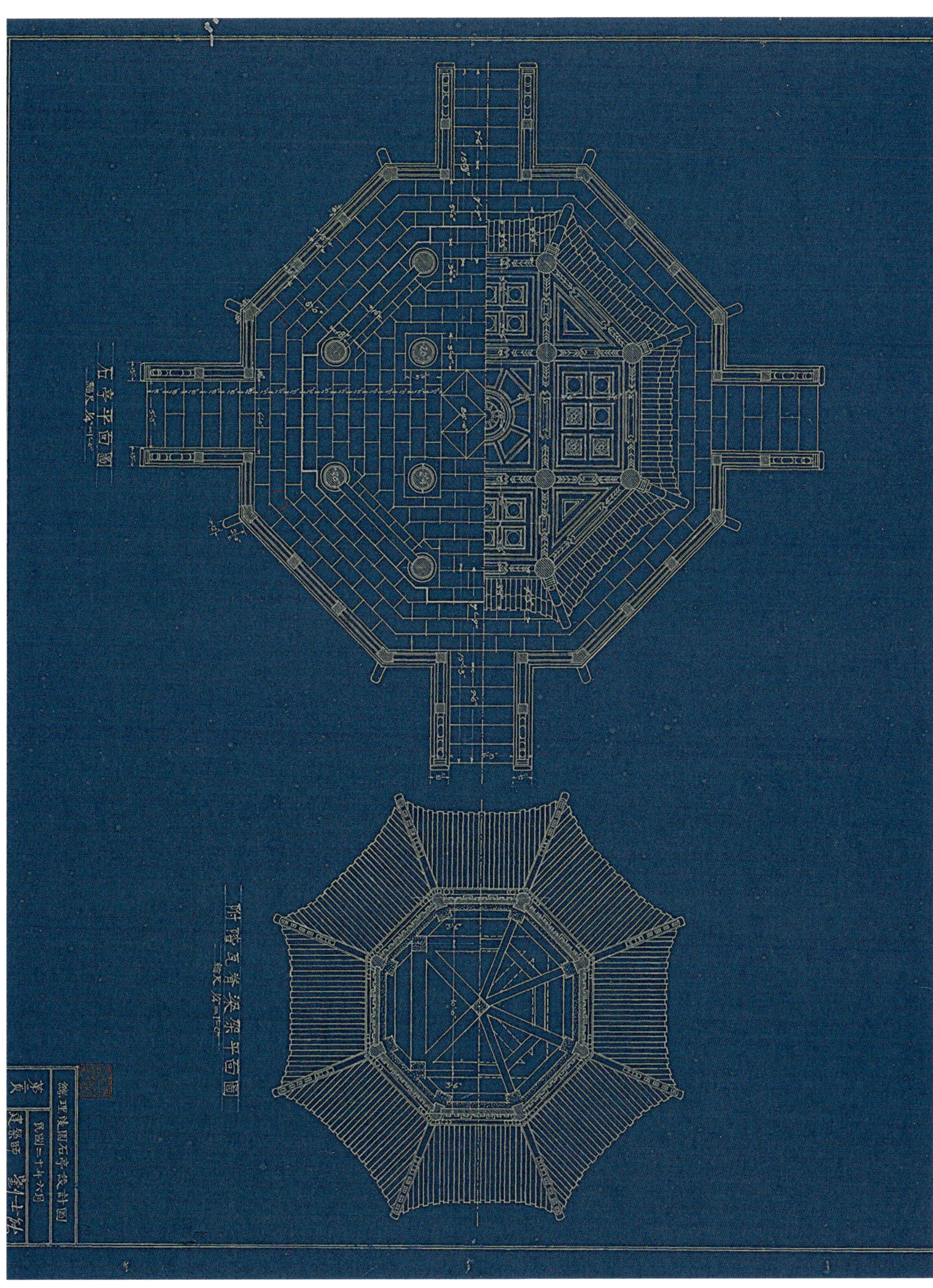

光化亭平面图（南京市城市建设档案馆藏）

仰止亭

仰止亭　位于陵墓东、二道沟北的梅岭上，叶恭绰捐建，著名建筑师刘敦桢设计，陶馥记营造厂承建，1930 年 9 月开工，1932 年秋落成，是唯一一座由个人捐建的纪念性建筑。亭为方形，钢筋混凝土结构，屋面单檐攒尖顶，覆蓝色琉璃瓦，朱红色立柱，额枋、藻井、雀替均饰彩绘，雅丽不俗。“仰止”二字出自《诗经 · 小雅》“高山仰止，景行行止”，寄托了叶恭绰对孙中山的无限崇敬和深切怀念。1968 年叶恭绰逝世后葬于此亭西侧。

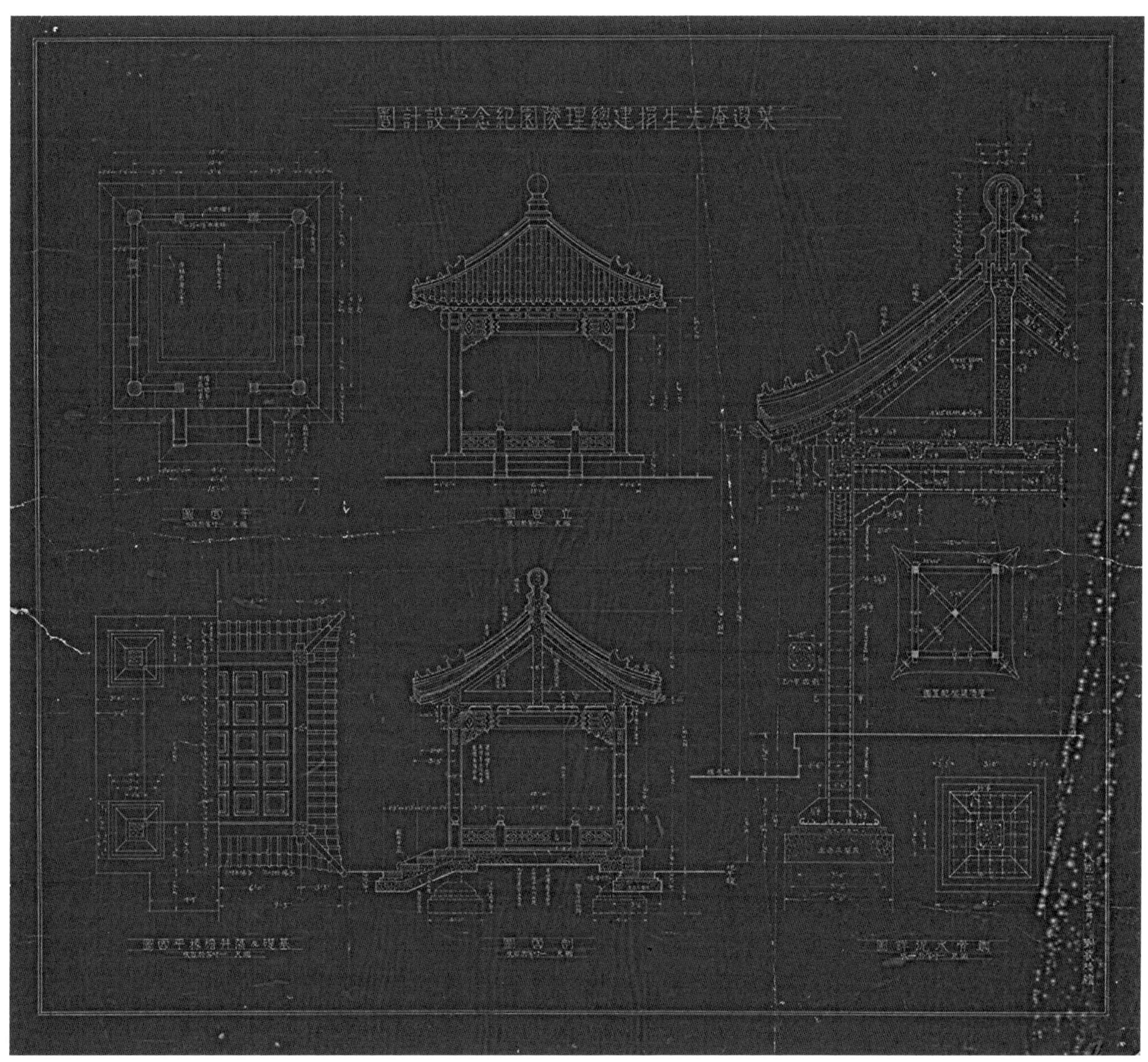

仰止亭设计图（南京市城市建设档案馆藏）

藏经楼

藏经楼　位于中山陵东侧，中国佛教会捐建，著名建筑师卢树森设计，建业营造厂承建，1935 年春动工，1936 年冬完工。整体建筑风格为中国传统建筑式样，钢筋水泥构筑，包括主楼、僧房、三民主义石刻碑廊。该楼落成后，曾珍藏了全国各地佛教界人士赠送或荐送的一批珍贵佛经和文物。抗战中被毁严重，仅存主楼。新中国成立后主楼修复，“文革”中再度被毁，1985 年按原貌重修主楼，1987 年被辟为孙中山纪念馆，1989 年正式对外开放。2022 年 12 月 31 日，孙中山纪念馆搬迁至嘉麟楼。

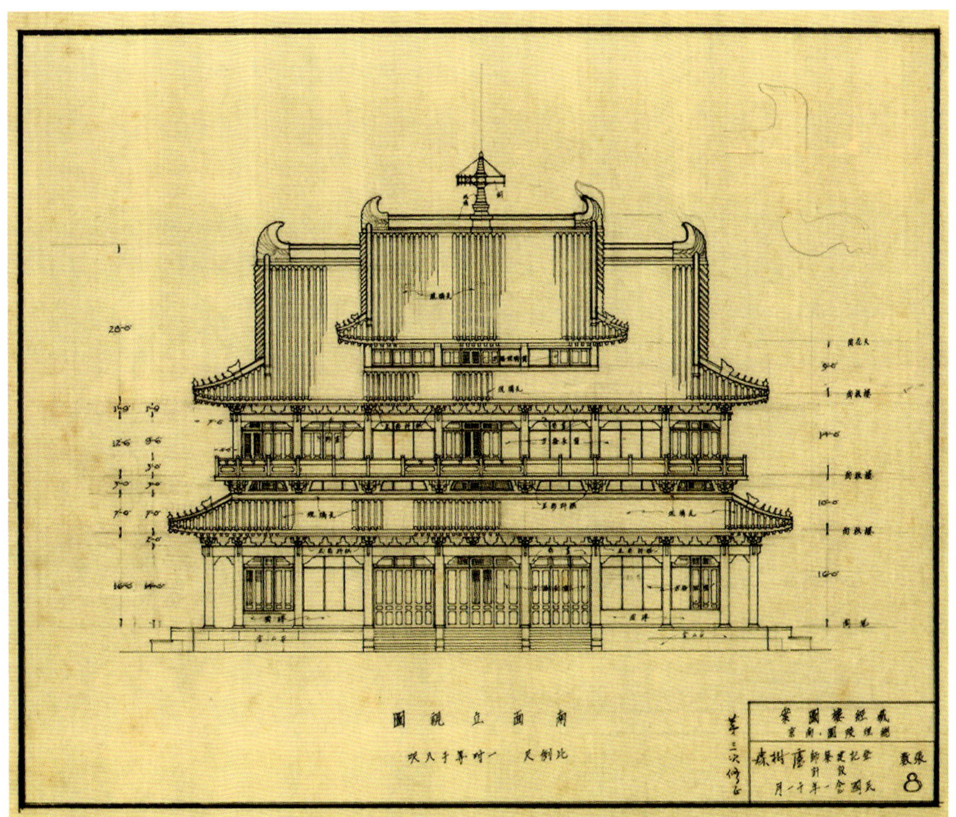

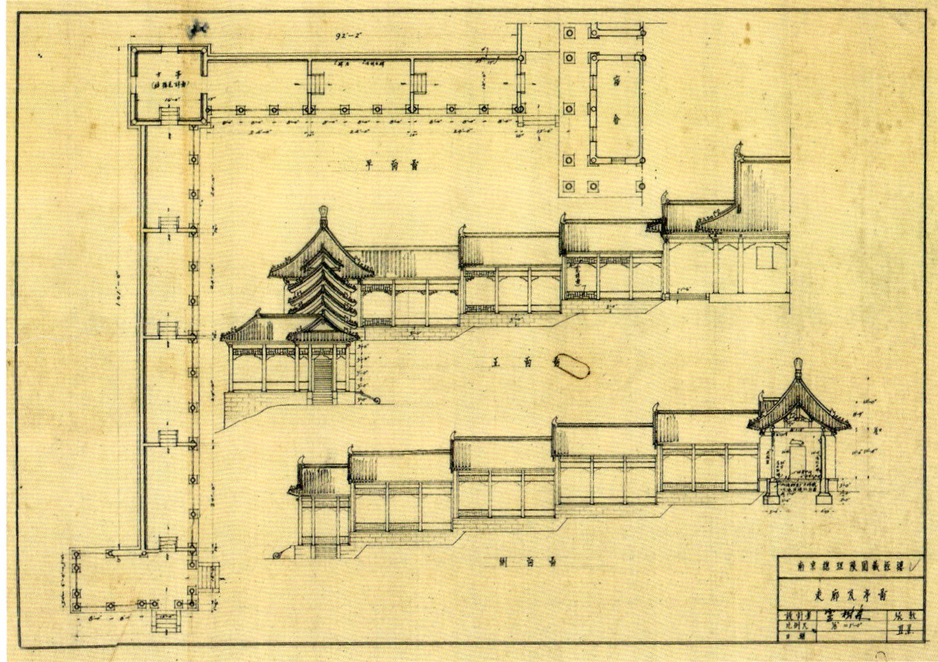

上：藏经楼立视图（南京市城市建设档案馆藏）

下：藏经楼走廊及亭图（南京市城市建设档案馆藏）

流徽榭

流徽榭　位于陵墓东之二道沟，中央陆军军官学校捐建，陵园工务组主任顾文钰设计，1932 年冬落成。现在的“流徽榭”三字楷书匾额，由徐向前元帅题写。水榭为长方形亭，顶为卷棚式，覆盖乳白色琉璃瓦，绿色立柱，全部建筑为钢筋水泥铸筑，亭四周围有栏杆，三面环水，风光绮丽。

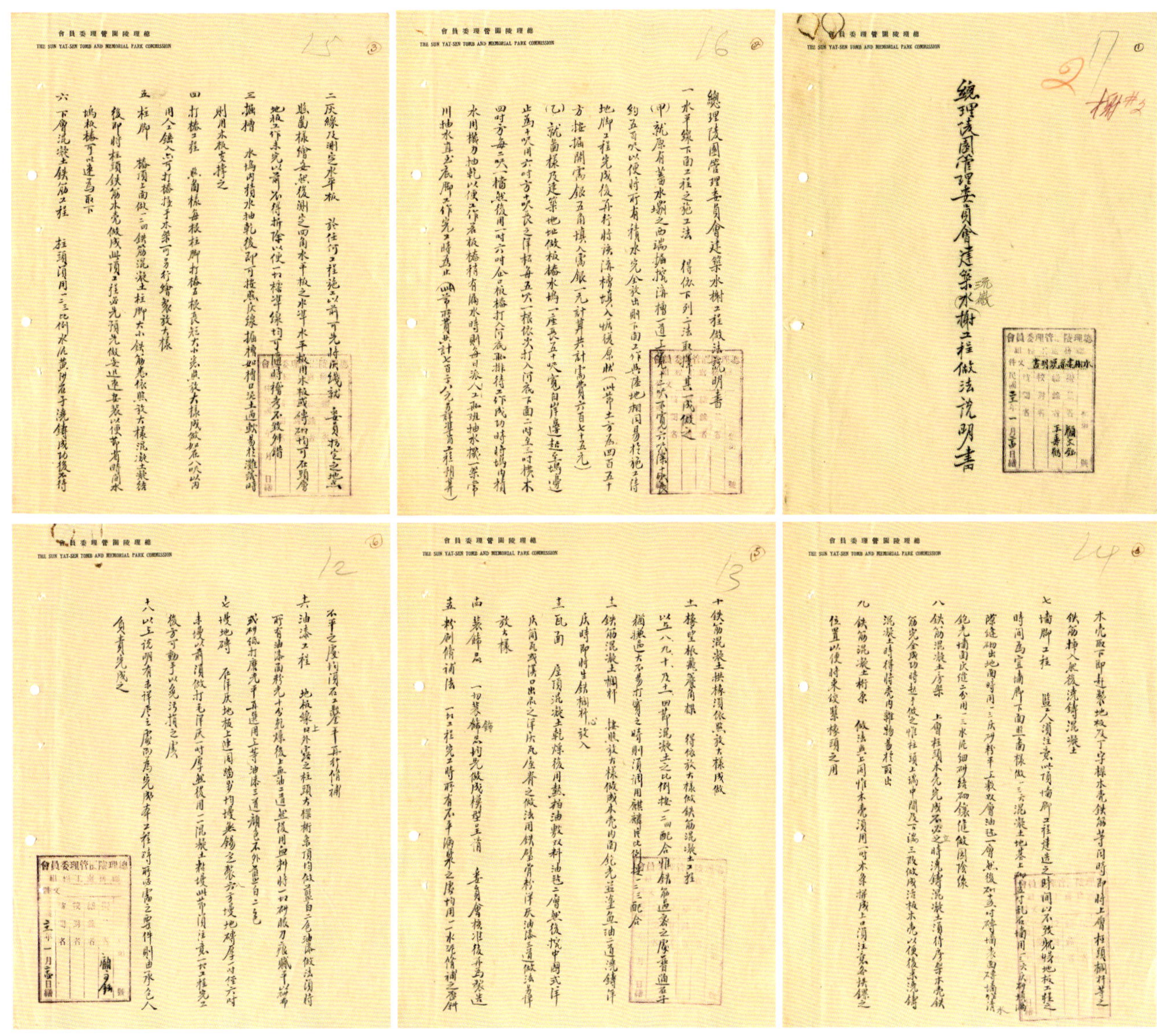

總理陵園管理委員會建築流徽水榭工程做法說明書

1932 年 1 月 24 日总理陵园管理委员会建筑流徽榭工程做法说明书（南京市档案馆藏）

永慕庐

永慕庐　位于小茅山万福寺旁，为孙中山家属守灵处，建筑师陈均沛设计，新金记康号营造厂承建，1928 年冬开工，1929 年春完工。建筑采用东方式，内设客厅一间、卧室四所，旁设厨房一间、下室四所。房屋之外，布置花圃，风景清幽，建筑古朴。抗战中被毁，1993 年按原貌复建。

工程規則

第一條　圖樣及說明書

承接人應將工場內之圖樣及說明書保存以便建築師或其代表隨時取閱

第二條　工場用圖

承接人於興工之始應從建製造工場所用各種分析圖樣由建築師審定以後各項工作悉照此種分析圖樣辦理但所製之圖樣審定後為一與原圖樣及說明書有不符之處或另有他項錯誤承接者應先徵求建築師同意而後更正否則此種錯誤悉歸其負責

第三條　材料樣子

承接人應將各項材料樣子交給建築師審定以後所用材料即將審定者為標準

第四條　建築師之權責

建築師有督察及指導工程進行之責任倘承接人之工作有與所訂合同之規定不符時建築師有飭令改造與停止工作之權

第五條　視察工程

業主及建築師或其代表得隨時到工場監視工作承接人須備堅固之扶梯以便登高視察並須供給他種適當之協助

第六條　分期領款手續

承接人須先將分期領款項內所指定之工作完工經建築師查驗無訛並得彼所發給之證書方得向業主領款

第七條　材料與合同之關係

承接人所用之材料與合同所規定者有不符時無論已用與未用之材料均

1929年3月15日孙中山先生葬事筹备处与新金记康号营造厂订立的工程合同（南京市档案馆藏）

行健亭

行健亭 位于陵园大道与明陵路路口交接处，广州市政府捐建，著名建筑师赵深设计，王竞记营造厂承建，1931 年秋开工，1933 年夏建成。其名取自《周易》中“天行健，君子以自强不息”，寄托着近代以来中华民族自强不息、奋发向上的浩然正气。亭为方形，重檐攒尖顶，屋面覆蓝色琉璃瓦，梁、柱表面和顶部及窗格皆用钢筋混凝土仿木结构形式的装饰呈现，施以彩绘，体现了中国传统艺术的美感。

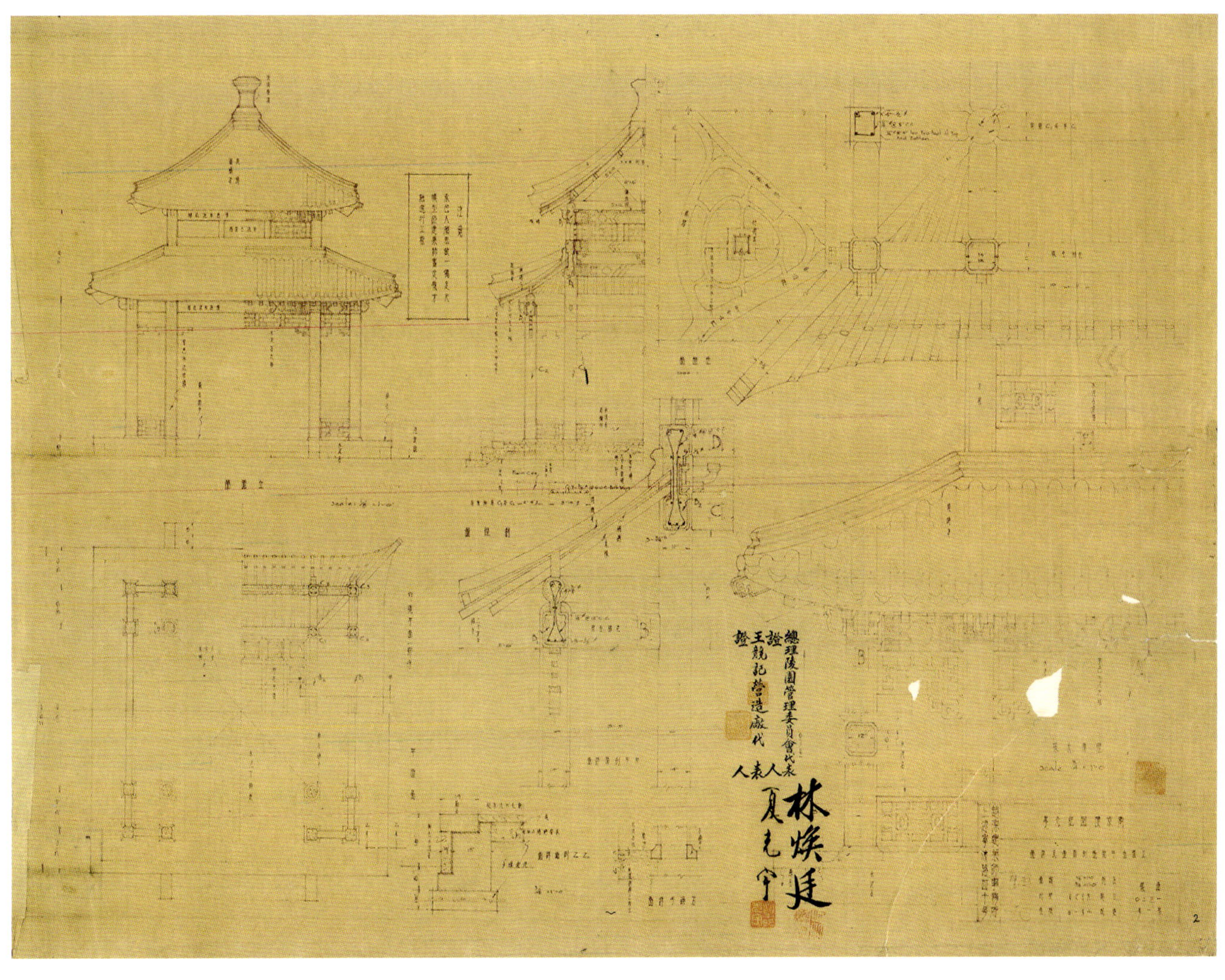

行健亭剖面图及详图、平面图、正面图（南京市城市建设档案馆藏）

1929年孙中山奉安之际，葬事筹备委员会拨款重修了明孝陵，并建筑道路，广栽树木，以资点缀。在明孝陵东北一里处的紫霞洞等也加以修葺，以供游人憩息。中山陵往东，历史悠久的灵谷寺旧址于国民政府定都南京后被改建成国民革命军阵亡将士公墓，用以表彰在国民革命中牺牲的将士与忠烈，成为现代国家政权建构的神圣空间。此外，为突出中山陵的神圣地位，中央党部决议："惟国葬者可附葬"，先后兴建了范鸿仙墓、谭延闿墓、廖仲恺墓、航空烈士公墓等附葬墓。

当时傅焕光在《总理陵园小志》中，如是评价中山陵园的布局和特色，“陵园布局就现成局势，总理陵墓据钟山之中南部，庄严整肃，为全园之主。西为明孝陵墓道，雄伟古色斑驳，为其右翼。东为阵亡将士公墓，殿宇矞皇，浮屠矗立，为其左翼。此三者为陵园建筑物之骨干。后倚钟山，箬峣嶷峻，如一崇高青翠之屏障，增益诸陵雄伟之气概，地势天成，非偶然也。将士墓前为中央体育场，每年集全国运动选手于斯，以发扬民族尚武精神。明孝陵前为植物园，萃中外植物分类种植于斯，系一科学化之大公园。总理陵墓前后左右均为树海，白石建筑，现露林间。墓道前为铜鼎及音乐台，墓西有革命历史图书馆、永丰社、行健亭、奉安纪念馆。墓东有光化亭、流徽榭、仰止亭、桂林石屋。各有花木草地之布置，便游人之游憩。”[19] 关于钟山南麓的空间格局，时人亦有观察，“中山陵居中，其东西两古迹为灵谷与孝陵，再旁为革命伟人谭墓与先烈廖墓，呈一相衬之形式”。[20] 当时的总理陵园管理委员会也认为：“陵园为国家重要建设之一，关于物质方面之利用固小，但对于国家精神教育影响殊巨，……瞻陵墓之崇高，仰总理之遗像，深沐总理博爱伟大之精神。谒孝陵，则民族恢复之精神，油然而生。谒将士墓，想见革命军人死事者之烈与夫日人无理残暴之行为，振奋国人爱国之心。他如参观植物园、天文台等，则知国之建设基本于科学研究，实际工作，非空谈所能成功也。”[21]

2. 道路工程：为配合中山陵墓的兴建，1925 年至 1926 年间，曾修筑粗简的墓道马路，然该路“高岗甚多，坡度过高，车马行驶颇为费力，且路线过于迂回，往来尤感不便”。[22] 1927 年冬，经陵园计划委员会吕彦直、傅焕光、刘梦锡查勘，决定另修建西起中山门、经四方城、东至陵墓的陵园大道。1928 年 7 月至 1929 年 3 月初，上海徐成记营造厂承建完成，全长 3.72 公里。奉安大典后，总理陵园管理委员会以为“陵园大道为游客必经之要道，轮辐繁多”，决定于原有路面加浇柏油，使其成为更加坚固的政治道路，整个大道于 1930 年 5 月 25 日全部竣工。

19.《总理陵园小志》，《傅焕光文集》，中国林业出版社 2008 年版，第 32 页。

20. 周镜泉：《南京游记·陵园一瞥——金陵览胜之三》，《旅游天地》1949 年第 1 卷第 2 期。

21.《总理陵园小志》，《傅焕光文集》，中国林业出版社 2008 年版，第 33 页。

22.《总理陵管会关于道路工程述略》（1931 年 10 月），南京市档案馆、中山陵园管理处编《中山陵档案史料选编》，江苏古籍出版社 1986 年版，第 177 页。

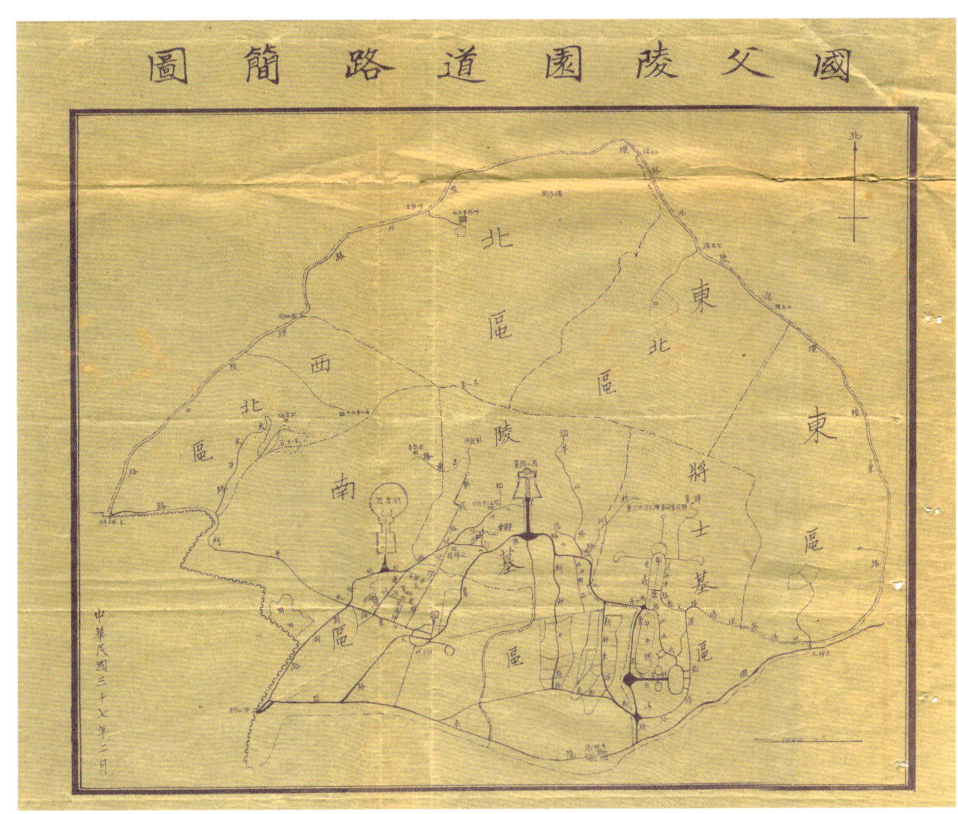

上：陵园大道

下：1948 年 2 月绘制的国父陵园道路简图（南京市档案馆藏）

1928年紫金山全部划入陵园范围后，遂沿山麓筑环陵路，为陵园之四界。全山道路以长度计已逾一百华里，以期达到要地胜迹俱通车马。具体见表：[23]

23.《总理陵园小志》，《傅焕光文集》，中国林业出版社2008年版，第30页。

序号	路名	起点	终点	长度（单位：公里）
1	陵墓大道	中山门	总理墓	3.72
2	灵谷路	总理墓	灵谷寺	1.34
3	明陵路	中山门	紫霞路口	2.40
4	天文台路	太平门龙脖子	天堡城天文台	2.23
5	石象路	明陵路中段	四方城	0.61
6	永丰路	行健亭	紫霞路口	0.46
7	花房路	石象桥	永丰路西段	0.95
8	蔷薇路	石象路中段	明孝陵	0.51
9	四方城路	四方城	京汤路	0.93
10	紫霞路	明陵路东口	紫霞洞	0.89
11	水塘路	永丰路中段	蓄水池	0.95
12	桂林路	二道沟	桂林石屋	0.97
13	新村东路	流徽榭东灵谷寺路西	环陵路运动场段	1.17
14	支路	新村东区路附近	新村东区	3.68
15	新村西路	音乐台路	环陵路	1.61
16	支路	新村西区附近	新村西区	3.55
17	流徽路	二道沟	环陵路	1.42
18	运动场路	灵谷路东口	京汤路	1.48
19	游泳池路	灵谷路东口	游泳池	0.71
20	棒球场路	田径赛场北端	环陵路西洼子	0.35
21	环场各路	中央体育场	中央体育场	2.56
22	附葬场路	五棵松	附葬场	0.74
23	委员会路	二道沟	总理陵园管理委员会	0.46
24	环陵路	沿紫金山	环山	21.06
25	山林路	紫霞洞	山北	8.30
26	总计			63.05

后人对陵园内的道路，评价恰如其分："新筑的道路，勾配均匀，路面平坦，蜿蜒曲折于疏林溪涧之间，登降毫不觉苦。下行则探幽寻胜，登高则俯览江城，田野村落，一望无际。"[24]

3. 园林工程：民国以来，义农会曾在天堡城山南北造林。江苏省立第一造林场，在四方城明孝陵紫霞洞左右造林。而山北之林木，于 1927 年春季被盗伐殆尽。1928 年 3 月中山陵园成立后，即开展造林工作，并聘请傅焕光担任中山陵园主任技师。他提出："紫金山之大部，山势险峻，仅适于造林之用。造林成功，则陵园全景立现苍翠葱茏之象，于总理陵墓各种纪念建筑，及古迹名胜，益彰其雄伟壮丽之概。""惟森林之种种经营方法，宜采取林学原理。其种植之时，亦须计及陵园布置，俾成东方伟大自然之森林公园也。"[25]1929 年 7 月 1 日总理陵园管理委员会成立后，园林工程建设在总务处园林组的指导下全面开展。园林组分设森林、园艺两股及总理纪念植物园。为便于园林工程管理，园林组将全山划分为陵墓区、南区、西区、西北区、北区、东北区、东区七个区。

24. 南京市政协文史资料委员会编：《中山陵园史录》，南京出版社 1989 年版，第 55 页。

25.《中山陵园造林设计草案》，《傅焕光文集》，中国林业出版社 2008 年版，第 7、8 页。

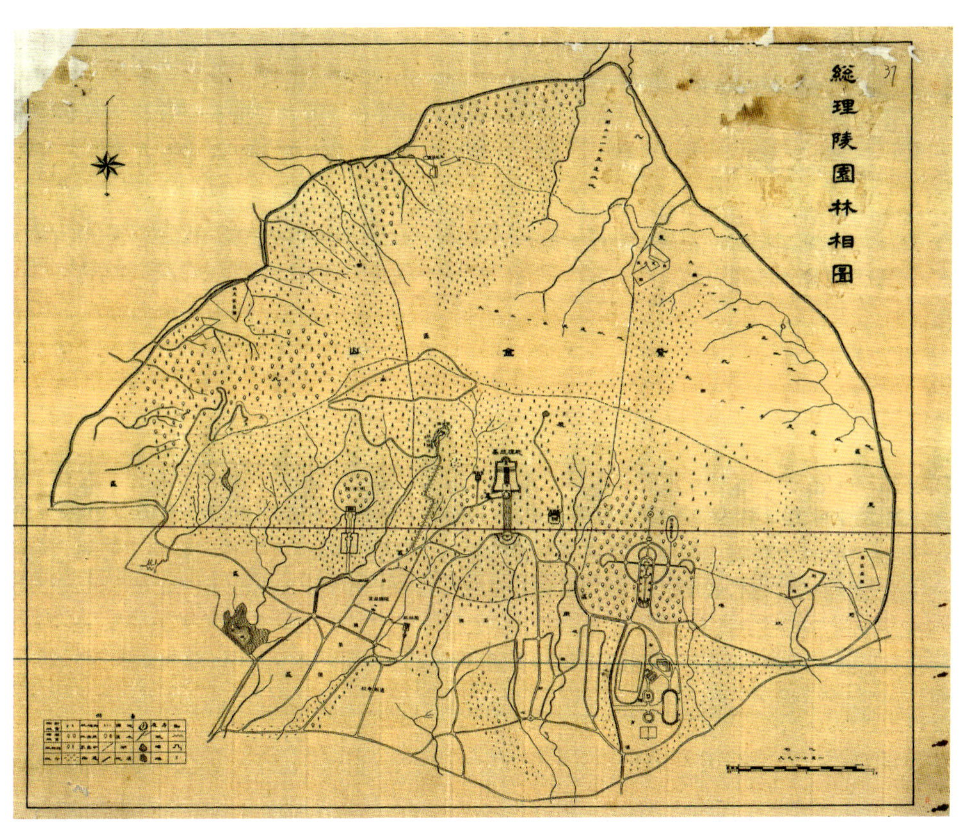

总理陵园林相图（南京市城市建设档案馆藏）

当时的紫金山全部面积约四万五千八百七十二亩，可造林之地约三万亩。由于紫金山土多石砾，气候冬严寒而夏酷热，常绿阔叶林较难生长。起初造林以马尾松、黑松为大宗，并封禁山林，保护山草落叶，改良土壤，然后改种较有价值树木，逐步成为块状混合林，既利用森林土地，又减少病虫害。为做好森林改进工作，1929 年春，在山南设总苗圃一所，约三百亩；东部及北部分设苗圃三所，各有苗圃约百亩，培养树苗作造林之准备。1927 年秋至 1936 年春，造林共计约 10 013 938 株[26]，到全面抗战爆发前初步完成了全山绿化造林。整个陵园树木繁盛，松柏四季常青，使中山陵真正成为中山精神永生的象征空间。

随着各纪念建筑及附属设施的建成，园林布景显得尤为重要。当时提出：“为纪念总理泽远流长起见，在陵园内辟设纪念林及纪念花木区于点缀园景之中，寓树木树人之旨。”[27]“陵园造林，除表示纪念、筹划收入外，并以布景为目的，故将来植树，尚须注意间色栽种，以求绚丽夺目。”[28]1929 年 6 月 19 日，中山陵园主任技师傅焕光在给葬事筹备委员会的呈文中提出：“陵园全部事业之进行，当有一定宗旨，……布景时多种果木茶竹等，既合总理民生主义，亦可点缀风景，实久远之计也。”[29]之后，陵园园艺生产事业随即展开，主要分果树、蔬菜、花卉、茶竹四部，其中花卉名品蔚然大观，每年春秋佳日陈列展览之际，中外人士来园欣赏者络绎不绝。[30]

26.《总理陵管会十年来园林成绩之简述》（1937 年 4 月 13 日）、《中山陵园造林设计草案》，《傅焕光文集》，中国林业出版社 2008 年版，第 12 页、第 7 页。

27.《总理陵园内布置纪念林及纪念花木区办法》，南京市档案馆、中山陵园管理处编：《中山陵档案史料选编》，江苏古籍出版社 1986 年版，第 194 页。

28.（民国）总理陵园管理委员会编：《总理陵园管理委员会报告》（下），南京出版社 2008 年版，第 370 页。

29.《上总理葬事筹备委员会书》，《傅焕光文集》，中国林业出版社 2008 年版，第 2 页。

30.《总理陵管会十年来园林成绩之简述》（1937 年 4 月 13 日），《傅焕光文集》，中国林业出版社 2008 年版，第 12-13 页。

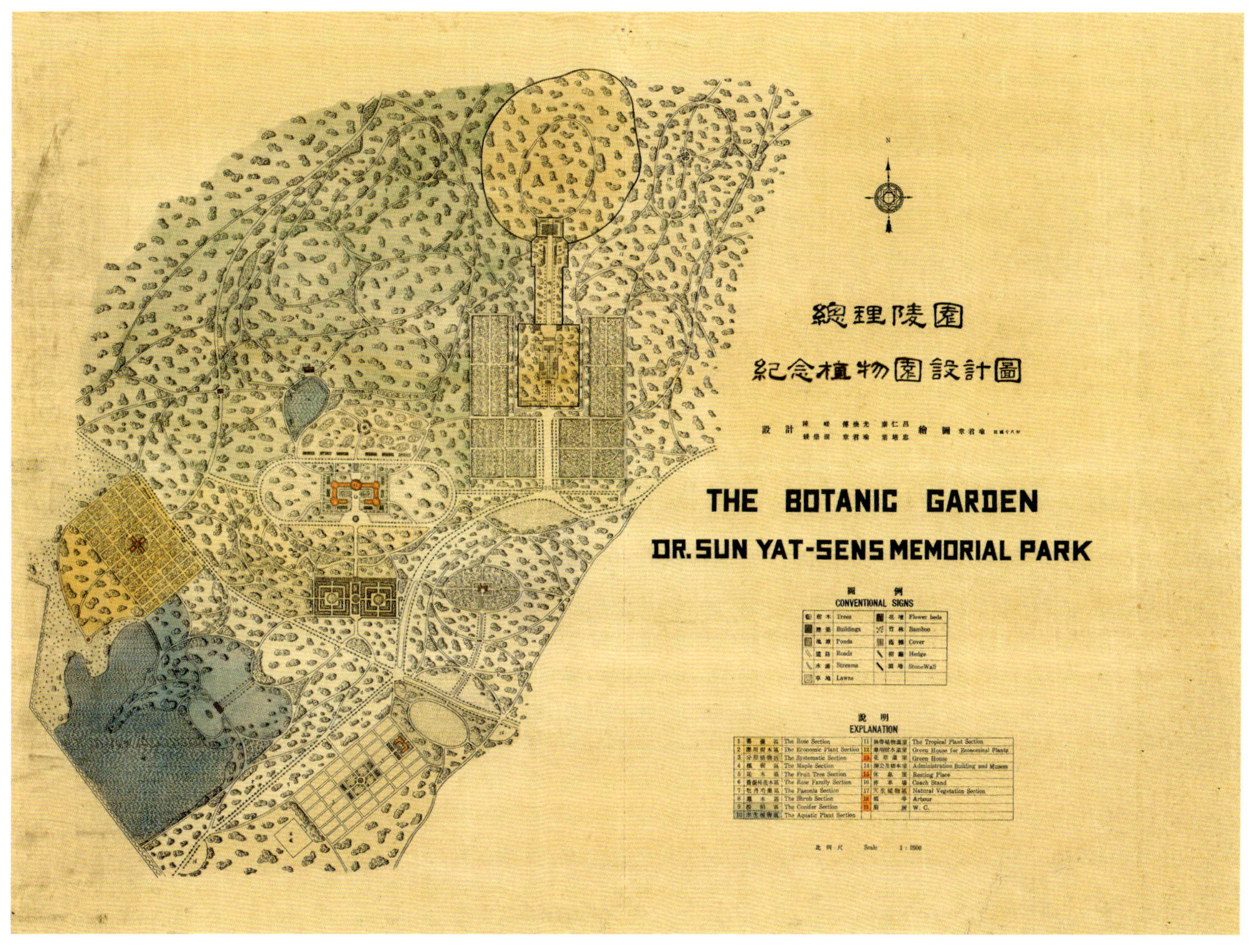

总理陵园纪念植物园设计图（南京市城市建设档案馆藏）

为了纪念孙中山，1929 年，划定明孝陵迄前湖一带 3000 亩之地筹备设立植物园，划分植物区、树木区、灌木区、藤本植物区、竹林区、水生及沼泽植物区等 11 个区，并由海外华侨捐建了一座陈列馆。孙中山曾说：“外国的长处在科学。我们要学外国，是要迎头赶上去，便可以减两百年的光阴。”[31] 当时提出，建设植物园的目的，大多在增进植物智识，及研究各种植物利用方法，“植物园之历史与人类同其久长，关系国计民生至大且切，惟兹事体大，在中国尚属创举，所规划之范围，尤较各国现有植物园之伟大”。[32]

31.（民国）总理陵园管理委员会编：《总理陵园管理委员会报告》（下），南京出版社 2008 年版，第 459 页。

32.（民国）总理陵园管理委员会编：《总理陵园管理委员会报告》（下），南京出版社 2008 年版，第 459–460 页。

4. 配套工程：陵园内各处陆续兴建了办公房屋、职工宿舍、食堂、厨房、厕所、警卫派出所等房屋工程。因建筑工程、种植花木蔬果所需水量庞大，1928 年至 1931 年间，陆续于园林组南区苗圃、陵墓西南、陵墓西等处凿自流井四口，在陵墓西南建蓄水池两个，用连接铅管通达各处用水之地，还兴建了二道沟蓄水坝工程。此外，陵园新村全部配套了自来水装置、新村马路、电灯、电话等。

为满足对外开放的自然公园的功能，陵园内配套了各种公共服务设施，环陵路上每隔数里建造数个转车场、若干男女公厕，亚细亚公司在钟汤路南、陵园沿界租地新建汽油供给所。1930 年，设立陵园售花处，建亭式房屋，布置花木草皮，兼售茶点。[33]1931 年，又在陵墓平台、石级及陵园沿途设置石凳、铁椅。[34]

中山陵园的规划和建设开创了陵墓与森林、园艺、造园、文化、旅游、公共服务相结合的先河，成为中国近代最具代表性的伟人纪念陵园。一个陵墓与硕大园林有机结合、规模为四万五千余亩的特大陵园，这在世界上是罕见的，不仅成为孙中山精神的象征，更折射了近代中国社会的变迁、城市的发展以及文化的嬗变，寄托着国家与民族的希望和未来。

33.《总理陵管会第二十次委员会议记录》（1930 年 7 月 29 日），南京市档案馆、中山陵园管理处编：《中山陵档案史料选编》，江苏古籍出版社 1986 年版，第 555-556 页。

34.《总理陵管会第三十一次委员会议记录》（1931 年 4 月 4 日），南京市档案馆、中山陵园管理处编：《中山陵档案史料选编》，江苏古籍出版社 1986 年版，第 578 页。

纪念建筑的伟大杰作

建筑艺术与价值篇

中国近代纪念建筑的典范

中西合璧的建筑艺术

开放的纪念空间

现代中国的精神符号

中山陵是全球最重要、最有影响的中山纪念建筑，采用中国传统建筑布局和造型，融合西方现代建筑材料与技艺，创造出中西合璧的新民族建筑形式，被誉为中国近代建筑史上的重要里程碑。中山陵既有陵墓的瞻仰纪念功能，又有开放式公园的休闲游览功能，成为传承弘扬民族精神的重要载体，成为凝聚海峡两岸、海内外华人的重要情感纽带和精神空间，堪称世界历史上近代民族国家转型变革所留下的标志性文化遗产。

一、中国近代纪念建筑的典范

建筑是历史的特殊物质载体，是人们使用木材、砖石、钢筋混凝土等建筑材料搭建而成，供人类居住和使用的物质实体，是其所处时代人文历史的客观记载，它呈现了时代文化的影响和过往历史的印记。建筑从其产生之初，就成为人类阐释、展示自我情感的舞台，其中蕴含着安全感、归属感、崇敬感、纪念情感以及艺术美感等人类的情感需求和永恒表达。近代以来，从功能方面看，可分为居住建筑、工业建筑和公共建筑三大建筑类型。

纪念建筑是公共建筑的一种形式，有着明确的精神主旨和思想主题，承载着人们对历史人物或重要事件的纪念，是人类集体意识的体现。纪念建筑作为建筑的一种特殊类型，其建筑空间的创造不仅是对纪念需求的回应，还在于该建筑建立起了人类社会与世界的联系。主要分为四个类型：对“永恒”的追求、对“神秘”的营造、对“英雄”的崇拜、对“历史”的记载，这几种类型有时会有交叉。[1] 纪念建筑的形式主要有陵墓、纪念碑、神庙、坛庙等，永恒的纪念性是纪念建筑最原始、最核心的本质要求。

传统中国礼制等级森严，《礼记》中记载“君子将营宫室，宗庙为先，厩库为次，居室为后”，可见在古代中国具有祭祀功能的纪念性建筑中，宗庙在城市建设和社会发展中占有十分重要的地位。规模较大的祭祀建筑的建造和使用一般都是被君王统治阶级所垄断，往往只在重大日期和重要事件中开放并使用，是神圣不可侵犯的地方。在生产力低下的中国传统社会中，古代的人们为了趋吉避凶，追求精神寄托，分别对天地、日月、山河、祖宗、神灵等进行祭祀，这也是人们缅怀先人、崇拜自然的一种表现形式。

1. 任军：《“纪念心理”溯源》，《哈尔滨建筑大学学报》2002年第4期。

近代以来，中国逐渐沦为半殖民地半封建社会，国家蒙难，文明蒙尘。民族复兴成为时代发展的主旋律，一代又一代仁人志士为此不懈奋斗。1912 年，孙中山先生在南京创建了亚洲第一个民主共和国，推翻了在中国延续几千年的君主专制制度，开启了中国历史崭新的一页。

近代中国面临着从传统封建国家转向现代民族国家、建立民主共和国家制度的核心问题。进入 20 世纪 20 年代以后，中国社会发展加快，民族复兴思潮纷呈迭起，在建筑领域则是“建筑体系进入转型发展期，其项目特点是建筑类型更加全面，建筑技术有显著发展，建筑形制更臻丰富”。[2]

纪念建筑则脱离了原有的神职功能，积极响应发扬民族“固有精神”的号召，将传统建筑形式应用在官方建筑上，成为精神文化和社会文化的表达空间与纪念性场所。著名建筑师童寯认为纪念性建筑“顾名思义，其使命是联系历史上某人某事，将消息传到群众，俾使铭刻于心，永失勿忘……以尽人皆知的语言，大同民族国界局限；用泯顽不灵金石，取得动人的情感效果，将材料功能与精神功能的要求结为一体”。[3]

近代纪念建筑从建筑的角度讲述近代中国的历史和文化，优秀建筑师用经典建筑作品展示了文化自信的中国独特标识，在向世界展示中国文化的同时，更体现了近代优秀建筑遗产的当代意义和现实价值。

中山陵是近代中国最重要的国家纪念工程，是近代中国首次面向全世界公开征集设计方案的首奖作品，被誉为中国近代建筑史上的重要里程碑。作为中国封建帝制的推翻者、中国民主共和制度的开创者孙中山先生的陵寝，在内忧外患、一盘散沙的近代中国，中山陵是体现孙中山伟大革命理想的物质载体，具有多重政治考量和精神象征意义。

2. 金磊：《20 世纪遗产是当代城市的标志——首批 98 项“中国 20 世纪建筑遗产”浅析》，《建筑设计管理》2017 年第 2 期。

3. 金磊：《20 世纪遗产是当代城市的标志——首批 98 项“中国 20 世纪建筑遗产”浅析》，《建筑设计管理》2017 年第 2 期。

（一）全球最重要的中山纪念建筑

孙中山是伟大的民族英雄、伟大的爱国主义者、中国民主革命的伟大先驱，他是中国近现代历史上具有世界影响的民族伟人。自1925年3月12日孙中山去世后，随即在中国兴起并延续到海外，形成了一个庞大的纪念建筑群体，被命名为中山纪念建筑，地域覆盖中国、日本、新加坡、美国、加拿大、英国等多个国家，有陵墓、故居、纪念堂、纪念碑、园林建筑景观和建筑历史街区等不同形式的建筑群体，成为中外建筑史上非常独特的建筑现象。民国时期，以中山路（街巷）命名的城镇共计548个[4]，中山公园共有309个[5]。

中山纪念建筑主要分为三类：中山史迹纪念建筑、荣誉命名的中山纪念建筑和专题建造的中山纪念建筑。迄今为止，这三类纪念建筑尚无精确数目，据刘江峰博士的初步统计，目前已知在500个以上[6]。这些中山纪念建筑，在建筑学的意义上客观反映了20世纪前后中国建筑的历史风貌和建筑思潮的演变过程，是珍贵的建筑历史文化遗产。

中山陵是全球最早兴建、规模最大的中山纪念建筑。1925年3月12日，孙中山在北京病逝，生前曾留下安葬南京紫金山的遗愿。当天即在北京成立了“孙中山先生北京治丧处”，负责治丧事宜。4月3日，孙中山先生葬事筹备处在上海成立，负责兴建陵墓与安葬南京事宜。孙中山逝世后，作为其自选的长眠之地，中山陵成为万众瞩目的第一重要的纪念建筑，第一时间开始了墓地选址、全球悬赏征求图案，1925年11月3日，聘请吕彦直为中山陵建筑师。1926年1月15日，中山陵开始兴建。3月12日，举行陵墓奠基礼，中山陵因此成为孙中山逝世后最早开始兴建的中山纪念建筑。中山陵最初以2000亩的范围立案，历时六年兴建，成为由牌坊、陵门、碑亭、祭堂、墓室等主体建筑组成的宏大建筑群，以及大小共39项附属纪念建筑，中山陵因此成为规模最大的中山纪念建筑群。

4. 陈蕴茜著：《崇拜与记忆：孙中山符号的建构与传播》，南京大学出版社2009年版，第413页。

5. 陈蕴茜著：《崇拜与记忆：孙中山符号的建构与传播》，南京大学出版社2009年版，第424页。

6. 建筑文化考察组编著、《建筑制作》杂志社承编：《中山纪念建筑》，天津大学出版社2009年版，第9页。

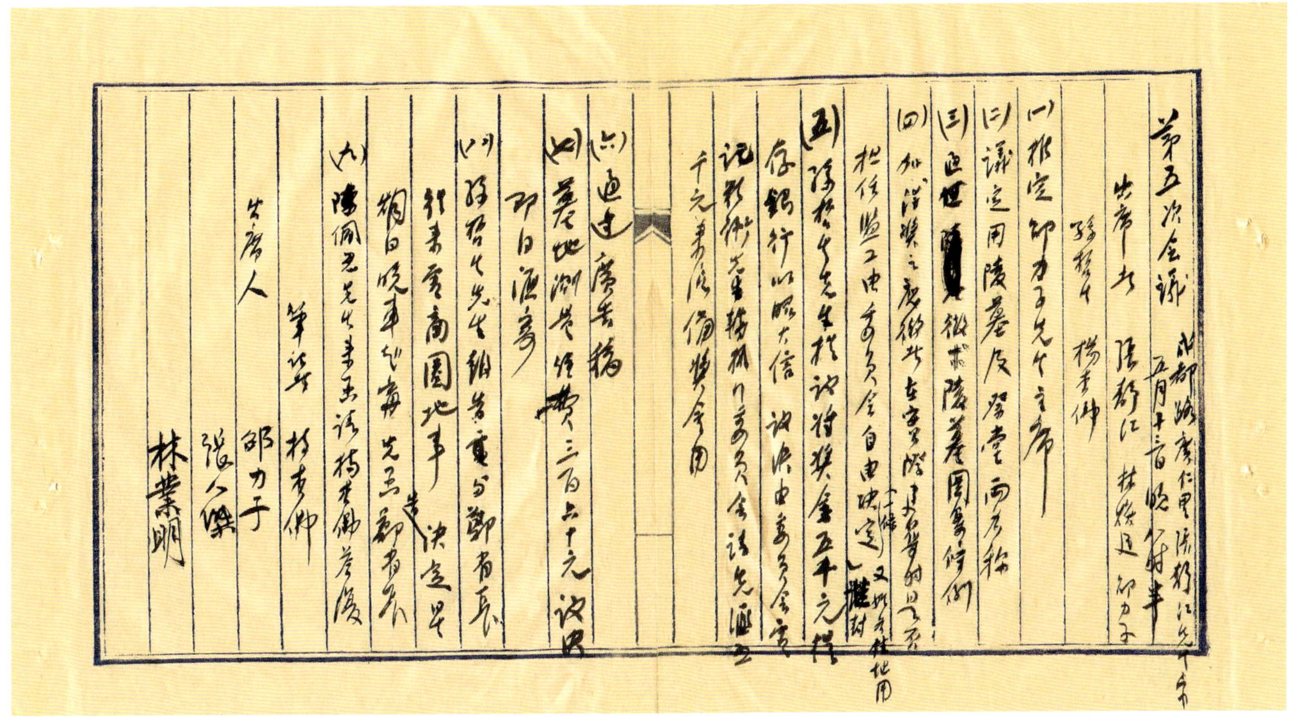

1925 年 5 月 13 日葬事筹备处第五次会议记录（南京市档案馆藏）

中山陵是拜谒孙中山最庄重的纪念空间。中山陵的命名使用了最高规格的“陵”字。1925 年 5 月 13 日，葬事筹备处第五次会议决定，孙中山的安葬之地用“陵”来命名，中山陵由此得名并深入人心。据许慎在《说文解字》中称“陵，大也”，后来演化为帝王陵墓的专称。即使在历代国家祭祀中享有至高尊崇地位的孔子，其墓葬也只能称为“林”，即“孔林”，由此可见中山陵的政治规格之高。

孙中山在北京逝世后，遗体被安放于美式铜棺中，从协和医院移往中央公园——清代的社稷坛停灵。在那里举行的仪式称为“公祭”，“公祭程序包括献花果、向遗体鞠躬、奏哀乐、读祭文等。在公祭仪式中，人们可以瞻仰已故总理（孙中山）的遗体，它就是仪式的核心”。[7] 此后，孙中山灵柩暂厝在北京西山碧云寺。南京中山陵建成后，1929 年 6 月 1 日，国民政府举行了盛况空前的孙中山安葬典礼，从此，中山陵成为人们拜谒孙中山最庄重肃穆的纪念空间。

7. 赖德霖著：《民国礼制建筑与中山纪念》，中国建筑工业出版社 2012 年版，第 127 页。

孙中山安葬典礼

1907 年孙中山手书“博爱”

中山陵是全球体现孙中山思想最集中的建筑载体。孙中山一生为国为民，为中华民族作出了彪炳史册的贡献。他行万里路，曾流亡海外从事革命活动16 年，四次环行地球，在南京就任中华民国临时大总统，在广州三次建立政权，他的足迹遍布祖国的大江南北。他读万卷书，无论革命工作繁忙与否，都手不释卷，博览群书。他学贯中西，知识渊博，其“博爱”“天下为公”和民族、民权、民生与《建国大纲》等思想及主张，被永久地镌刻在中山陵的各部建筑上，成为中山陵经典建筑的点睛之笔，使中山陵中西合璧的建筑精神和伟人精神高度融合，中山陵也因此成为体现孙中山思想最集中的物质载体，并永久地发挥着凝聚民族情感、增强民族自信的功能与作用。

中山陵是全球影响最大的中山纪念建筑。中山陵及其附属纪念建筑，构成了一个完整有序的陵园纪念空间，是由吕彦直、杨廷宝、刘敦桢、赵深、卢树森等中国近代第一代建筑师亲自设计的，并由姚新记营造厂、新金记康号营造厂、陶馥记营造厂、利源建筑公司等实力雄厚的营造厂承建，中山陵的周围园林绿化建设是由中国第一代林业、园林大师傅焕光等亲自规划建设的。以中山陵为主体，由众多附属纪念建筑以及优美的园林景观组成的中山陵园，以其特殊的社会政治地位、中西合璧的经典建筑形象、优美宏大的园林景观而闻名中外，以其不同于中国传统工匠营建的现代施工建设而备受中外瞩目，建成之后在海峡两岸和海内外华人心中享有崇高的地位，成为近代南京的重要景点和现代南京的文化地标，每年都有数百万乃至上千万的游客前来参观拜谒。

（二）中国近代建筑文化转型时代的建筑典范

中国传统的主要建筑活动在几千年的历史上一直都是依赖工匠的口传心授不断传承的，从 20 世纪 10 年代末开始，远赴日本、欧美学习建筑的专业人才陆续回国，中国的首批建筑师逐步登上了历史的舞台，开启了中国近代新的建筑历史，形成了新的建筑制度和建筑文化。

中山陵及其纪念建筑群的设计与建造，是中国近代第一批优秀建筑师留学海外回国后，在传承中国优秀建筑文化与吸收西方建筑文化精华之后，进行"新民族形式"的建筑设计思想与方法在中国创作实践的杰作，探索了近代中国从传统建筑形式向现代建筑的转型之路，具有里程碑式的重要意义，其设计与建造体现了中国第一代建筑师以一种独具中国特色的建筑形制对民族精神的传承和弘扬。梁思成曾说："中山陵虽西式成分较重，然实为近代国人设计以古代式样应用于新建筑之嚆矢，适足于象征我民族复兴之始也。"[8]

一是物质层面建筑文化转型的代表作。中山陵外观采用中国式，建筑内部空间及建筑技艺则是现代化的。在建筑样式方面，以中国传统建筑形式为主，但在建筑材料的选用方面，中山陵作为永久纪念建筑，摒弃了中国传统建筑中的土木材质，选用了不易损坏的砖石和钢筋混凝土作为建筑材料。在建筑技术方面，学习西方的建造技艺，严格按照建筑行业的最高标准来建造，甚至超过美国标准，体现了当时中国最先进的建筑技术和建造工艺。中山陵的建造对我国近代建筑民族复兴风格类型的形成与确定起到了积极的推动作用。从建筑学意义方面来看，以中山陵及其纪念建筑群为代表的近代民族复兴建筑从一个侧面真实记录下了 20 世纪前后中国社会在建筑面貌方面的形式，将内涵上溯至更为深远的历史建筑形态，其背后则是社会文化形态的衍变过程，是国家和社会转型的具象展示。

8. 梁思成著：《中国建筑史》，百花文艺出版社 1998 年版，第 354 页。

二是中国近代纪念建筑功能转型的集大成者。从建筑功能方面看，中山陵融合了中国古代的祭祀文化和近代的纪念文化，它传承了中国传统的纪念建筑祠庙的祭祀与教化功能。祠庙在中国传统社会中兼具思想传承和社会教化的功能，近代以来，祠庙的地位和作用逐渐被各地兴建的英烈祠所替代。1920年，蔡元培在纪念徐锡麟时这样说："近世科学昌明，破除一切，凡古代所尊仁道偶像，皆失所凭借，不足以羁縻人心，而独于伟人烈士，其丰功盛业，震烁一世者，往往铸像立墓，垂传久远，使过者展拜，油然起钦慕之思，徘徊而不忍去。此则仁人志士怀德追远之义，非所谓信神道而迷信偶像者也。"[9] "使过者瞻拜"和"怀德追远"则是现代纪念建筑的主要功能。中山陵因孙中山的崇高地位和深远影响，则成为近代以来各地英烈祠发展的集大成者，是国家层面最高规格的拜谒之地和传承民族精神的纪念空间。

三是中国近代政治转型的象征符号。中山陵是推动中国近代政治转型的灵魂人物孙中山的陵寝，他推翻了在中国延续几千年的君主专制制度，建立了亚洲第一个民主共和国，极大地传播了民主共和的现代国家理念，开启了东亚文明圈的崭新历史。孙中山领导的中国近代以来的民族民主革命，是世界近代历史进程的重要组成部分，极大地影响了当时全球四分之一的人类命运。中山陵作为近代中国民族伟人孙中山的陵寝，因此以其凝重的历史和文化内涵，通过它庞大的建筑体量和显赫的地理位置，向全世界宣告了中国觉醒的姿态，凝聚了从传统封建王朝向近代民族国家转型的多元文化和时代内涵，见证了中国走向现代国家的历史性转变，成为中国近代政治转型的象征符号。

9. 蔡元培："徐烈士祠堂碑记"（1920年10月10日），中国蔡元培研究会编：《蔡元培全集》（四），浙江教育出版社1997年版，第198页。

（三）凝结中华民族集体记忆的纪念建筑典范

中山陵作为我国近代杰出的公共纪念建筑，其人物精神与建筑精神高度融合，以其规划布局、建筑形式叙述着孙中山领导中华民族进行民族民主革命奋斗的历史，成为中国近代历史上表达爱国主义和民族精神传承的重要象征符号。

中山陵是树立中国近代历史伟人形象的物质载体。中山陵是政府官方和社会各界缅怀与纪念孙中山的重要场所，这对于孙中山民族伟人形象的塑造和延续具有重要的意义与作用。“孙中山在世时，人们似乎对他有较多的误解或许多微词，或认为他的思想超时，或认为他的主义不切实际，或认为他的言谈太空太泛而缺少实际的行动……但当他真正离人们远去、做了古人时，人们这才感到其人格、精神和种种思想主张之重要了，才渐渐地意识到他是一位真正伟大的人物。”[10]特别是到中山陵来拜谒孙中山时，更是人们景仰孙中山、增强民族凝聚力的重要手段和政治仪式。

中山陵是不断强化伟人历史地位与中华民族复兴奋斗的物质载体。在对孙中山的缅怀和纪念过程中，孙中山的伟人形象不断得到强化，孙中山的伟大思想和崇高品德不断得到再认识和深化。孙中山的追随者、中国共产党人以及社会各界人士，在孙中山逝世后，通过各种形式表达了对孙中山的尊崇和纪念。四川成都商会公报有人撰文称：“孙以海外亡命，势单力薄，本其救世之心，发为恢复之说，一倡百和，声势愈张，革命之风，浸淫而至于全国，彼乃百折不回，一生九死，卒至今日，雄心以遂，轰轰烈烈之伟功，于是贯全球亘千古而不朽矣。”[11]

10. 胡波著：《岭南文化与孙中山》（修订版），中山大学出版社 2017 年版，第 2 页。

11. 伍达光：《孙中山评论集》（民国十五年五月，广州刊），第 45-46 页。转引自吴相湘：《孙逸仙先生传》（下），台湾远东图书公司 1982 年版，第 1751 页。

著名的爱国民主人士、曾做过孙中山秘书的杨杏佛这样说："我们为什么要追悼孙先生？因为他做过大总统么？不是。世界上做过大总统不知多少。因为他做过大元帅么？不是。仅仅一个元帅，有何追悼的价值。然则，为什么要追悼，是为四十年为平民奋斗的孙先生而追悼的。我今日来介绍孙先生，实在是一个平民百姓，不是大总统，也不是大元帅。他的祖先是农民，孙先生最初行医，后来看见平民的痛苦，所以才起来做革命事业。他自始至终没有一天不是为老百姓而奋斗，孙先生不但是平民，而且是为平民而奋斗的！孙先生有做皇帝的机会，但是他不愿做皇帝，他推翻专制的清朝，造成共和的民国。他不但不喜欢做皇帝，并且想做皇帝的野心家也被先生推翻了。"[12]

国外的一些报刊出版物也对孙中山格外关注，这体现了孙中山在海外国家及其华人华侨中的广泛影响。"美国报纸就指出：孙中山为现代五杰之先知先觉者。五杰是中国的孙中山，美国的威尔逊，俄国的列宁，印度的甘地，土耳其的凯末尔。说孙中山为先知先觉者，是因为他获得国际声望的年代最早。孙中山在国际上成名于 1896 年的伦敦蒙难事件，1912 年就任中华民国临时大总统更是声名远播于国际社会。"[13]

中山陵及其附属纪念建筑是中国近代以来以中山陵为核心着力推进国家公共文化建设的重要表现，深刻体现了大众属性的公共纪念内涵。中山陵蕴含着丰富的文化底蕴，是人类近代历史上一个国家重要集体经历和记忆的浓缩，中山陵因此成为中国近代纪念建筑的杰出典范。

12. 王杰著：《平民孙中山》，广东人民出版社 2011 年版，第 4 页。

13. 转引自吴相湘：《孙逸仙先生传》（下），台湾远东图书公司 1982 年版，第 1754 页。威尔逊成名于 1912 年当选为美国总统，列宁成名于 1917 年领导俄国十月革命，甘地成名于 1919 年领导印度进行非暴力不合作运动，凯末尔成名于 1920 年领导土耳其革命。

二、中西合璧的建筑艺术

圆形有孔的玉叫璧，半圆形的叫半璧，两个半璧合成一个圆叫“合璧”。中西合璧原意是指中国和西方的文化精华融合成一体，是中国近代以来中西文化交流碰撞在建筑领域所产生的一种独特现象。对于建筑原型的要求是无论中西建筑，融合的建筑要素是其文化精华，即“璧”，对于建筑造型的要求是融合后的整体本身是完美无瑕的，即“合璧”，因此中西合璧是不同建筑精华的“整合”与“融合”，而不是“混合”。

中西合璧这一建筑思潮，在近代以来的中国建筑活动中一直以顽强的生命力存在于中国近现代历史的各个发展阶段，即主张用西方先进的建筑科学技术手段，塑造出具有“中国特色”的建筑形式。李海清、汪晓茜认为，“在不同时期，这种思潮以不同的面目出现，从 20 世纪 20 年代的教会建筑‘中国化’，到 30 年代、40 年代的‘中国固有式’建筑，再到 50 年代、60 年代的‘民族形式’建筑，直至 80 年代以来的‘新民族形式’建筑。无论冠以何种名称，其基本的理论依据和实践诉求是一致的：建筑艺术关乎国家、民族的文化精神，建筑形式是这种精神的外在表现。所以中国的建筑形式要表征自己的文化精神。而且，这并不妨碍在物质、技术层面借用西方先进的建筑科学技术手段。相反，如果将二者结合，一定能使古老的中国建筑焕发新的生机”。[1] 这也是中国近代以来中西合璧建筑的目的和意义所在。

优秀的建筑体现着时代精神。近代中国处于半殖民地半封建社会，外忧内患，国力羸弱，在中国近代化转型的艰难时期，民族复兴的思潮成为时代主流，前仆后继的革命志士不断探索独立自主的革命道路。从西方留学归国的第一代青年建筑师，则将所学到的西方先进的建筑理念、建筑技术转化为对中国传统建筑风格的传承和弘扬，努力探索在新的建造技术手段下，如何更好地展现中国的优秀传统建筑文化。

从美国康奈尔大学学习建筑专业留学归来的吕彦直，就是中国近代第一批优秀建筑师的杰出代表。他对于中西建筑文化的精髓领悟深刻，认为：“夫建筑者，美术之表现于宫室者也，在西欧以建筑为诸艺术之母，以其为人类宣传审美意趣之最大作品，而包涵其他一切艺术于其中。一代有一代之形式，一国有一国之体制，中国之建筑式，亦世界中建筑式之一也。凡建筑式之形成，必根据于其构造之原则。中国宫室之构造制度，仅具一种之原理，其变化则属于比例及装饰。然因于其体式之单纯，布置之均整，常具一种庄严之气韵，在世界建筑中占一特殊之地位。西人之观光北平宫殿者，常叹为奇伟之至，盖有以也。故中国之建筑式，为重要之国粹，有保存发展之必要。”[2] 因此他致力于在建筑实践中“融合东西建筑学之特长，以发扬吾国建筑固有之色彩”。

总理陵园管理委员会在中山陵建成后这样说明：“总理陵墓位于南京中山门外紫金山南麓，左邻明孝陵，右毗灵谷寺，气象雄伟，采用吕彦直建筑师所绘图案，融会中国古代与西方建筑之精神，庄严简朴，别创新格，墓地全局适成一警钟形，寓意深远。”[3]

（一）布局形制的中西合璧

吕彦直在设计中山陵时融会贯通了中西建筑文化，他不仅有专业的西方建筑学理论的学习，即在康奈尔大学接受布扎体系教育，还有专业的建筑训练，即在茂菲・丹纳建筑师事务所的工作实践，更有实地考察明清帝陵的现场观摩和对中国古代能工巧匠建筑遗产的感悟认知，并广泛参考了世界历史上著名的陵寝建筑。吕彦直虽因病未能出席中山陵奠基礼，但他委托挚友黄檀甫出席并代其致辞。他在致辞中这样说：“夫陵墓之建造，首在保存遗体，次则所以纪念死者。自来历史上对于丧葬，其欲留存永久之遗迹者，盖无不尽其力之所至。在西方，如埃及之金字塔、罗马帝王之陵寝、各国帝王名人之墓。在东方，如印度最珍贵之建筑曰泰姬玛哈者，我国今日所存之明孝陵，及北方明十三陵、清东陵等，皆在建筑上具最贵之价值。”[4]

1. 李海清、汪晓茜著：《叠合与融通：近世中西合璧建筑艺术》，中国建筑工业出版社2015年版，第23页。

2. 孙中山纪念馆馆藏资料“在中山陵奠基礼上的发言稿”（复制件）。

3. 南京市档案馆、中山陵园管理处编：《中山陵档案史料选编》，江苏古籍出版社1986年版，第154页。

4. 孙中山纪念馆馆藏资料“在中山陵奠基礼上的发言稿”（复制件）。

墓形勢全圖

吕彦直设计的中山陵“警钟形”全图

中山陵的总体布局采用中国传统陵墓“因山为陵”的葬制，“警钟形”轮廓来源于对明清帝陵形制的模仿和对地形地貌的顺应。在单体建筑方面采用了传统帝陵的布局，从下至上依次设牌坊、陵门、碑亭、祭堂、墓室，并且因地制宜地将各单体建筑沿中轴线次序展开，形成了均衡对称的总体布局，营造了庄严肃穆的纪念氛围。

博爱牌坊为四柱三间冲天式三楼牌坊，明间高，两侧次间低。造型为中国传统牌坊形式，对雕饰繁杂的装饰进行了简化。传统帝陵的牌坊立柱上立有神兽犼等，象征着望帝出或望帝归。博爱牌坊的立柱为如意祥云柱头，摒弃了封建思想的象征物，表达出对美好未来的向往。三个牌楼下面不用斗拱，屋檐下有方椽，上下枋雕刻简洁的旋子彩画。下枋下部的雀替、立柱及两侧的抱鼓石鼓面、须弥座束腰等部位雕刻由传统图案简化而来的花草、云纹图案，刻纹较浅，不着色彩，为石材本身的原色。

牌坊的高宽比例为 2:3，和西方文艺复兴时期的经典作品佛罗伦萨的巴齐礼拜堂一样，显示了吕彦直将中国传统的建筑形式融入西方学院派建筑学理论的构图原则。吕彦直设计的牌坊原来在陵门之前，后因地制宜增加了墓道的长度。

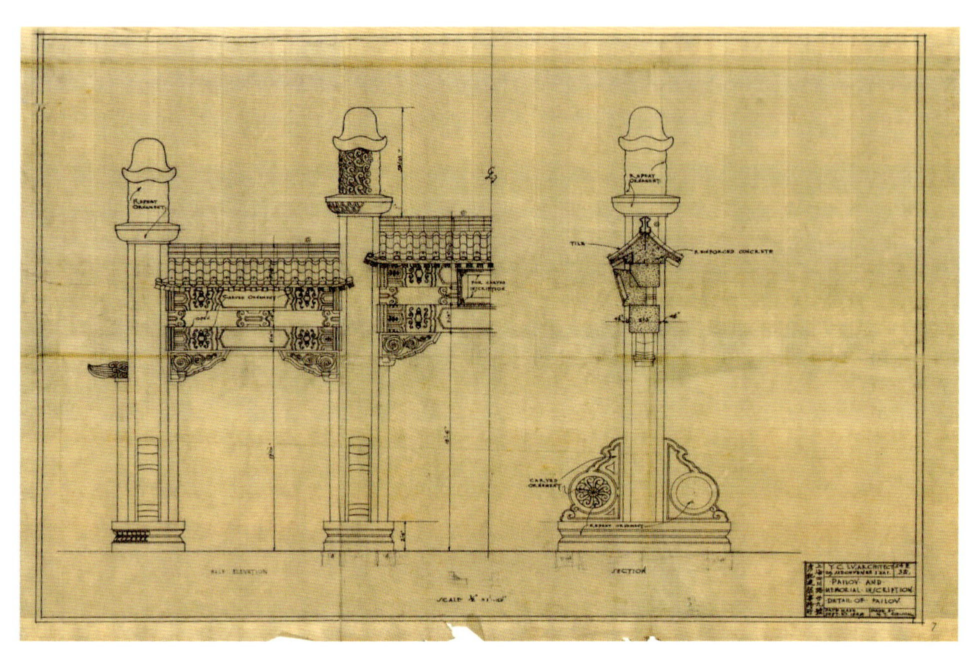

牌坊细部详图（南京市城市建设档案馆藏）

上：中山陵“博爱”牌坊

下左：如意祥云柱头及雀替等

下右：须弥座和抱鼓石

墓道既是陵墓的通道，也是中国传统陵墓渲染庄严气氛和神秘感的神道。秦汉以来，陵墓神道宽度逐渐变窄。唐宋时的神道尺度有所拓宽，如唐代乾陵神道既宽又长，加以山体环境的渲染，气派雄伟。发展至明清，神道宽度较小，且长而幽深，强调纵向空间延伸。[5] 中山陵的墓道采取中轴均衡对称的格局，墓道两侧摒弃了中国传统帝王陵墓的石像生，栽植苍松翠柏，象征着孙中山先生的精神永存。墓道两边逐渐向上延伸的坡地设计为绿地，加入西方园林的设计元素，呈现出西式园林景观。

5. 张力：《南京东郊纪念性场所及中山陵研究》，东南大学博士学位论文，第 89 页。

左页：陵门前道路路面图（南京市城市建设档案馆藏）
右页：苍翠长青的中山陵墓道

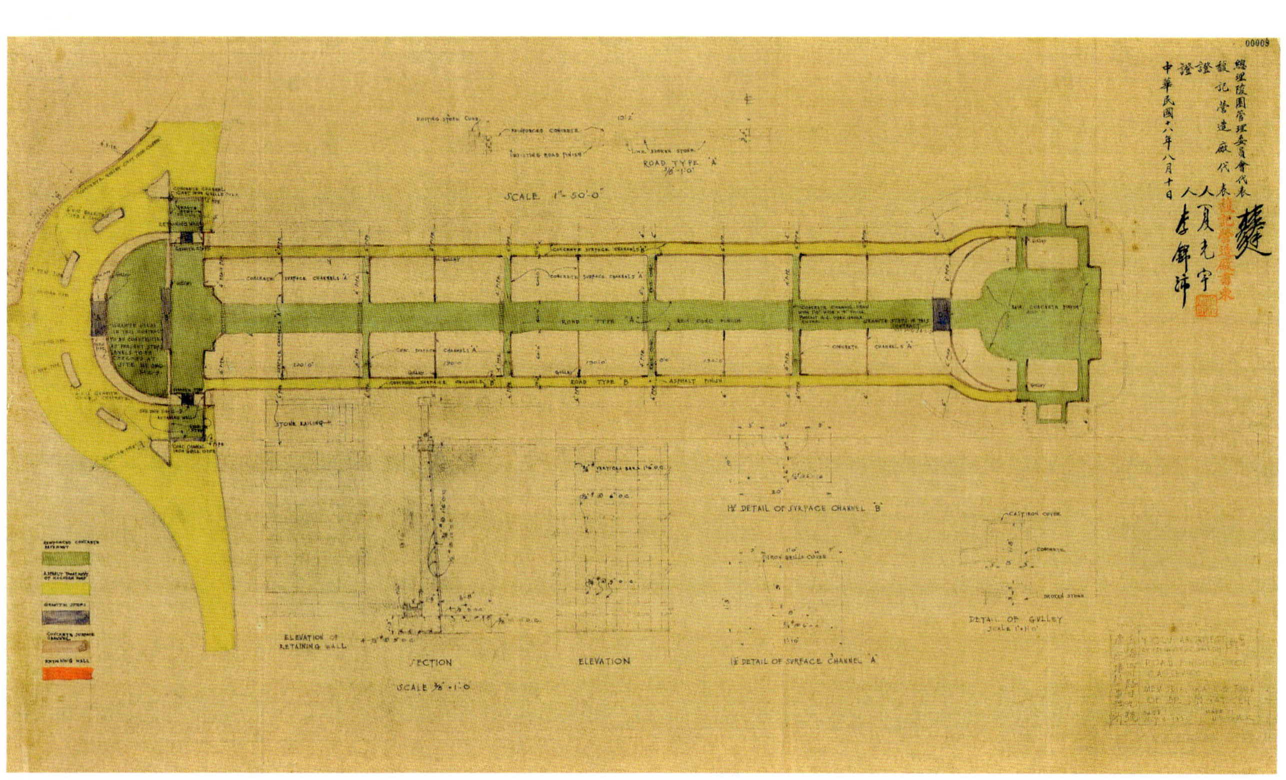

陵门采用中国传统建筑形式，面阔五间、进深三间，正中三间为半圆形壶门，上面装饰火焰尖图案，铜制格子门及其上横批窗的图案为“三交六椀”样式。屋顶为单檐歇山顶，正脊两端脊饰为外高内低的回纹鸱吻。四条垂脊、八条戗脊上的吞口均为回纹，和正脊一致，戗脊上的仙人走兽，均抽象、简化为几何形状，与脊饰浑然一体。陵门歇山山面用传统古建筑构件博风板、悬鱼和梨花绶带纹装饰，体现了中国传统建筑的审美特色。陵门屋檐下排列方椽、斗口跳，额枋上面雕刻精美的“一整二破”旋子彩画纹样。墙身下部为简洁的须弥座阶基，只象征性地做出上、下枋及束腰，上枋、下枋均无仰覆莲瓣，墙身转角处示意出角柱，雕刻简单。

陵门平立剖面图（南京市城市建设档案馆藏）

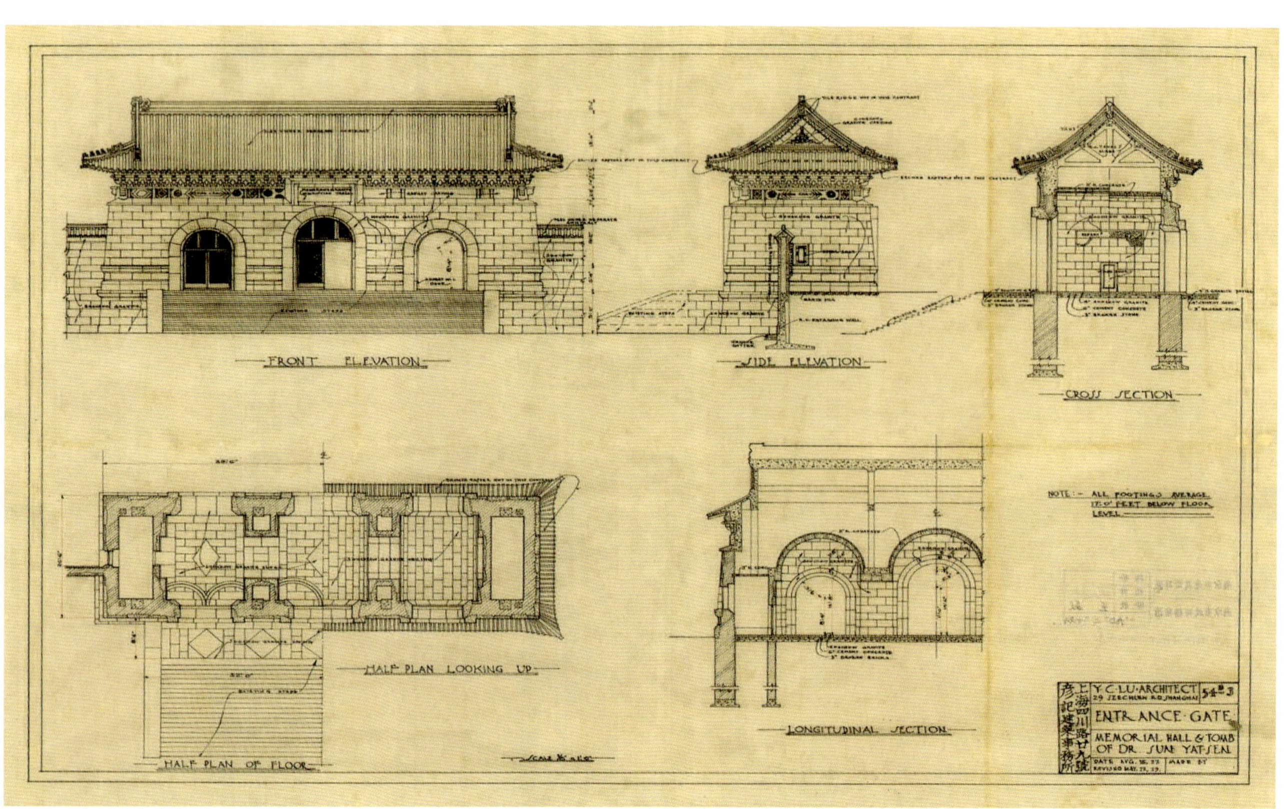

上：中山陵陵门

下左：陵门的脊兽与梁枋的旋子彩画

下右：陵门山花

碑亭整体下大上小，稳重大气。屋顶为重檐歇山顶，上檐屋顶与陵门一致，檐下布列方椽、斗口跳，大额枋上雕刻“一整二破”旋子彩画。下檐檐口简化为数层叠涩后出檐，这与中国传统楼阁、重檐建筑的上檐较下檐复杂一脉相承，合于观者心理，引人注目。碑亭建筑的细部做法和装饰，如脊饰、脊兽、雕刻花纹等，均与陵门相似。

碑亭平立剖面图（南京市城市建设档案馆藏）

上：中山陵碑亭

下：碑亭山花

从陵门至祭堂，摒弃了传统陵墓建筑中的焚帛炉、配殿等祭祀建筑，设计了层层递进、不断高升的台阶与平台，形成了开阔的纪念空间，在继承传统的同时又有选择地配置了具有一定寓意的纪念物。陵门前的石狮是中国传统样式的汉白玉石狮，为中国传统文化中的瑞兽，以门神的姿态安置在陵门入口两侧，以辟邪护平安。碑亭后平台两侧的石狮，采用中西合璧的雕法，狮子毛发是法式雕法，而嘴里含有一圆球（后下落不明），则是中式雕法，寓意“东方醒狮”，期望“唤起民众”。在祭堂前的平台上还放置了奉安纪念铜鼎，鼎为国之重器，寓意中山陵是国家重要工程。

祭堂前左右两侧放置有一对铜香炉，其形式来源于明清帝陵明楼前的石五供，由石祭台和其上的一个石炉、两个石瓶、两个石烛台组成，象征着皇家香火不绝。吕彦直只选取了香炉，设计简洁明了。下面的石墩分为上中下三段，香炉上面去掉了帝陵香炉上的龙凤图案，只用回纹装饰，耳柄微曲，既有传统文化底蕴又有现代气息，表达出对孙中山的供奉和祭奠之意。

铜鼎

在祭堂平台两侧有一对华表。华表通常放置于宫殿、陵墓等大型建筑前，具有标志意义和装饰作用，中山陵华表为六边形云纹柱，下置须弥座，柱身从下至上收分明显，柱头设上下倒置碗状柱帽，侧面饰有浮雕卷云纹，而非龙凤图案，呈现出典型的时代特征。

上左：陵门前的石狮

上右：祭堂前平台上的石狮

下：华表

关于陵墓的设计构思，吕彦直在获得首奖后，接受采访时这样说：“陵墓最重要之点，即在柩之保存，与祭堂之阔大，此合于中国习惯也。发柩之处在地窟内，四围隔以高栏，以供后人之瞻仰凭吊，余此样式，并非极华丽者。式样较华美者颇多，不过需费太多，不甚相宜。工程开始，当在明年春季也。”[6]由此可见，祭堂和墓室设计的出发点在于是否合乎中国习惯，祭堂空间要阔大，遗体保存要安全周密，并且要便于供人凭吊瞻仰，因经费限制，并不考虑陵墓是否华丽。

6.《与吕彦直君之对话》，《申报》1925年9月23日。

陵墓及祭堂侧立面图（南京市城市建设档案馆藏）

中山陵祭堂和墓室

祭堂外观采用中国传统的建筑形式，并在此基础上进行了创新和改造。祭堂屋顶为中国传统建筑高等级的重檐歇山顶，上檐屋顶采用飞昂和博风板样式，檐下的斗口跳为两层，菱角牙子为两层，将上檐檐口抬高，塑造出高耸的视觉效果。下檐正立面为四柱三楹架构，其间分别设三道拱形壶门，与法国巴黎凯旋门造型类似。在装饰细节上则采用中国传统建筑装饰元素，门券石上刻出绶带、火焰尖。正中壶门最为高大，平板枋下是一道额枋，雀替下有丁头拱。两侧壶门较小，平板枋下设大小额枋各一道，雀替下同样有丁头拱。祭堂歇山山面设计有博风板，简化小巧的悬鱼，以及精美的梨花绶带纹充满整个三角空间。

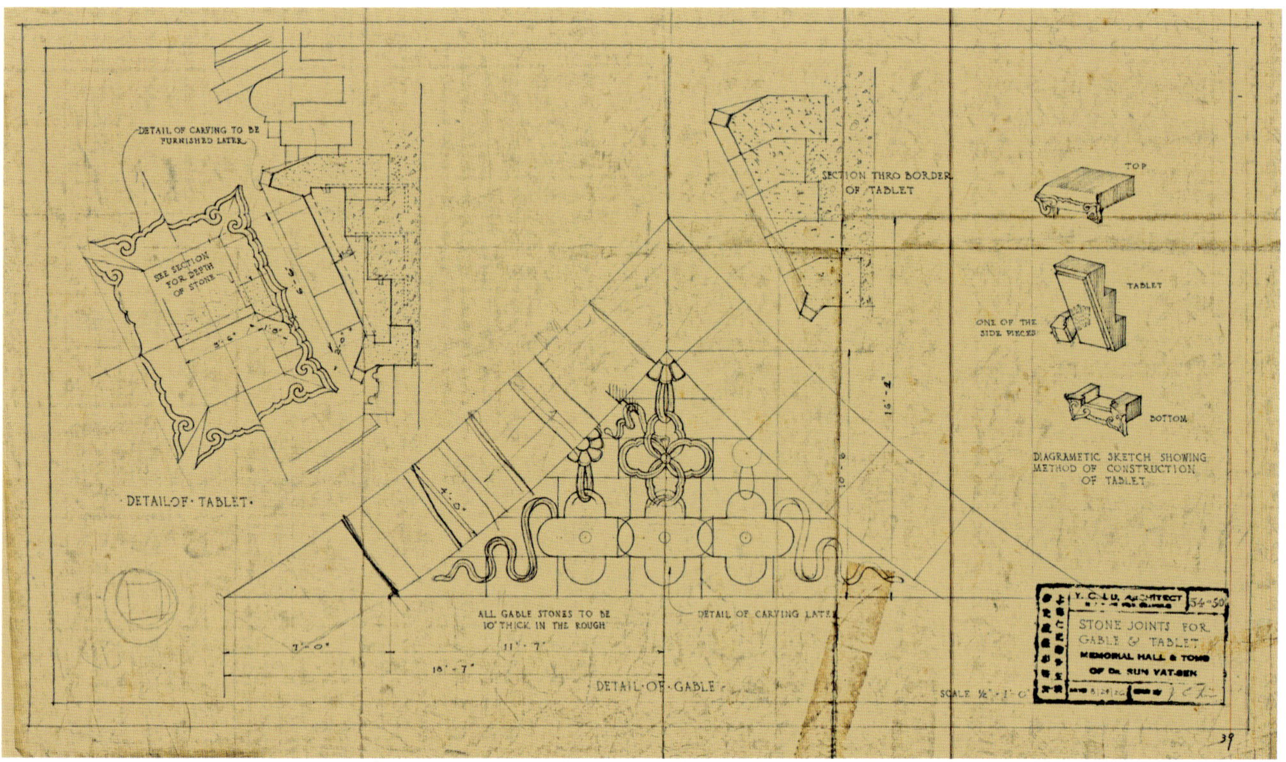

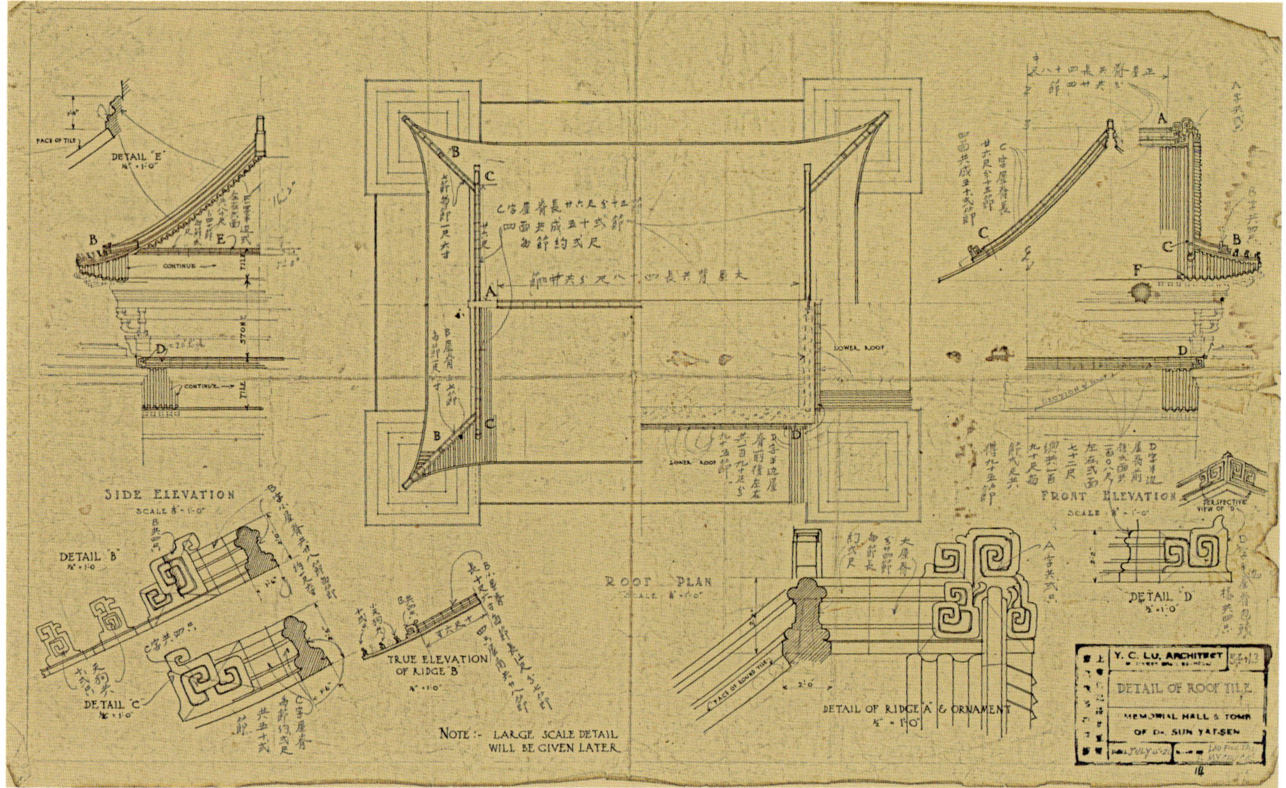

上：祭堂山墙及匾额石作图（南京市城市建设档案馆藏）

下：祭堂屋面瓦件详图（南京市城市建设档案馆藏）

祭堂外立面装饰

祭堂的四角以厚重的石块砌筑成堡垒式方屋，采用西方现代的建筑处理手法嫁接在传统建筑形式上，四平八稳、对称工整、造型简洁，石质建筑形式与传统屋檐相得益彰，烘托出祭堂建筑立面造型的沉稳庄重。“建筑的总体立面构图则采取西方古典主义建筑造型比例，与华盛顿泛美联盟大厦相似，建筑平面呈矩形，立面采用西方古典主义三段式构图，左右对称，比例和谐。”[7]“从正立面看，位于两侧的刚劲堡垒代替了传统宫殿繁琐的翼角，在营造庄重感和仪式性的同时形成简与繁的对比，凸显出重檐屋顶的华美精致，给人一种异于陈规的不凡气质。”[8]

7. 赖德霖著：《中国近代建筑史研究》，清华大学出版社2007年版，第277页。

8. 张力：《南京东郊纪念性场所及中山陵研究》，东南大学博士学位论文，第101页。

墓门

祭堂内部吊顶采用简化的平棋天花，作穹隆状，绘制彩画，图案简洁，色彩纯净，营造素雅、庄重的纪念氛围。祭堂内部采用双列柱廊布局，参考了华盛顿林肯纪念堂的空间构图。高大的黑色立柱四隐八现，空间阔大，庄严肃穆，正中位置摒弃了传统陵墓中的牌位，立有孙中山坐像，雕像的设置参考了林肯墓的做法。简洁大气、雄伟庄严的祭堂处处体现出中西建筑文化融合的元素。

吕彦直在设计祭堂和墓室时就考虑到要融合中西建筑文化之精华，他在《南京与广州之孙中山先生纪念物》一文中说："坟墓之外表与中国普通坟墓同。唯内部颇形精致。自外面之栏杆，可直望石棺，与纽约格兰特坟墓及巴黎拿破仑墓同样……孙氏铜像，安放祭堂内，与华盛顿林肯祭堂相似。"[9]

9. Y. C. Lü, "Memorials to Dr. Sun Yat-sen in Nanking and Canton", *The Far Eastern Review*, Vol. 25, No. 3, March 1929, p. 98.

墓室在祭堂之后，否定了竞赛条例中要求的墓室在祭堂内部的方案，这样既增加了祭堂的内部空间，又遵循了中国传统的陵墓形制。墓室为依山开挖而成，外观设计为简洁的圆形，内部为穹隆顶，其间镶嵌着八个采光天窗，保证了充足的光线。祭堂与墓室由墓门连接，由祭堂可进入墓室，打破了中国古代墓室多在地下的神秘色彩。下沉的墓圹周围用栏杆围绕，正中安放孙中山卧像，供人瞻仰，和法国拿破仑墓类似。孙中山遗体则安葬在地下 5 米深处，这既合乎中国参拜伟人先贤的传统心理，又在形式上特创新格，别具匠心。

墓室中的孙中山卧像

中山陵的中西合璧建筑特色还体现在西式建筑材料和中式建筑外形的有机融合。葬事筹备委员会规定了中山陵建筑材料的使用要求："祭堂虽拟采用中国式，惟为永久计，一切建筑均用坚固石料与钢筋三合土。不可用砖木之类。"[10]吕彦直在第一部工程施工做法说明中详细描述了中山陵祭堂的建筑材料及其做法。在主体结构上，祭堂采用钢筋混凝土替代木材作为主体结构材料，采用钢筋混凝土替代传统的灰土和砖墩作为基础结构，将石材作为围护结构和装饰构件，替代传统木结构建筑中的木隔断、木斗拱、木梁、木额枋等，砖作为围护结构与传统建筑相同，木桩作为桩基与传统建筑相同。在装饰和功能上，祭堂采用沥青、油毛毡、防水三合土作为防水材料，替代传统建筑中的泥背防水，采用铁攀、夹钳、钉子钩、螺丝钉等金属连接件替代木榫卯固定结构，采用玻璃、铜门窗、铜五金件替代传统建筑中的木门窗、木格栅，采用大理石、马赛克镶花磁、人造石替代木雕、油漆彩画做室内装饰，琉璃瓦屋件与传统建筑相同。

中山陵沿用了少量传统建筑的材质和做法，如在结构上采用砖作为墙体围护结构，以木桩作为桩基，以及在装饰和功能上用琉璃作为屋面围护结构，更多的是采用西方的材料和建筑技艺，如采用钢筋混凝土、玻璃、人造石、马赛克、沥青油毡等西方建筑材料，以及大理石饰面、金属拉结件、铜门窗等西方的新型做法，一方面注重室内的实用空间，利用钢筋混凝土结构通过各种构造手段达到平面尺寸和建筑高度的相对自由，创造出祭堂中央的无柱大跨度空间，在建筑高度上则实现了三层楼高度的室内空间。另一方面则运用西方的建筑材料和建筑技术呈现中国传统建筑的外观和神韵。[11]

10. 孙中山先生葬事筹备委员会编：《孙中山先生陵墓图案》，上海民智书局1925年版，第5-6页。

11. 张力：《南京东郊纪念性场所及中山陵研究》，博士论文，第130-131页。

值得一提的是，中山陵兴建时的紫金山还是童山濯濯的荒芜状态，为防止发生山体滑坡等自然灾害导致破坏陵墓，吕彦直将墓室基础与墓室围墙基础连成整体。“围墙基础为钢筋混凝土条形基础，位于两翼裸露出山体的部分，并设计了锚入山体的固定结构，如同铆钉将围墙牢牢固定在山体之上，进而与整体祭堂基础形成抓手状的结构，以防止基地松动。在围墙与标高地坪交界处设计有混凝土排水槽，将祭堂所在平台的雨水及时排放到陵墓围墙外的水沟中，避免雨水对陵墓的侵蚀。吕彦直充分利用了钢筋混凝土抗压抗拉的结构性能，设计建造出整体性极强的复合式基础结构，为近代山地建筑的创新实践做出了积极的尝试和探索。”[12]

中山陵的建筑外观以蓝白灰为主色调，风格简洁大气。据殷力欣教授研究认为，明孝陵建筑是以红墙黄色琉璃瓦的主色调来强调并延续皇家之威严，而中山陵则以白墙蓝琉璃瓦为主色调，一方面是与周边的山势和植被有独特的色彩搭配，与中国国民党的青天白日党徽相一致，另一方面则是吕彦直选用了天坛祭天所用最高规格的蓝色琉璃瓦，超越了象征皇权的黄色琉璃瓦，暗喻了伟人的理想与世长存。[13]

中山陵的衬饰文字多为孙中山的手书，如“博爱”“天下为公”“天地正气”“浩气长存”，从内容和形式上突出了建筑的纪念功能，体现了中国敬重先人遗言遗训的传统，同时也表达了“见字如面”的含义。在祭堂内四周墙壁上镌刻《建国大纲》等文字的做法，则借鉴了林肯纪念堂内镌刻葛底斯堡演讲词的做法，这昭示着墓主的身份地位和期望，提醒着后来者的责任和义务，向全世界宣告了中国的觉醒和唤起民众的决心，见证着中华民族的奋斗和复兴。

12. 张力：《南京东郊纪念性场所及中山陵研究》，博士论文，第147-148页。

13. 殷力欣编著：《建筑师吕彦直集传》，中国建筑工业出版社2019年版，第75页。另，殷力欣教授的观点也根据其在孙中山纪念馆举办的讲座“吕彦直建筑成就与建筑理念之再认识”整理而成。

总体来看，中山陵各单体建筑屋顶采用中国传统单檐或重檐歇山顶，建筑立面则采用了西方古典主义构图，中山陵各部建筑的外立面装饰以石质浮雕代替传统彩画，并进行了去繁就简的艺术处理，纹样以卷草、团花和祥云为主，不着色彩，风格一致，给人以纯净肃穆之感。中山陵各单体建筑屋脊端部的脊饰正吻、戗脊走兽等建筑构件，摒弃了中国传统的龙凤等形象，以几何、云纹等形式呈现。

中山陵的各单体建筑设计基于西方几何美学原则，利用现代建造技术与材料，再现中国传统建筑的外观与神韵，表现中国古典建筑的风格与精神，即“中体西用”[14]，去掉了皇家陵寝装饰图案中与皇权神授相关的元素，摒弃了具有封建迷信色彩的附属构件，使中山陵的建筑既有中国传统民族特色，又有西方现代文明元素，完美地融合了中西建筑文化，并与孙中山的精神和思想相吻合。

（二）建筑设计与呈现形式的中西合璧

吕彦直在设计过程中，综合考虑了中外历史上各种纪念建筑的设计手法，可以说是融合了中西方建筑设计手法，将其通过多种建筑形式呈现出来，营造了浓厚的缅怀和纪念氛围。

一是集中向上式的建筑立面呈现形式。吕彦直在中山陵的设计中使用了集中向上构图的立面形式，这是中西方纪念建筑表达纪念意义的一种有效手法，“它容易造成一种卓然逸群的气概，冲天干霄，引起人的景仰崇敬”。[15] 从中山陵的中轴剖面设计图来看，在竖向设计上通过坡度骤变来渲染肃穆、庄重、崇敬的氛围。牌坊采取了四柱三门冲天式的形式，纪念碑则是高大巍峨的形象，祭堂则矗立在海拔 158 米的陵墓最高处，让人在参观时不由自主地产生崇拜、景仰的心理，这也是设计者所期待的效果。

14. 达志翔、周学鹰著：《中国近现代建筑奠基人：吕彦直研究》，南京出版社 2024 年版，第 319 页。

15. 陈志华著：《外国建筑史（19 世纪末叶以前）》，中国建筑工业出版社 1979 年版，第 40 页。

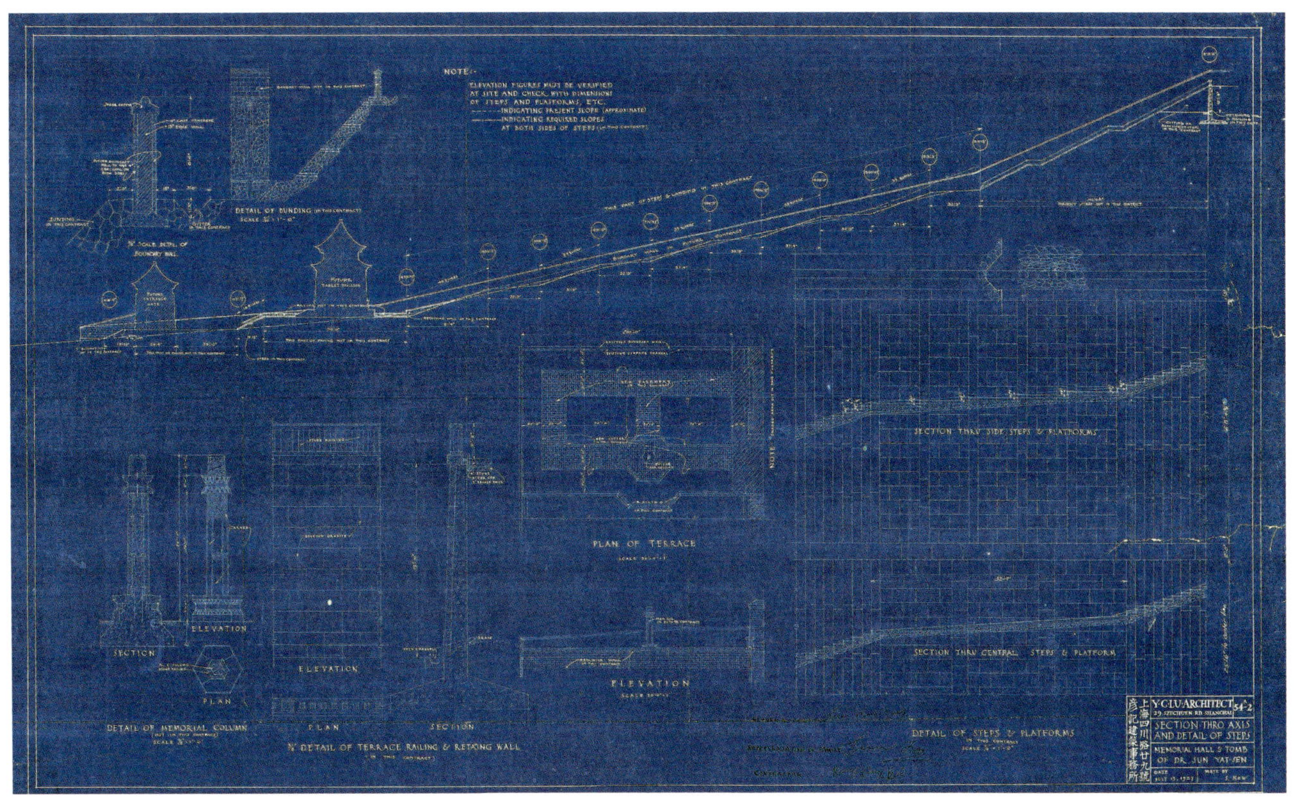

中轴剖面及台阶详图（南京市城市建设档案馆藏）

二是对称式建筑构图的设计运用。环境心理学研究者认为，人们总是有选择地感知外界事物，对于图像完整、边界清晰、明确的形体总是能第一时间产生深刻的印象，相反而言，对于混乱的图像、边界模糊的形体，在观看时则感到疲劳不堪，甚至是熟视无睹。“那些呈现出对称的单纯几何形态更容易成为人们视知觉关注的焦点。”[16] 中山陵整体布局左右对称，陵门、祭堂的设计也是中轴对称的样式，这种对称布置的建筑容易形成均衡、稳定的视觉效果，让人产生庄严肃穆的心理感受，增强纪念氛围。

16. 艾定增、金笠铭、王安民著：《景观园林新论》，中国建筑工业出版社 1995 年版，第 9 页。

三是采用植物规则式配置手法营造纪念氛围。纵观中外，纪念建筑在植物配置方面是自然式和规则式兼而有之，甚至是相辅相成。中山陵则是两种配置方式完美结合。从整体布局看，中山陵坐落在苍茫葱郁的林海之中，以自然界的自然生长状态为主，让人触目远眺，产生林海辽阔、生机勃勃之感。在中山陵的核心景观区，则以规则式种植为主。如在入口广场左右四个长方形花坛内对称种植了八棵雪松。在墓道两侧的植物配置，则是对称排列了五对长方形种植带，内植雪松和桧柏，通过对植、列植或行列式种植，突出轴线，强调整体对称感，营造整齐划一的庄严氛围，同时又借助中国传统的松柏常青的寓意表现孙中山精神的永远长存，营造永久的纪念氛围。

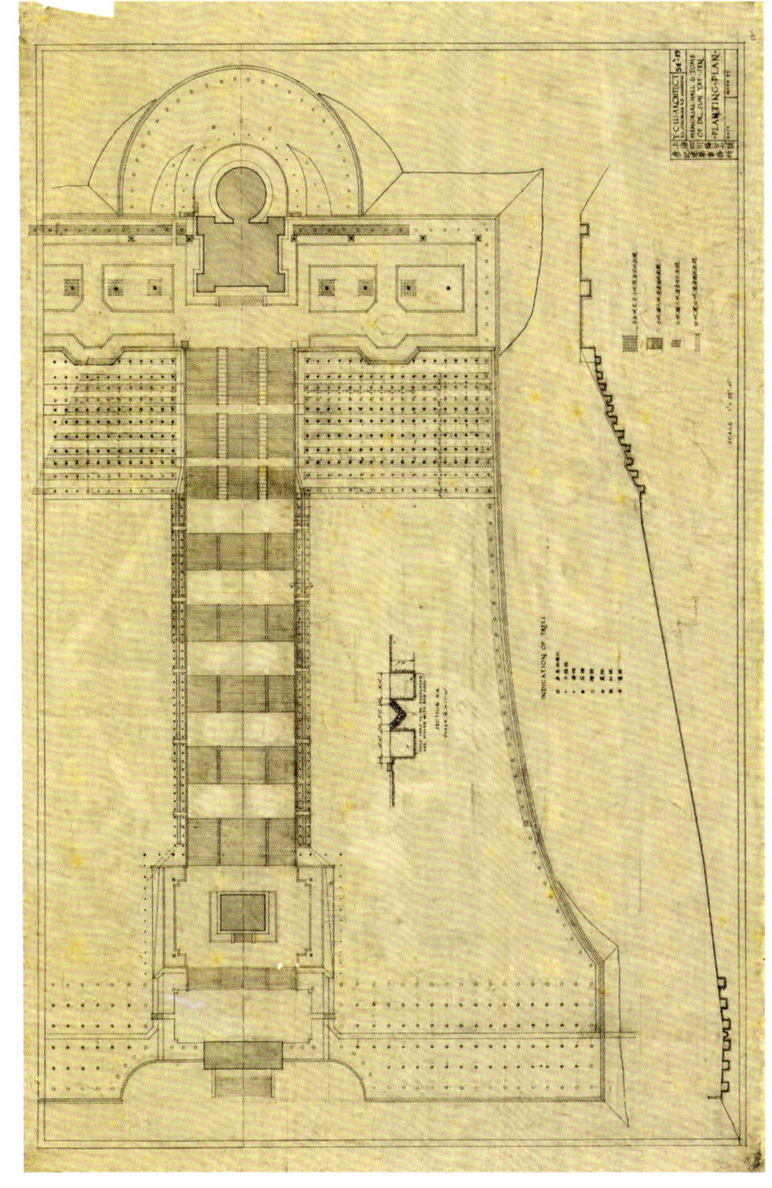

左页：中山陵左右对称的整体布局

右页：绿化平面图（南京市城市建设档案馆藏）

牌坊前的雪松和规则式植物种植

四季常青的苍松翠柏，寓意孙中山先生精神长存。

（三）中国近代历史上建筑文化的中西合璧

从世界历史的发展历程来看，人类由农牧文明逐渐过渡到工业文明，首先是从西欧开始的，然后通过殖民活动扩散至美洲、大洋洲、亚洲、非洲等地，所以通常被人们称为西化或欧化。在文化的侵入和融合过程中，各民族和各国家根据各自的历史文化背景和本能的趋利避害原则采取不同的价值取向与模式选择，对有着古老文化传统并曾在世界文明史上占有重要地位的中国而言，情况就更为复杂，而绝不仅仅是简单的“西化”问题[17]。

可以说，世界近代历史不仅是欧美列强侵略扩张的战争史，也是全球文化交流往来的融合史。鸦片战争以来，中国被迫打开国门，开始了解认识西方国家及其文明与文化。这时期的中国文化发展，既体现了悠久深厚的中国传统文化渊源，又反映了近代欧风美雨的浸染，表现为大航海时代以来中西文化碰撞融合的持续发展。这种特定交融时期的文化内涵，不仅是人类历史上一个重要时代集体经历和记忆的浓缩，而且对于当代中国和世界的和平发展仍然具有重大现实意义。

建筑文化作为文明体系的重要组成部分，深受社会文化思潮的影响。20世纪以来，在近代中国中西文化融合发展的时代背景下，这时期的民族复兴思潮不断兴起。随着北伐战争的胜利和南京国民政府在形式上统一中国，复兴中国传统文化成为时代的需要。以《首都计划》和《大上海计划》为标志，国民政府确立了“中国固有式”建筑的主导地位，核心思想是“本诸欧美科学之原则”，采用“中国固有之形式”“保存吾国美术之优点”“发扬光大固有之民族文化”。[18] 近代中国的建筑文化则随着国家所经历的“三千年未有之大变局”而经历了从西方建筑文化的外来冲击，到相互融合，再到自主创新的发展阶段。

17. 李海清、汪晓茜著：《叠合与融通：近世中西合璧建筑艺术》，中国建筑工业出版社2015年版，第8页。

18.（民国）国都设计技术专员办事处编：《首都计划》，南京出版社2006年版，第2-3页。

中山陵兴建于 20 世纪 20 年代，在民族复兴思潮的影响下，在建筑形式融合方面，以中国传统建筑形式为主，融合了中西多种纪念建筑形式。在思想文化融合方面，中山陵及其纪念建筑群作为近代中国最重要的国家公共纪念建筑，传承弘扬了中西文化中“慎终追远”的纪念文化传统。在传承本民族文化传统方面，中山陵融合了中国传统建筑的官本位祭奠文化特色和世俗化纪念建筑色彩。在吸收西方建筑文化方面，则综合借鉴了欧洲的纪念神庙和美国的伟人纪念建筑等多种建筑文化元素，巧妙地体现在中山陵的整体建筑布局和各项建筑细节之中，融合了中国与西方、古典与现代、庄严与世俗等古今中外的文化元素，代表着近代中国的社会思想、艺术追求和科技水平，体现了多元文化在建筑领域的融合与发展，成为时代变局中多元建筑文化融合的典范。

中山陵就物质层面而言，具有“西风东渐”转型期近代建筑的特征，成为吸收西方先进建筑技术，创造中国新民族风格建筑的开端。就精神层面而言，中山陵有着古老中国东方文明的完整神韵，脱胎于传统的规制而具有西方文明新生的精神气息。其文化精神正与孙中山先生所倡导的为民族文化复兴而博采西学的一贯主张相契合，是近代中华民族价值观在规划设计、建筑理念、景观呈现等方面的体现。

中山陵及其纪念建筑群采用中国传统建筑布局、造型，在神形兼备的纪念空间、中体西用的建筑单体设计等方面，与西方现代建筑思想、艺术、技术、材料等完美融合，在世界建筑体系中，可以说是人类天才的创造力的杰作，在整个东亚乃至世界近代建筑史上有着重大而深远的影响，对当今的中国仿古建筑及新中式风格的建筑设计仍然具有参考和借鉴的价值。

三、开放的纪念空间

“纪念”是20世纪初从日本引进的现代词汇，即日文的“记念”。最初使用“纪念”一词，多见于外事交往中的私人语境，后来的使用逐渐与公共记忆，甚至是民族记忆相连。[1]20世纪二三十年代以来，“纪念”在公共领域流行开来，成为人们经常使用的词汇，如“纪念会”“纪念馆”“纪念册”“纪念章”“纪念歌”“纪念邮票”等。

孙中山逝世后，国民政府确立了很多与之有关的全国性“纪念日”，如孙中山逝世纪念日（3月12日），孙中山就任非常大总统纪念日（5月5日），孙中山诞辰纪念日（11月12日）等。每一个“纪念”，都指向某种特定的怀念方式，从而巩固、增进现代中国转型过程中新出现的公共团体、党派和社群的共同记忆。其中，塑像、纪念碑、纪念建筑等实体“纪念物”，在最大限度上体现了“纪念性”的特质，它们不仅如中文“纪念”一词的含义那样，使人念想某事某人，而且还以有形的方式体现着西方的“纪念性”，即以特定的外观促使公众去思考被念想的事件或个人的意义。此外，它们由耐久的材料制成，可以使共同记忆得以长久延续。最重要的是，它们位处共同空间，因而与社会生活相连，甚至参与其中，从而使某个社会的共时性集体记忆成为可能。[2]

1. 赖德霖著：《民国礼制建筑与中山纪念》，中国建筑工业出版社2012年版，第104页。

2. 赖德霖著：《民国礼制建筑与中山纪念》，中国建筑工业出版社2012年版，第105页。

“纪念”活动的普及和日益深入人心，是近代中国从封建专制的体制转型到民主共和的体制出现的社会现象之一，这对于创建民族共同记忆，凝聚民心，增强民族凝聚力具有重要作用和现实意义。伴随着“纪念”活动出现的社会变化是中国社会出现了公民社会阶层的扩大和公共集会以及演讲的普及。梁启超认为现代的学校、报纸以及演讲是“文明普及三利器”。他说：“今日凡有集会，无不演说者矣，虽至数人相聚宴饮，亦必有起演者，斯实助文明进化一大力也。我中国近年以来，于学校报纸之利益，多有知之者，于演说之利益，则知者极鲜。去年湖南之南学会、京师之保国会，皆西人演说会之意也。湖南风气骤进，实赖此力，惜行之未久而遂废也。今日有志之士仍当著力于是。”[3] 此时的政治宣传多在公共领域进行，中国传统的公共集会的空间，如会堂、传统戏园、会馆，以及现代影院等，或被改造，或被利用以服务于宣传功能。

孙中山在其生前的革命活动中十分重视公开演讲，充分利用欢迎会、纪念会、庆祝会以及追悼会等各种集会宣传革命思想和建国主张。他在遗嘱里再次强调了宣传革命思想以及唤起民众的重要性。他说：“积四十年之经验，深知欲达此目的，必须唤起民众，及联合世界上以平等待我之民族，共同奋斗。”[4] 因此中山陵不仅是纪念孙中山的建筑，也是举行大规模纪念活动宣传孙中山革命思想的公共场所。

孙中山去世不久，当时就有人提出了关于中山陵的公开纪念性。1925 年 3 月 20 日，陈去病、唐昌治、戴季陶致函北京的临时治丧机构，并致函《广州民国日报》，关于墓地布置提出四点建议：“一、偏于平民思想之形式者；二、有伟大之表现者；三、能永久保存者；四、能使游览人了然先生之伟绩者”，并提出“庶足以副伟大与永久之二点，而完成其能代表现代文化之美术建筑”。[5]

3. 梁启超著：《饮冰室合集—专集》（第 6 卷），中华书局 1989 年版，第 41 页。

4. 桑兵主编：《孙中山史事编年》，中华书局 2017 年版，第 6305 页。

5.《关于孙公陵寝之商榷》，《广州民国日报》1925 年 3 月 31 日第八版。

1924 年，孙中山在广州演讲三民主义的情景。

孙中山先生葬事筹备处在陵墓图案征求条例中规定："祭堂……约在水平线上一百七十五米突高坡上，应有广大之高原，俾祭堂四周可有充分之面积，遇焚火时不致危及堂屋，并须在堂前有可立五万人之空地，备举行祭礼之用。"[6] 由此可见，中山陵在设计之初就要求具有公共性和大众参与性，便于民众前往参观游览，并且要有广阔空间举行大规模的纪念活动。

6.《孙中山先生陵墓建筑悬奖征求图案条例》，《广州民国日报》1925 年 5 月 23 日第八版。

（一）中山陵设计图案的公开性和公平性

孙中山在去世之后的历史地位和对外影响日益增强，国民党人高度重视孙中山的身后事宜，因此中山陵的设计方案不是由孙中山的家属聘请专人，也不是由国民党当局指派人员负责，而是“纯取公开态度”“期合海内外美术专家之心思才力以计划此空前之纪念建筑”[7]，按照公开透明的原则，面向全球有奖征集，这是对传统陵墓设计方案的革新，不同于传统帝王陵墓兴建的神秘性和等级严格的保密性，中山陵的兴建则向全世界展现了近代中国一种民主、开放、求新的姿态。

葬事筹备处收到的全球40余份设计图案，全部陈列于上海大洲公司三楼，面向公众展出。聘请的四位评判顾问为画家王一亭，南洋大学校长、中国工程学会副会长凌鸿勋，雕刻家李金发，德国建筑师朴士。赖德霖教授认为：“这一人员组合显示了葬事筹备处的周密考虑，即在竞赛中平衡艺术与技术、本土艺术与外来艺术，以及中国性与国际性之间的关系。”[8]评审的过程非常严密，评判顾问分别按要求对匿名的图案写出书面评判报告。最后是葬事筹备委员会和孙中山家属宋庆龄、孙科及其夫人等，经过详细讨论，最终评出各项获奖图案，保证了评审过程的公正性。

1925年9月22日至26日下午2时至6时，葬事筹备委员会将所有应征图案在大洲公司进行公开展览，每天平均有1000多人前来参观。同时，在《申报》《民国日报》等报刊刊登广告，“中西各报对于各奖图案均有精确之批评”。[9]这直接扩大了中山陵在当时民众中的影响，使之成为公共性的文化事件，突出了中山陵开放性的纪念特征。此外，葬事筹备处还于1925年10月编印了《孙中山先生陵墓图案》宣传册，收录了陵墓图案评比经过的报告、陵墓图案征求条例、评判规则、评判要点、评判报告、获奖图案照片等相关内容，进一步扩大了中山陵的对外影响。

7. 孙中山纪念馆馆藏资料，孙中山先生葬事筹备处编：《孙中山先生陵墓图案》，第1页。

8. 赖德霖著：《民国礼制建筑与中山纪念》，中国建筑工业出版社2012年版，第111页。

9.《孙中山先生陵墓图案及建筑师选定》，《民国日报》1925年9月29日第三张第一版。

ESTABLISHED 1872. NO. 18881 THE SHUN PAO SHANGHAI, TUESDAY SEPTEMBER 22 1925.

申報

本館廣告處啟事

南通電燈行廣告

上海南京路
一心煙草公司出品露佈

徐其相宣言

商情調查法

七弟

張金鉎世姪鑒

友信造紙股份有限公司招股公告

上海英大馬路
大盛綢緞局
九折大減價
祇有四天了

此之謂良

何況疾敵

總發行所 中西大藥房

交通部滬杭甬鐵路管理局車務處廣告

上海綢緞大局業
大減價大展期
祇有四天

北市 大綸 老九和 大成 老九綸 老介福 老九章

南市 大成 何恆昌 大昌

公啟

上海各校學生會

浙江路

輪船招商總局通告飛鯨輪各貨主

浦東洋涇市第三保衛團啟事

部子愉啟事

蔡元培介紹德文教授啟

呂彥直建築師啟事

中國營業公司地產部許樹屏

新大順公南貨號受盤永順店基開張交易

裕昌營造廠緊要啟事

餘隆號愛國皮紙發行所

信益股票公司啟事

蔣保釐律師代表殷芝齡啟事

江一平律師代表陳柱生緊要

遜百克大律師代表范回春啟事

孫中山先生陵墓圖案

利用造紙廠創立會

1925年9月22日《申报》关于陵墓图案公开展览的报道

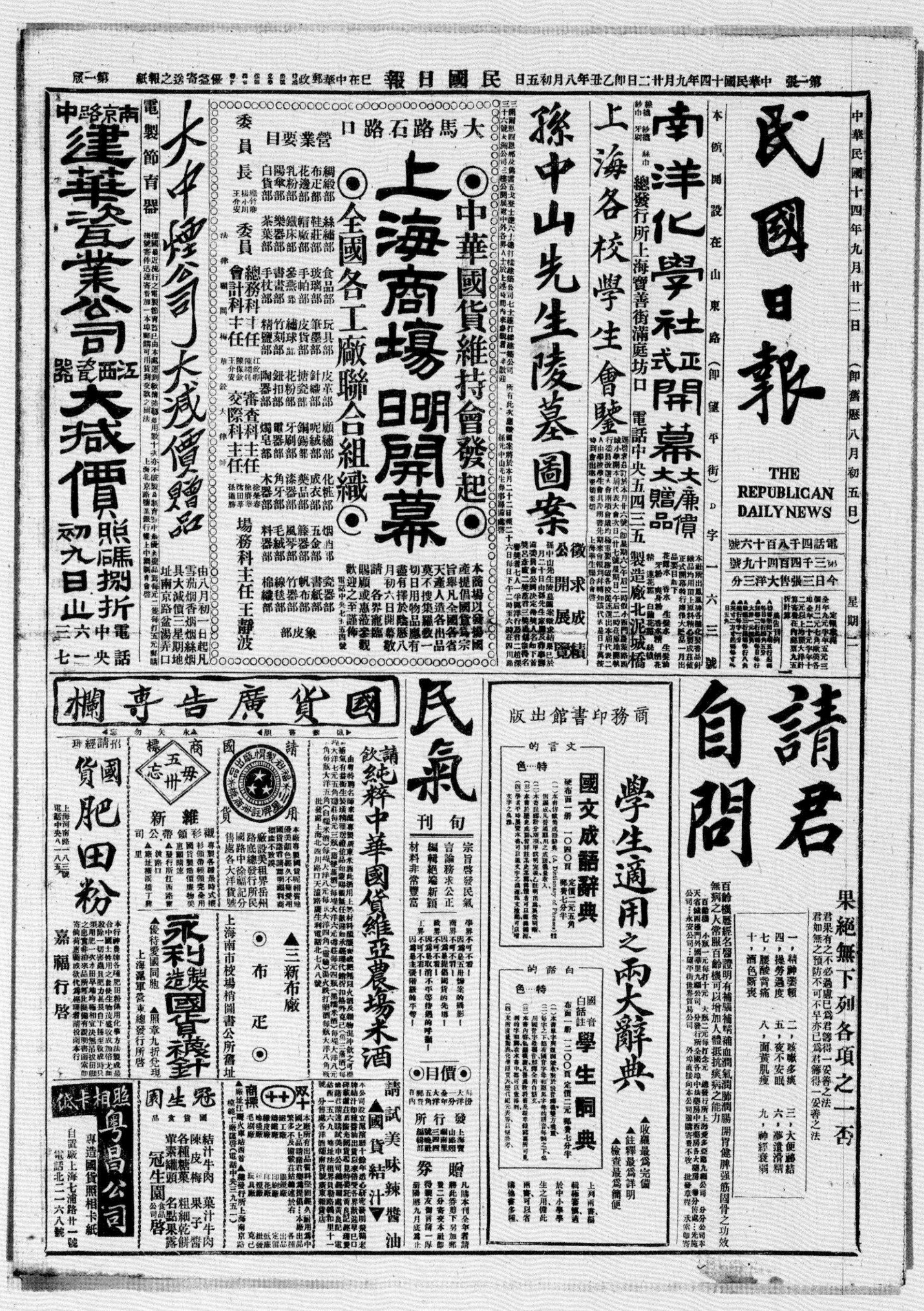
民國日報
THE REPUBLICAN DAILY NEWS
中華民國十四年九月廿二日 星期二
本館開設在山東路（即望平街）D字一六三號
南洋化學社正式開幕 大廉價 大贈品
上海各校學生會鑒
孫中山先生陵墓圖案 徵求 公開展覽
大馬路石路口
中華國貨維持會發起
上海商場 明日開幕
全國各工廠聯合組織
大中煙公司大減價贈品
南京路中 建華瓷業公司 江西瓷器 大減價 照碼捌折
國貨廣告專欄
國貨肥田粉
請飲純粹中華國貨維亞農場米酒
民氣 旬刊
商務印書館出版
學生適用之兩大辭典
國文成語辭典
國音白話注學生詞典
請君自問
果絕無下列各項之一否
照相卡紙 粵昌公司
冠生園
永利製造國貨襪針

1925 年 9 月 22 日《民国日报》关于陵墓图案公开展览的报道

中山陵次序递进的整体纪念空间

（二）中山陵空间设计的开放性和纪念性

吕彦直设计的中山陵整体布局是面向公众的序列纪念空间，借鉴了明清帝陵的形制，又创造性地加入了西方心理学和景观学的设计成分，体现出时代的需求。中山陵建筑群按其功用分为三个序列，通过拜谒空间由缓变陡再趋于高处平稳的逐步推进，引导谒陵者的心情逐步高涨，产生与建筑所表达主题的情感共鸣，在拜谒过程中，渲染出从肃穆到景仰再到崇敬的谒陵心理，引导民众逐步走近孙中山，把孙中山的伟大一生铭记在心，达到纪念和缅怀的目的，并激励后人不断奋斗，继续孙中山未竟的革命事业。

第一空间序列为墓道空间，由半圆形广场至牌坊，再到陵门前的广场。半圆形广场是陵墓的入口处，改变了帝陵神道前的案山格局。案山是人为堆土隆起成山，并种植花木，使进入陵区的路径幽深神秘。半圆形广场的空间开阔，可以组织上万人的集体拜谒仪式，这是现代纪念场所功能性的体现。广场边缘种植八棵高大的雪松，入目之处是四柱三门的冲天式牌坊，标志着陵墓的入口，上书“博爱”，让人在此不禁肃然起敬，为谒陵酝酿了肃穆恭敬的氛围。墓道地形呈缓坡状逐渐上升，改变了明清帝陵曲折幽深的墓道形式，摒弃了墓道两侧的石像生，设计为笔直宽阔的钢筋混凝土水泥路面，由苍松翠柏分隔成主次三个墓道，具有西式园林景观的气质韵味。

陵门前的广场也是一处开阔空间，作为进出陵门的集散地，也可以举行大规模的纪念活动。两侧是敞开式的绿地，使人感受到园林景观的开放气质。在陵门前设置了左右对称的卫士室，有别于为保持明孝陵的神圣感和神秘感，而在外围地区为拱卫明孝陵而专门设置的卫所。

开阔的中山陵广场

第二空间序列为从陵门经碑亭至祭堂前广场的纪念空间。在这个区域，吕彦直对明清帝陵前朝后寝的格局进行了创新，简化了因繁文缛节而存在的层层递进空间。在陵门与碑亭之间设置了简洁开阔的聚集空间。在碑亭之后设计了八段有序相连的台阶与平台，地势陡然升高，将祭祀用的享殿和守陵用的方城明楼合二为一成为祭堂，使得陵墓空间简洁广阔。祭堂前的平台便于容纳上万人的民众参观游览，与明清帝陵的封闭神秘形成鲜明的对比，呈现出具有时代特征的纪念形式。让人津津乐道的是这八段台阶与平台，从下向上仰望，只见台阶，不见平台。登临最高平台，回首俯瞰，则只见平台，不见台阶。

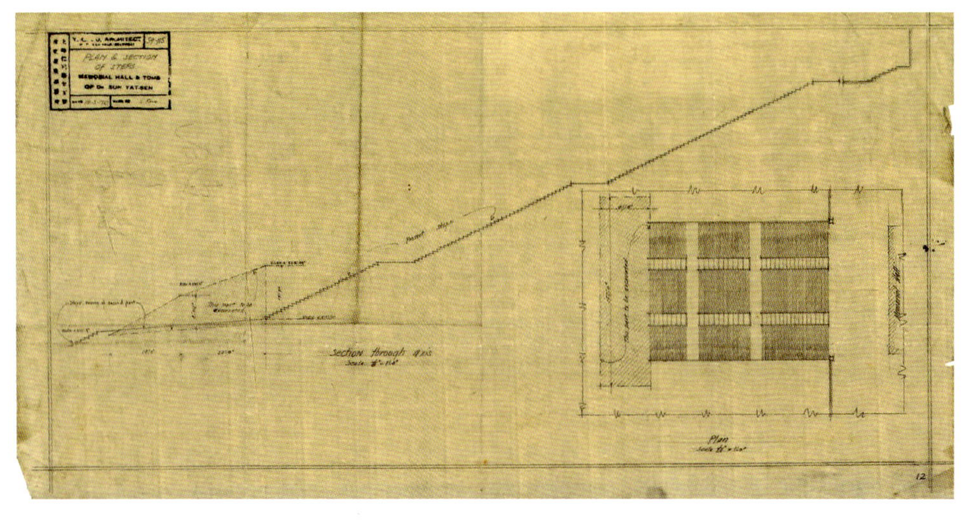

上：陵门前的广场

下：石阶平面、剖面图（南京市城市建设档案馆藏）

右页：祭堂前的八段台阶与平台

祭堂的开放空间

第三空间序列则是从祭堂至墓室的祭奠空间，这是整个陵墓的重点区域。明清皇陵的祭祀享殿是仅供皇家出入的特权场所，墓室则是帝陵中最隐秘的地下空间，规制一般按照皇宫的布局，丧者入葬后立即封死，内部具体情形则不为人所见。墓室上面夯以厚厚的土层，种以树木，逐渐形成圆丘形山林。中山陵的祭堂和墓室则设计成为面向公众开放的纪念性空间。进入庄重肃穆的祭堂，向孙中山先生坐像行礼，坐像底座四周环绕六幅浮雕，反映了孙中山一生重要的革命活动，让人在此回想孙中山的伟大一生。进入墓室，室内呈圆形，中央为下沉的墓圹，围以白色大理石栏杆，墓圹中央为墓穴所在方位。孙中山入葬之后，墓穴用钢筋混凝土封死，其上为孙中山卧像，平躺仰卧，神态安详，既体现了孙中山长眠在此的本意，又让人在拜谒孙中山先生时产生亲切感，能够近距离地走近伟人，在缅怀和纪念的氛围中升华对孙中山先生的崇敬之情。

供人瞻仰的圆形下沉墓圹

此外，同时期兴建的廖仲恺墓和谭延闿墓，分别位于中山陵的东西两侧，与中山陵遥相呼应，在空间布局上也体现了开放的特征。廖仲恺墓呈左右对称的格局，主体结构由低到高在一条中轴线上依次排开，由墓道直达墓包，视野开阔。谭延闿墓依据地形，设计成曲径通幽的公园风格，具有现代园林的亲和力。国民革命军阵亡将士公墓和航空烈士公墓是为纪念为国牺牲的英烈群体而兴建的，具有显著的开放纪念性特征，与纪念民族伟人是相辅相成的，共同构筑了中华民族集体的民族记忆和民族认同。

在中山陵周国还兴建了众多纪念性附属建筑，如音乐台、行健亭、光化亭、仰止亭、藏经楼、流徽榭、永慕庐等，它们成为中山陵园的重要组成部分，风格各异、功能多样，皆是中西合璧的经典建筑，游客在此或游览、或休闲、或举办文化活动，成为面向公众开放的具有纪念特征的现代公园。

（三）面向民众开放的纪念空间

中山陵建成后，即向民众开放，发挥纪念性建筑的功能与作用。此时，社会各界在缅怀纪念孙中山时，也对中山陵纷纷发表了不同的看法和观点。当时人们普遍认为中山陵气势恢宏、庄严肃穆，通过中西合璧的建筑形式较好地展现了孙中山的思想和精神，但也有学者认为孙中山一生致力于废除封建专制，提倡民主共和，中山陵则明显沿用帝陵形制，同孙中山的博爱精神和倡导的民权主义不符。还有学者认为建成后的中山陵体量过于庞大，靡费之巨，在当时国力羸弱的情况下是一种不妥的建筑形式。当时民众针对中山陵的不同言论和评价，本身就是孙中山所倡导民主精神的体现，各界人士在不同的立场上各抒己见，也是对孙中山“天下为公”思想在言论上的开放式践行。[10]

1929 年 6 月 1 日，孙中山安葬南京中山陵。安葬典礼结束后，6 月 2 日至 4 日，中山陵开放 3 天，任人参观瞻仰。1929 年 9 月，陵园管理委员会颁布了《谒陵规则》，规定中山陵祭堂每天都对民众开放，3 月至 10 月每天开放 9 个小时，11 月至次年 2 月每天开放 7 个小时。每逢 1 月 1 日、3 月 12 日、5 月 5 日、6 月 1 日、10 月 10 日、11 月 12 日，开放墓室，让参观者进入墓室瞻仰。[11]

10. 张力：《南京东郊纪念性场所及中山陵研究》，东南大学博士学位论文，第 74 页。

11. 总理陵园管理委员会编：《总理陵园管理委员会报告》（上），南京出版社 2008 年版，第 40 页。

1929 年 9 月总理陵园管理委员会关于“核准参谒陵墓规则”的会议记录（南京市档案馆藏）

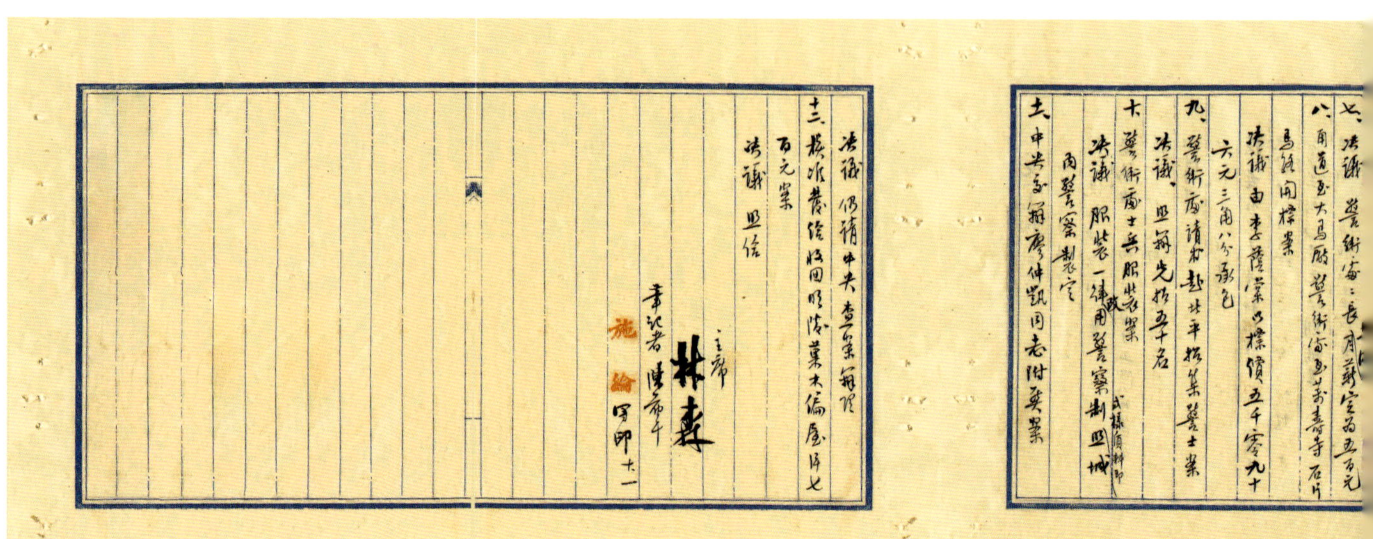

国民政府的党政官员在重要节庆、纪念日等，都会举行集体谒陵仪式，增加活动的庄严气氛。各级、各地党政军警机关、学校以及社会团体自行组织的不定期的集体谒陵活动非常频繁。据总理陵园管理委员会警卫处统计，从 1929 年 9 月到 1931 年 5 月，参谒人数即有 33.5 万余人，最少的月份有 2000 人，1931 年 3 月最多，达 67000 人。[12]1932 年至 1936 年间，年度参谒人数分别为 64878 人、114751 人、197140 人、249187 人、164450 人。[13]由此可见，中山陵在民众的公共生活中占据了重要的地位。

在民众的日常生活中，中山陵逐渐成为人们休闲观光的著名景观。随着陵园道路、园林、植被以及附属纪念性建筑的逐步建设完成，陵园成为风景优美的国家森林公园。为了方便游客出行，江南汽车公司开通了南京市内到陵园的游览车，末班车最初为晚上八时，后来由于“乘客来函”反映“天气热时，陵园游人回城较迟，无车代步，深感不便”，江南汽车公司遂于 1936 年 7 月呈请陵园管理委员会批准，在夏秋季节将末班车延迟至晚上十时。[14]

12. 总理陵园管理委员会编：《总理陵园管理委员会报告》（下），南京出版社 2008 年版，第 513 页。

13. 李恭忠著：《中山陵：一个现代政治符号的诞生》（修订版），生活·读书·新知三联书店 2019 年版，第 348-349 页。

14. 李恭忠著：《中山陵：一个现代政治符号的诞生》（修订版），生活·读书·新知三联书店 2019 年版，第 359 页。

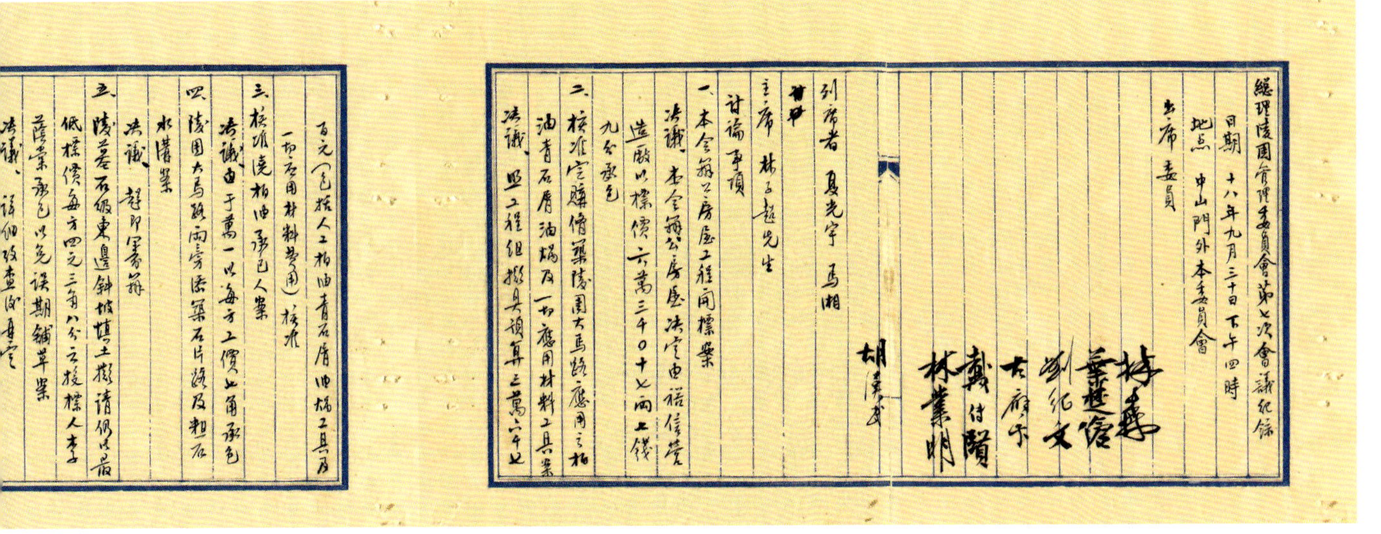

總理陵園管理委員會第七次會議紀錄
日期 十八年九月三十日下午四時
地點 中山門外本委員會
出席委員 林森 葉楚傖 劉紀文 古應芬 戴傳賢 林業明 胡漢民
列席者 夏光宇 馬湘
主席 林子超先生
討論事項
一、本會辦公房屋工程開標案
決議、本會辦公房屋決定由裕信營造廠以標價六萬三千〇十七兩七錢九分承包
二、核准完[illegible]築陵園大馬路應用之柏油青石屑油塌及一切應用材料工具案
決議、照工程組擬具預算三萬六千七百元（包括人工柏油青石屑油塌工具及一切應用材料費用）核准
三、核准澆柏油承包人案
決議、由于萬一以每方工價[illegible]承包
四、陵園大馬路兩旁添築石片路及粗石水溝案
決議、暫緩籌辦
五、陵墓石級東邊斜坡填土擬請[illegible]最低標價每方四元三角八分六釐標人李[illegible]承包以免誤期鋪草案
決議、詳細改查[illegible]

中山陵作为南京著名的景点，被收录于各种旅游书刊之中，如1928年由中华书局出版的《最新南京游览指南》，1929年由上海大东书局再版的《新都游览指南》，1932年南京书店出版的《旅京必携》，倪锡英著《南京》等书籍报刊，都着重宣传介绍中山陵。当铁路旅行逐渐成为时尚，铁路部门配合旅行社，大力宣传“谒陵旅行”。1934年11月初，京沪沪杭甬铁路管理局车务处制定了“总理诞辰谒陵旅行”优待办法，致函各学校、文化机构进行推广：“今年总理诞辰，适值星期一，各界人士，正可利用星期六及星期日休假机会，组织团体，前往南京，谒总理陵墓，并观光首都，既可唤起民众爱国思想，复得饱览京内外名胜，一举两得，机会至足珍贵。”[15] 在人们的观念中，此时的谒陵和旅行已经融为一体了。

随着观光游览行为的普及，中山陵“开放的纪念性”在不同的群体之间，在不同的代际之间得到深化。1946年11月9日，国民政府教育部总务司致函陵园管理委员会：“深秋气爽，红叶纷飞，乘此佳期，正宜旅行，藉破寂寞。爰集本部同人多人，拟于十一月十日游览总理陵茔及谭墓诸名胜。”[16]1948年4月30日，中央大学师范学院附属小学学生递交给陵园管理委员会的谒陵申请特别有代表性：“本星期我们研究南京的名胜和古迹，讲到中山墓特别有兴趣，所以我们决定在五月四日上午前来瞻仰。届时请求诸位先生能把墓门开放，让我们看一看这位民族伟人的遗体，给我们一个深切的印象，这是我们全班小朋友所感盼的。”[17] 年青一代的学生对于中山陵是慕名而来拜谒，并且不断传承对孙中山的纪念。中山陵所承载的政治内涵逐渐融入民众的日常生活之中，形成民族的集体记忆。

从纪念空间的角度来看，中山陵融合了中国传统陵墓的格局和西式园林景观的设计，既有陵墓的祭祀纪念功能，又有开放式公园的休闲游览功能，是一个公共的、开放性的纪念场所。“它打破了传统帝陵神秘、压抑的基调，代之以严肃开朗又平易近人的气氛，体现了对‘中国固有形式’的批判性继承。用继往开来评价中山陵的设计是恰当的，既继承传统礼制以标正统，又开创历史新章以示先进，这便是‘开放的纪念性’，这一建筑精神的政治文化内涵所在。”[18]

15.《两路局公函总理诞辰谒陵旅行团优待办法》，《国立同济大学旬刊》第41期（1934年11月11日），第4页。

16.“各机关团体学校谒陵”，全宗号：1005-3-544，南京市档案馆藏。

17.“各机关团体学校谒陵”，全宗号：1005-3-545，南京市档案馆藏。

18.张力：《南京东郊纪念性场所及中山陵研究》，东南大学博士学位论文，第117页。

四、现代中国的精神符号

“符号”一词源自拉丁文“symbol-um”，英文为“symbol”，意为标记或象征。符号是人类语言交流的重要组成部分。在人类文化中，符号扮演着重要的角色，可以传达思想、意义和价值观，是人类文化传播的基础，是精神传承的载体。中国关于符号的研究可追溯至先秦时期，公孙龙在《名实论》中提出了“物、实、位、正”等概念，指出作为符号的名与指称对象的一一对应关系。荀子的“正名论”则深入探讨了“名”与“实”之间的联系等，先秦诸子还有很多关于符号的论述。

20 世纪初，瑞士的索绪尔和美国的皮尔斯分别从语言学和逻辑学的角度提出了符号学的基础思想，现代符号学由此诞生。胡以鲁于 1912 年编写的《国语学草创》标志着中国近代符号研究的开始。赵元任于 1926 年发表了《符号学大纲》，系统地构建了符号学研究的框架。中国现代符号学研究始于 20 世纪 80 年代初期，经历了起步、平稳发展、全面展开的三个发展阶段，逐步构建了承载中国文化的中国符号学派。

符号学是一门研究意义的学科，以符号关系作为自己的研究对象，主要包括三种关系，分别是符号与其对象的关系、符号与人的关系、符号之间的关系。这三种关系之间的联系都是以人的精神活动为纽带实现的，探究各种人类社会精神文化活动，挖掘意义，揭示各种精神的联系。精神文化符号学作为符号学的一个分支，认为符号学的研究目的不只是阐释符号本身或符号之间的关系或揭示符号运行变化的规律，而更主要是为了提升人的思维能力，扩展人的认知空间。在社会启蒙和唤起民众方面，精神符号具有了特定的现实意义。

近代中国内忧外患，正处于从传统帝制到现代国家转型的动荡时期，国人心理上期待着民族伟人的出现，并赋予其民族复兴的历史担当和现代中国的象征意义。孙中山以爱国、革命和不断奋斗的精神，正合其时，成为中华民族伟大复兴征程上象征现代中国的精神符号。

（一）孙中山与现代中国

孙中山毕生以建立现代中国为己任，其前半生是为推翻在中国延续了几千年的封建专制帝制而不懈奋斗，先后领导了十次武装起义，最终辛亥革命取得成功，建立了亚洲第一个民主共和国，开启了中国历史的新纪元。后半生则是为建立富强、民主的现代中国而继续奋斗，直至1925年不幸病逝北京，鞠躬尽瘁，死而后已。

“现代化”是外来词汇，于20世纪30年代在中国出现，强调新变化，同时可以表达一个历史过程（发展过程）或一种最新特点（发展状态）。[1]孙中山虽然生前没有用过“现代化”“现代中国”的词汇，但他一生的思想和实践却是在不断探索与思考如何建立一个美好的现代中国。1894年，甲午中日战争失败后，孙中山放弃了改良的思想主张，在檀香山创立兴中会，第一次喊出了“振兴中华”的响亮口号，提出“驱除鞑虏，恢复中华，创立合众政府”的主张，即推翻清朝政府的专制统治，建立“主权在民”的民主共和国。1905年，孙中山等在日本东京成立了中国同盟会，首次概括性地提出了民族、民权、民生的三民主义思想，为革命运动指出了方向，也为现代中国的创建提供了一个基本的指导思想。

1. 廖大伟：《孙中山对中国实现现代化道路的思考与选择》，《社会科学辑刊》2022年第2期。

《实业计划》英文版

1912年1月1日，孙中山在南京就任中华民国临时大总统，开始了新型共和现代国家的建设。尽管历经曲折，孙中山一直在探索并不断思考如何建设现代化的中国。他“提倡民族主义，用民族精神来救国”[2]，结合四万万人成一个坚固的民族，建成一个以中华民族为实体的、统一的民族国家，解决中国人一盘散沙状态下的政治认同危机，真正成为一个合群团结的民族。建立主权在民的民主共和政体，孙中山提出了以“权能区分”为前提的“五权分立”学说，即政权为人民控制政府的权力，就是直接民权的选举权、罢免权、创制权、复决权，治权就是政府行使的行政权、立法权、司法权、考试权、监察权。只有用人民手中的政权来管理政府的治权，才是真正的民权政治。孙中山认为民生主义的目标是致富，通过国家主导的“平均地权”和“节制资本”来逐步实现。他为全面发展中国的经济，撰写了《实业计划》，在中国近代历史上第一次系统地提出了中国经济发展的宏伟蓝图。关于国家现代化的实施步骤，孙中山进行了深入细致的规划，提出了政党政治和“军政、训政、宪政”的革命程序论，强调国民政治能力和国家建设能力的逐步养成，将民主观念内化于国民人格之中，培养人民参政的能力，强调由“人的现代化”，即由现代化的国民来建设现代化的中国。

2.《孙中山选集》（下卷），人民出版社1956年版，第646页。

孙中山关于建设现代中国的理论具有全面系统性、思想上的前瞻性和实践意义上的可操作性。[3]在他的晚年岁月中，关于如何建设现代中国的思考更加成熟深邃，他撰写了《建国大纲》。1924 年 1 月至 8 月，孙中山先后以三民主义为主题进行了 16 次演讲，从民族独立、政治体制、物质文明三个领域系统阐述了现代中国的规划和构想。不幸的是，孙中山于 1925 年 3 月 12 日在北京病逝，未完成建设现代中国的革命事业。因此，孙中山的长眠之地中山陵成为孙中山爱国情怀的寄托之地、彰显之地，成为现代中国的精神符号。

（二）中山陵成为现代中国的精神符号

安葬南京紫金山是孙中山的生前遗嘱。叶落归根是中国延续几千年的传统观念。20 世纪前期的中国人依然遵循传统的归葬故里的观念，与孙中山同时代的著名人物，去世之后大多归葬故乡。孙中山哥哥孙眉归葬于故乡广东翠亨，黄兴归葬于家乡湖南等。孙中山生前选择安葬南京紫金山，为身后的革命志士和国人留下一个关于现代中国历史记忆的焦点。“孙中山毕生致力于将中国造就为现代国家，南京则见证了这一求索道路的巅峰和遗憾。”[4]

吕彦直在设计中山陵时就充分认识到中山陵作为精神符号的象征意义和现实意义，他将中山陵的建筑本体与孙中山的伟大精神紧密联系起来，提出将建筑的品格和人的气质相融合，认为这样才能激起观者的纪念之情：“凡有一价值之建筑，犹之一人必有其特殊之品格，而其品格之高尚与否，则视其图案之合宜与否。若陵墓之图案，必须严肃幽厉，望之起祗敬感怀之心而后得体。”[5]因此，位于南京紫金山的“中山陵既要继承中国传统风格，又要体现时代新意；不是要建造气度恢宏的传统静态纪念物，而是要造成一个实践性的现代动态纪念空间；它不是专属于哪个家族、宗派或社区，而是面向全体国民乃至全世界的人。……中山陵则不仅要负载关于孙中山本人的过往历史，也将凝聚整个国家当前和今后的记忆和认同，从而作为一个巨型的时代符号，在某种程度上成为新的‘中国’的象征。”[6]

3. 马敏：《论孙中山的现代国家建设思想》，《华中师范大学学报》（人文社会科学版）1998 年第 37 卷第 4 期。

4. 李恭忠：《中山陵：一个现代政治符号的诞生》，《中国研究》2006 年第 1 期。

5. 孙中山纪念馆馆藏资料“在中山陵奠基礼上的发言稿”（复制件）。

6. 李恭忠：《中山陵：一个现代政治符号的诞生》，《中国研究》2006 年第 1 期。

中山陵的设计与建造是和孙中山对现代中国的规划与期盼紧密相连的。“中山陵设计是为了创造一个现代中国式纪念物，它能够体现孙中山关于现代中国的理想，这就是他的‘三民主义’思想所追求的物质文明、政治民主和民族独立。……应征作品中，吕彦直的头奖作品最符合国民党的期望，因为它具有经济上的可行性，功能适当，风格上能够融合西方现代性与中国民族性，并且体现了一种象征性的联想——‘唤醒中国’。简言之，它传达了多层面的意义，在不同方面呼应了那个时代对象征性形象的需求。该作品不是历史的再现，而是经过了现代中国这一理想的选择和评判的结果。作为界定何为‘现代中国’建筑的媒介，中山陵显示了正处于民族国家建设初期的中国，是如何通过建筑的途径来表达新式共和理想、追求现代化和民族性，以及在国际参照系内进行自我界定的复杂性。”[7]

中山陵是现代中国具有重要影响力的中华文化符号，是关于现代国家建设的民族智慧和民族精神的结晶，表达着中华民族源远流长而又生生不息的爱国情感，是传承近代中华文明的主要载体。中山陵的建造是为纪念民族伟人孙中山，纪念孙中山所领导的辛亥革命和所建立的亚洲第一个共和制国家，纪念中国从封建专制国家走向共和民主国家。中山陵作为现代中国理念最具影响力的表述者孙中山的陵寝，是象征现代中国的重要物质载体。

7. 赖德霖著：《民国礼制建筑与中山纪念》，中国建筑工业出版社 2012 年版，第 152 页。

（三）中山陵既是中国的，也是世界的重要文化遗产

中山陵作为现代中国的精神符号，汇聚了丰富的情感底蕴和强大的凝聚力，集中反映了中国人民在过去一百多年时间中的奋斗历程和所思所想，成为全民共存、共享、共忆的纪念空间，在中国近现代一百多年的历史进程中，已演化成为中国的，乃至世界的重要文化遗产。

中山陵自建成以来，持续发挥着唤醒民众、教育民众、凝聚民心的重要作用，以其唯一性、时代性、象征性、世界性而成为现代中国集体记忆的重要维系点，也成为凝聚海峡两岸、海内外华人的重要历史情感纽带和精神空间，为国家认同和民族凝聚力提供精神资源。

一是在建成初期，中山陵发挥着增强民族凝聚力的重要作用。中山陵在公共文化建设中起着引导中华民族共同体从自在走向自觉的重要作用。1894 年，孙中山创立了兴中会，第一次响亮喊出了“振兴中华”的口号。随着革命思想的广泛传播，中华民族的概念逐步在国人中形成，并具有了越来越强的民族凝聚力。法国著名学者厄内斯特 · 勒南早在 1874 年就指出“一盘散沙不是一个民族”。疆界、种族、语言、王权和宗教等都不足以将民族凝聚起来。那么什么是“民族”？ 1882 年，勒南认为基于共同历史记忆和未来展望的精神共识，才是凝聚民族的关键。后来的学者进一步研究认为，这种精神共识的形成有赖于各项公共文化建设，有形的物化场所、公共纪念建筑，特别是民族英雄的纪念物尤其具有重要作用。中山陵即是这类公共纪念建筑，不单具有领袖陵墓的实用纪念功能，在当时“一盘散沙”、内忧外患的国内环境下，更具有维护、稳定政权合法性的政治功用和统一思想、凝聚民心的精神功用，通过官方举行定期性的隆重谒陵活动，增进民族的共同记忆，增强民族的凝聚力。

汤卜生

二是抗战时期，中山陵发挥着增强民族团结的重要作用。1931 年“九一八”事变后，爱国将领、各地学生纷纷来中山陵谒陵，表达全民族共同抗日的诉求和决心。1937 年全面抗战爆发后，国内外的时局复杂多变，敌强我弱，需要建立长期抗战必胜的信心。社会各界思想各异，急需统一思想，全力以赴，抵抗日本的战争侵略。国共合作共同抗日的理念需要从两党传达到社会各个阶层、各个层面，举办国共共同尊崇的民族伟人孙中山的纪念活动是直观生动、快捷高效的宣传举措，并且切合时代的迫切需要。

国民政府在孙中山的纪念日依然举行“总理”纪念仪式，对孙中山进行祭拜。1938 年 5 月 7 日，是“五七”国耻纪念日，当天的中国空军第三大队第二十五中队中队长汤卜生，奉命驾驶侦察机，从汉口机场起飞，飞抵南京，冒险低空绕中山陵盘旋 3 周，进行空中谒陵，纪念孙中山，鼓舞抗战士气。

抗战时期，中国共产党纪念孙中山的活动规模较大，纪念仪式的举办次数呈现出明显的上升趋势，纪念文章也明显增多，文章内容紧密结合时代需要，借助各种纪念载体，广泛宣传孙中山的爱国思想、艰苦奋斗精神和崇高品德，获得社会各界的政治认同感，在各党派中凝聚人心，减少矛盾和分歧，团结一心共同抗击日本侵略。通过纪念孙中山，号召社会各界民众积极投身中共领导的革命军队，保家卫国，为抗战贡献力量。

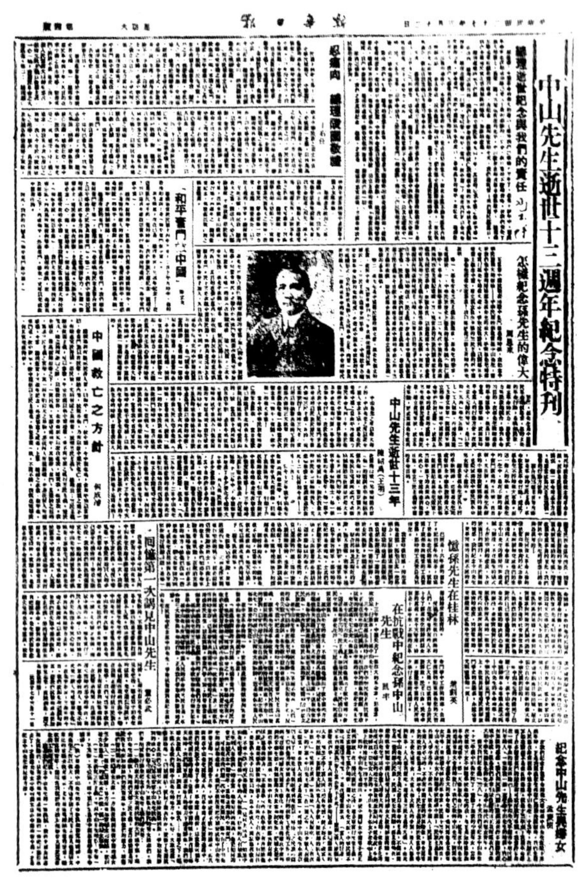

中山先生逝世十三週年紀念特刊

怎樣紀念孫先生的偉大

中山先生逝世十三年

中國救亡之方針

懷孫先生在桂林

在抗戰中紀念孫中山先生

回憶第一次謁見中山先生

紀念中山先生與婦女

1938 年 3 月 12 日，《新华日报》推出中山先生逝世十三周年纪念特刊。

三是中华人民共和国成立以来，中山陵持续发挥着多重重要的功能与作用。

中国共产党人是孙中山先生革命事业最坚定的支持者、最忠诚的合作者、最忠实的继承者。新中国成立以来，毛泽东、周恩来、朱德、邓小平等党和国家领导人多次晋谒中山陵，表达对孙中山的尊崇之意和纪念之情。在孙中山的诞辰“整十”纪念日，党中央都会举行多样化的纪念活动，具有规格高、规模大、规程细、影响广的特点。2016 年，习近平总书记在纪念孙中山先生诞辰 150 周年大会上发表重要讲话，高度评价孙中山的伟大功勋和崇高历史地位，号召人们学习孙中山先生的崇高风范、博大情怀、优秀品质和奋斗精神。孙中山的革命精神和崇高品德永世长存，中山陵的政治影响力因此长久深远。

中山陵是全国爱国主义教育示范基地，孙中山博大精深、高瞻远瞩的思想具有超越历史时代的现实意义，蕴含着丰富深厚的爱国主义教育资源，为中华民族擘画出“国家富强、民族振兴、人民幸福”的美好蓝图，并且凝聚成中国近代民族民主革命的政治纲领和革命行动，激励着一代代中国人不断前行，成为中华民族永恒的宝贵精神财富。中山陵及其附属纪念建筑具有时代特征性、文化经典性、丰厚内涵性、世界意义性，成为世界了解南京和中国的一个重要窗口，具有世界级伟人纪念地的优势和特色。

中山陵是海峡两岸交流基地，是联结海峡两岸的桥梁和纽带。改革开放以来，孙中山的国家和平统一思想被高度关注，习近平总书记多次接见台湾的中国国民党大陆访问团。他强调孙中山先生对中华民族的发展规划和热切期望，希望两岸同胞能共同致力于民族复兴，从而共同获益。2005 年 4 月，时任中国国民党主席的连战率团访问大陆，首站抵达南京，拜谒中山陵后发表演讲，向两岸同胞宣告："今天，我们来到此地，我们尤其回想到中山先生那种壮阔的思想，那种全心全意为民服务、奉献的精神，所谓博爱，所谓天下为公，都在这个碑、牌、门楼上面写得清清楚楚……中山先生是我们今天两岸大家共同尊崇的国族的前辈……让我们大家一起追随革命先行者的脚步，共同地来努力，奋发图强，让我们能够在 21 世纪的时候真正地做一个扬眉吐气的中华民族。"[8] 此后，宋楚瑜、郁慕明、吴伯雄、马英九等台湾高层先后拜谒中山陵，表达相同的拜谒感想。中山陵在海峡两岸民众心中享有崇高的特殊地位，始终致力于促进两岸同胞心灵契合，增强中华民族的民族认同感。

中山陵是海内外华人文化归属的象征之一，是中国对外文化交流的重要符号之一。孙中山是具有世界影响力的伟人，他四次环行地球，广泛联络世界各地的华人华侨，在他们中间传播革命思想。此后，海外华侨通过各种纪念文化活动，将爱国情怀代代传承，增强了中华民族的凝聚力和吸引力。孙中山逝世后，全球各地的海外华侨纷纷捐款在中山陵园兴建纪念性建筑，缅怀和纪念孙中山。时至今日，每年都有数十万的海外华人华侨前来谒陵。

8.《连战拜祭中山陵，发表拜祭感言》，新华网，2005 年 4 月 27 日。

孙中山具有高瞻远瞩的世界眼光，认为中国不但要强大起来，还要对于世界负一个大责任。2016 年是孙中山诞辰 150 周年，海外各地的华人华侨举行了形式多样、内容丰富的纪念活动。来自全球 59 个国家和地区的近 300 名海外侨胞专程到南京中山陵谒陵。美国华商会秘书长谢刚时隔 24 年，再次拜谒中山陵，表示“海内外侨胞都非常尊敬先生的历史贡献。中山精神，对于凝聚侨心，发挥侨力，具有重要作用，也在老侨与新侨之间不断传承”。[9] 习近平总书记在纪念大会上指出：“中国人民不仅希望自己发展得好，也希望各国都发展得好，希望各国人民都能拥有幸福安宁的生活。”[10] 为此，他呼吁所有敬仰孙中山先生的中华儿女，把孙中山先生等革命前辈为之奋斗的伟大事业继续推向前进，以此提升中华民族在世界各国和全球华人华侨中的影响力、吸引力和号召力。

中山陵是中国的，是近代中国民族精神传承弘扬的重要载体，是现代中国的精神符号。近代中国内忧外患，无数仁人志士前仆后继，探求救国救民的道路，进行可歌可泣的抗争，孙中山是他们中的杰出代表。孙中山终其一生的革命与实践体现了 19 世纪中叶以来，中国人为实现中华民族伟大复兴而进行的不屈不挠的奋斗和不懈探索。孙中山逐渐成为全民族共同认可的中国民主革命的伟大先驱。他所倡导的“博爱”“天下为公”思想立意高远，传承了中华民族数千年优秀的传统文化，并与西方现代文明相结合，演绎成近代中国人的一种民族情结。他的革命思想引领了中国近代的民族民主革命，成为那个时期中国人民为之奋斗的纲领，成为人们建设美好现代中国的宏伟蓝图。他的许多思想在今天仍能给我们深远的启发和永恒的激励。中山陵的设计与建造成功地将这样一位现代伟人形象与一座中西合璧的陵墓相结合，使之成为爱国思想和民族精神传承弘扬的重要载体。

9.《纪念孙中山诞辰 150 周年 300 名侨胞拜谒南京中山陵》，中国新闻网，2016年9月24日。

10. 习近平：《在孙中山先生诞辰150周年纪念大会上的讲话》，《人民日报》2016年11月12日。

中山陵的游客络绎不绝

中山陵是世界的，是世界文化遗产的重要组成部分。中山陵及其纪念建筑群不仅是物质的，更是一个特殊的象征符号，与中国近代的国家转型密切相关。民主革命和现代国家建设是世界近代历史上政治转型的基本主题，近代中国从“一盘散沙”，到唤起民众之后的民族觉醒，再到现代化的国家建设，经历了复杂艰难的转型过程。一个统一、富强、民主、开放并且热爱和平的现代国家的形成，不仅是近代以来中国人的期望，也是世界人类的福音。这段独特的经历代表的是中国近代特殊的中华文明历史文化，既具有地域历史的独特性，又具有民族国家发展的普遍性的象征内涵，属于人类近代历史进程的重要组成部分，不仅在东亚，而且在世界历史上都具有重大意义和现实影响，中山陵堪称世界历史上近代民族国家转型变革所留下的标志性文化遗产。

时值中华民族伟大复兴的新阶段，民族凝聚力和民族自信心是推进中国持续强大的动力和支柱。孙中山先生毕生追求的“博爱”“天下为公”，在中山陵的建筑上有着鲜明的体现，这正是凝聚民族心力，弘扬民族精神，甚至是构建人类命运共同体的重要思想，契合当下的国际政治关系和人类发展方向，对于当代中国和世界的和平发展具有重大现实意义。

走向世界的文化遗产

建筑保护与传承篇

文物本体保护与管理

文化研究与展示利用

公共文化服务与宣传

对外文化交流与合作

中山陵作为重要的文化遗产，其保护和管理一直得到高度重视。1961 年，中山陵被公布为第一批全国重点文物保护单位。新时代以来，中山陵园管理局遵循“保护第一、加强管理、挖掘价值、有效利用、让文物活起来”的新时代文物工作方针，持续做好中山陵及其附属纪念建筑的保护管理工作，深入挖掘遗产历史文化内涵，提供优质公共文化服务，扩大对外文化交流，使中山陵成为具有世界影响的文化遗产，相继入选“首批中国 20 世纪建筑遗产”和《中国世界文化遗产预备名单》。

一、文物本体保护与管理

自中山陵建成之始，即成立了陵园管理机构。从 1929 年开始，先后经历了总理陵园管理委员会至中山陵园管理局等多个管理机构。不论在民国时期，还是在中华人民共和国成立以后，历届政府对中山陵的保护与管理都非常重视，管理机构不断强化，管理职能相应完善，保护手段更加科学。

（一）保护管理机构及其法律法规的完善

中山陵园的保护管理机构历经总理陵园管理委员会、“国父”陵园管理委员会、中山陵园管理处、中山陵园管理委员会、中山陵园革命委员会、中山陵园管理处和中山陵园管理局等多个管理机构的演变。在不同历史时期，保护管理机构一直重视对中山陵及其附属建筑的依法保护，制定并实施了一系列法规条例和发展规划，有效地实施了中山陵的保护管理。

1. 民国时期

1929 年 6 月 1 日，孙中山安葬中山陵，同年 6 月 28 日国务会议决议：“派胡汉民、蒋中正、张人杰、谭延闿、李石曾、蔡元培、于右任、林森、宋子文、孔祥熙、林焕廷、叶楚伧、杨铨、戴传贤、陈果夫、孙科、古应芬、刘纪文、吴铁城为总理陵园管理委员会委员，指定林森、林焕廷、叶楚伧、孙科、刘纪文为常务委员。”6 月 30 日，南京国民政府明令组织总理陵园管理委员会，7 月 1 日，总理陵园管理委员会正式成立，其职责是护卫陵墓、管理陵园、办理陵墓工程及陵园建设、办理陵园农林事业和指导陵园内新村的建设等。此外，南京国民政府还颁布了《总理陵园管理委员会组织条例》。总理陵园管理委员会成立后，直属于南京国民政府，其常务委员会下设园林设计委员会及总务、警卫两处。总务处分设文牍、会计、事务三课，工程、园林两组。警卫处分设总务、管理两课及警卫大队。

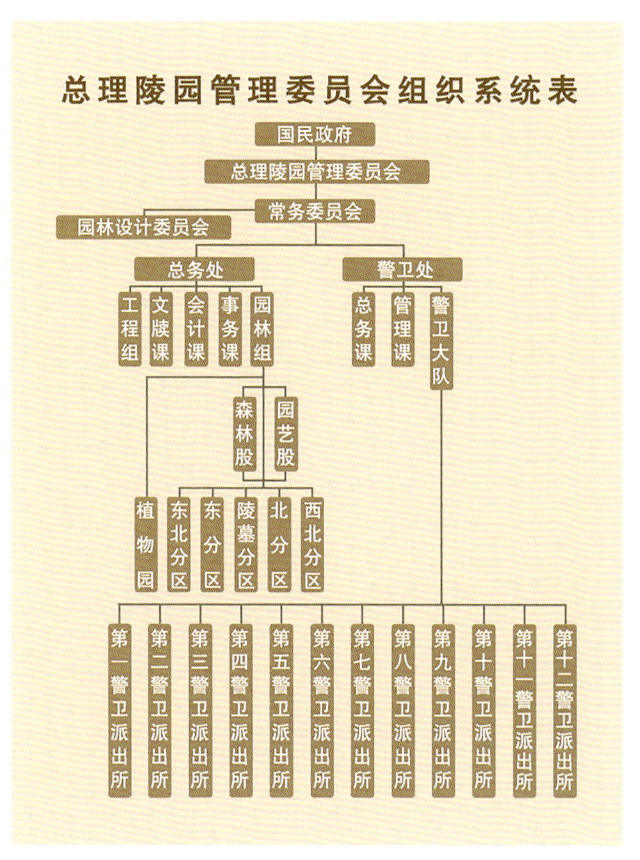

上：总理陵园管理委员会组织系统表

下：总理陵园管理委员会办公厅旧址

全面抗战爆发后，总理陵园管理委员会随国民政府西迁重庆，陵园历经伪“中山陵园办事处”和伪“国父陵园管理委员会”两个机构，各项事业得以勉强维持，但森林资源被日军和民众破坏殆尽。1945 年抗战胜利后，总理陵园管理委员会派员回宁接收陵园房屋及其他财产。1946 年 7 月 1 日，国民政府将总理陵园管理委员会改组为“国父”陵园管理委员会，内设机构总务处改为秘书室，总务处所属之园林组改为园林处，并通过《恢复陵园建设三年计划草案》，对陵园建筑、森林、园艺等进行了有限的恢复建设。

2. 中华人民共和国时期

1949 年 4 月 23 日，南京解放。4 月 24 日，中国人民解放军第二野战军第 35 军 105 师三一二团副政委刘志诚率部进驻中山陵园，实现和平交接，陵园历史翻开了新的一页。南京军事管制委员会成立后，军管会派军代表董绍祺、联络员王嘉训率工作组 5 人接管陵园，中山陵接受军管时期，基本维持原机构设置不变。原拱卫处代理处长范良率部接受改编，将拱卫大队改为园警大队。1949 年 8 月 1 日，中山陵园管理处成立，直隶于南京市人民政府秘书处，1951 年成立中山陵园管理委员会。“文革”开始后，1968 年 4 月，成立了中山陵园革命委员会，下设政工组、生产组两大部分。陵园的内设机构编制也重新调整，将所有人员编排成营、连、排、班，完全按照部队的编制进行管理，工作职能没有变化。

1949 年 4 月 24 日，解放军进驻中山陵。

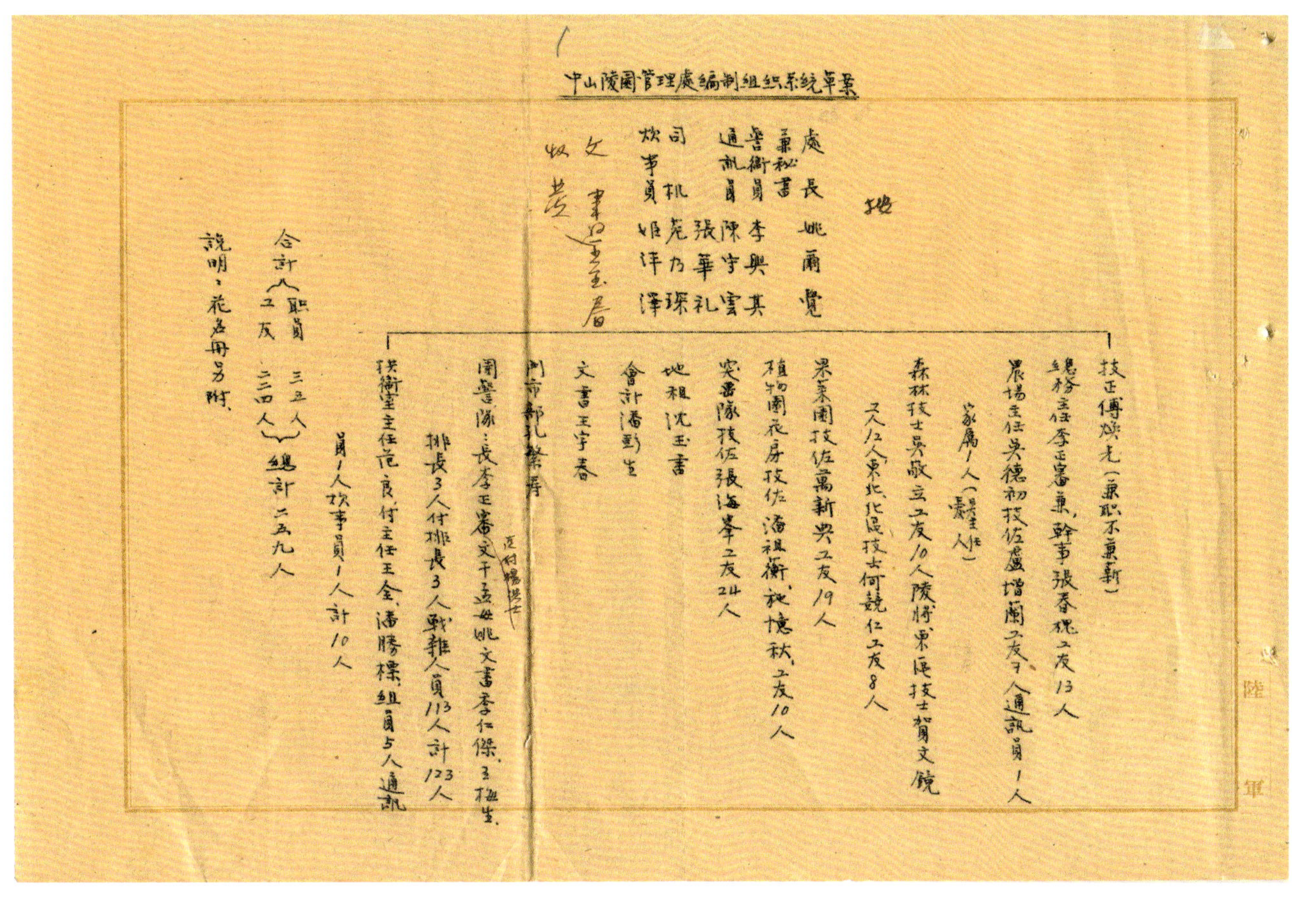

中山陵園管理處編制組織系統草案

處長 姚爾覺
兼秘書 李興其
警衛員 陳宇雲
通訊員 張華礼
司机 范乃琛
炊事員 姬洋澤
文書 [illegible]玉春
收發 [illegible]

技正傅煥光（兼職不兼薪）
總務主任李正富兼，幹事張春槐，工友13人
農場主任吳德初，技佐盧增蘭，工友7人，通訊員1人
家屬1人（[illegible]）
森林技士吳敬立，工友10人，陵將、東區技士賀文鏡
工人12人，東北、北區技士何競仁，工友8人
果菜園技佐萬新興，工友19人
植物園花房技佐潘祖衡、祀憶秋，工友10人
[illegible]隊技佐張海峯，工友24人
地租沈玉書
會計潘勁生
文書王宇春
門市部孔榮壽
園警隊隊長李正富，文書[illegible]，[illegible]文書李仁傑、王[illegible]生
排長3人，付排長3人，戰警人員113人，計123人
[illegible]衛室主任范良，付主任王金、潘勝標，組員5人，通訊員1人，炊事員1人，計10人

合計（職員 三五人；工友 二二四人）總計二五九人

說明：花名冊另附。

《中山陵园管理处编制组织系统草案》（南京市档案馆藏）

改革开放以来，中山陵通过机构调整升级和制定颁布相应的法规、规划，保护管理机制逐步规范，进入新的发展阶段。1978 年 7 月 26 日，中山陵园革命委员会改为中山陵园管理处。1982 年 8 月，中共南京市委为加强“两陵”的管理和保护，将“两陵”从城建局划出，中山陵园管理处因此升格为市属局一级单位。这一时期，江苏省人民政府发布了《关于保护中山陵园、雨花台烈士陵园的布告》。中共南京市委、南京市人民政府转发了经中共江苏省委、省人民政府基本同意的《关于加强中山陵园、雨花台烈士陵园管理和清理被占土地的报告》，要求有关单位尽快落实保护和管理陵园的各项措施，并抓紧贯彻执行，重点是清理陵园被占土地。此外，南京市规划局发出通知，重申中山陵园管理范围仍按 1928 年建陵时地权界线为准。

20 世纪 90 年代，社会主义市场经济蓬勃发展。1996 年，为了适应旅游经济的需要，结合中山陵的实际情况，6 月 17 日，中共南京市委发布《关于市委、市政府直属事业单位机构改革的意见》，正式将中山陵园管理处更名为中山陵园管理局，作为南京市政府直属正局级事业单位，依法对中山陵园行使政府管理职能。

同年，为加强对中山陵园风景区的保护和管理，合理开发和科学利用风景名胜资源，南京市人民政府批准通过了《南京市中山陵园风景区管理办法》。该办法首次明确中山陵园管理局是南京市人民政府直属的风景区管理机构，中山陵核心保护区范围为“南至音乐台南侧外沿 150 米；东至藏经楼公路，至永慕庐接盘山公路；北至山顶公路；西至万仙桥沿山顶小路围合的区域”，核心保护区内除进行保护性维修、完善基础设施或者恢复原有纪念性建筑外，严禁新建其他任何建筑和设施。

关于保护中山陵园、雨花台烈士陵园的布告

南京中山陵园是伟大的革命先行者孙中山先生陵墓所在地，是著名的风景名胜区，这里还有明孝陵等重要文物古迹。雨花台烈士陵园是革命烈士殉难纪念地。为认真保护和建设好这两个陵园，坚决制止目前存在的侵占陵园土地、破坏陵园建设、损坏文物古迹等现象，特布告如下：

一、严禁任何单位和个人侵占陵园的土地，正在侵占的要立即停止；已经侵占的由南京市政府进行清理，分别情况予以处理。

二、严禁任何单位和个人在陵园区内开山采石，毁林开荒，筑坟立碑和破坏水系、水源等。正在进行的要立即停止，听候处理。

三、严禁在陵园的建筑物和竹、木、碑、石上刻划涂写；严禁攀折树木花草和狩猎放牧；不准破坏公共设施和污染环境。

四、在陵园区及其保护区范围内，今后不得进驻新的单位。现已经在陵园区及其保护区范围内的单位，凡有碍陵园建设和观瞻的，由南京市政府进行审查，分别情况予以处理。这些单位新建任何建筑物，都必须经过市城市规划和园林主管部门审查批准。

五、保护陵园是当地政府的职责，是每个单位、每个公民应尽的义务。所有机关、部队、团体、学校、企事业单位、农村社队、社员和市民，都应自觉遵守本布告。对保护陵园作出成绩和贡献的单位、个人，给予表扬或奖励。对违反本布告有关规定的单位和个人，当地政府应视情节轻重，分别给予批评教育、经济制裁、行政处分，直至依法追究责任。

江苏省人民政府

一九八二年七月三十日

《关于保护中山陵园、雨花台烈士陵园的布告》

南京市人民政府令

第 53 号

《南京市中山陵园风景区管理办法》已经 1996 年 7 月 12 日市政府常务会议讨论通过，现予发布，自发布之日起施行。

市长 

一九九六年八月三十一日

－1－

南京市中山陵园风景区管理办法

第一章　总　则

第一条　为了加强对中山陵园风景区的保护和管理，合理开发和科学利用风景名胜资源，根据国务院《风景名胜区管理暂行条例》等有关法规，结合本市实际，制定本办法。

第二条　中山陵园风景区（以下简称风景区）是国家级风景名胜区——南京钟山风景名胜区的重要组成部分，其范围包括：中山门、宁杭公路（南侧 30 米）、孝陵卫至马群以北；环陵路至岔路口以西；王家湾、蒋王庙、太平门沿城墙至中山门以东围合的区域，周长 22.5 公里，总面积 31 平方公里。其中，中山陵、明孝陵为风景区核心保护区；核心保护区外一定范围为规划控制区；其余地带为外围保护区。

第三条　中山陵园管理局（以下简称管理局）是市人民政府派出的风景区管理机构。管理局所属的城市建设管理中山陵园监察大队、中山陵园市容管理监察大队、中山陵园经济民警中队、中山陵园消防中队等行政执法组织，受管理

－2－

《南京市中山陵园风景区管理办法》（部分）

1998 年，在《南京市中山陵园风景区管理办法》的基础上，制定中山陵建陵以来的第一部综合性管理法规《南京市中山陵园风景区管理条例》。与原办法不同的是，《条例》以法规的形式明确规定，中山陵园管理局作为风景区管理机构，对风景区文物保护等工作进行统一管理。该条例的颁布施行，有力地推动了中山陵的保护管理工作进入法制化、规范化的新阶段。

中山陵园管理局坚持以规划为龙头，为各项工作的开展提供指导原则和科学依据。1996 年，《南京钟山风景名胜区总体规划大纲》获国务院正式批准，这是第一部涉及中山陵的总体规划，规划将钟山风景名胜区划分为四大景区，即玄武湖景区、古城墙景区、钟山北麓景区、钟山南麓景区，中山陵位于钟山南麓景区。这部规划大纲编制时间较早，当时景区各方面发展还不完善，整体结构较为简单。

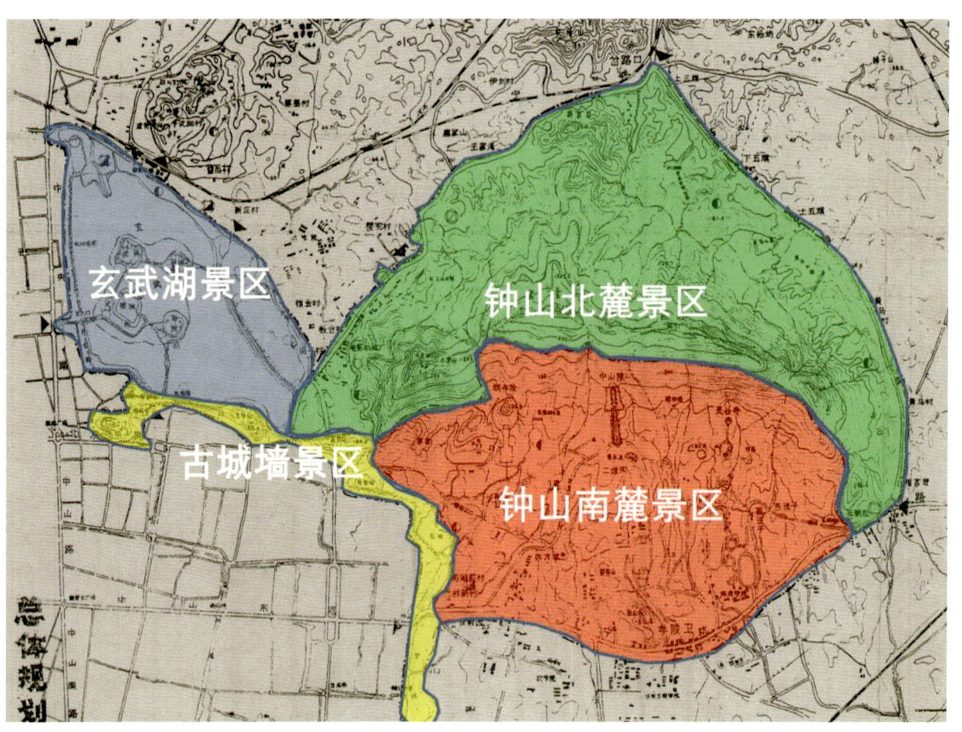

《南京钟山风景名胜区总体规划大纲》中的四大景区

进入 21 世纪，为了及时制止景区内新出现的可能破坏文物安全的行为，2004 年对《南京市中山陵园风景区管理条例》进行修改，一是第十六条“风景区内严禁下列行为”中第二项修改为“未经管理局批准，擅自摆摊设点、兜售物品”，二是第二十条修改为“进入风景区的车辆，应当服从管理局的管理。机动货车、重型车辆应当经管理局同意后，方可进入风景区”。2010 年 12 月 15 日，《南京市中山陵园风景区管理条例》更名为《南京市中山陵园风景区保护和管理条例》，并一直沿用至今，其目的在于加强中山陵园风景区的保护和管理，永续利用风景名胜资源。《南京市中山陵园风景区保护和管理条例》更加突出保护的重要性，在文物保护等方面作出了更加详细的规定。条例还对中山陵保护和管理以及法律责任，都有科学解释和明确规定，对文物古迹资源的保护，订立了更加详细的法律责任及赔偿处罚条款。值得注意的是，该条例增加了“免费开放孙中山先生陵寝”这一条款，标志着中山陵进入迎接更大客流量的新阶段，对文物保护管理工作提出了更高的要求。

2004 年，江苏省建设厅正式批准《钟山风景名胜区中山陵园风景区详细规划》，将中山陵主体建筑群及其周边环境纳入特级保护区及一级保护区内，其中特级保护区要求区内不得新建任何建筑设施，严禁设置与文物和原景观风景无关的任何工程设施，严禁开山采石、乱砍滥伐及一切破坏历史文物、自然景致和游览氛围的活动。这部详细规划为中山陵的保护管理提供了依据，对中山陵及其周边环境的保护起到了积极作用。

《钟山风景名胜区中山陵园风景区详细规划》中的六大景区

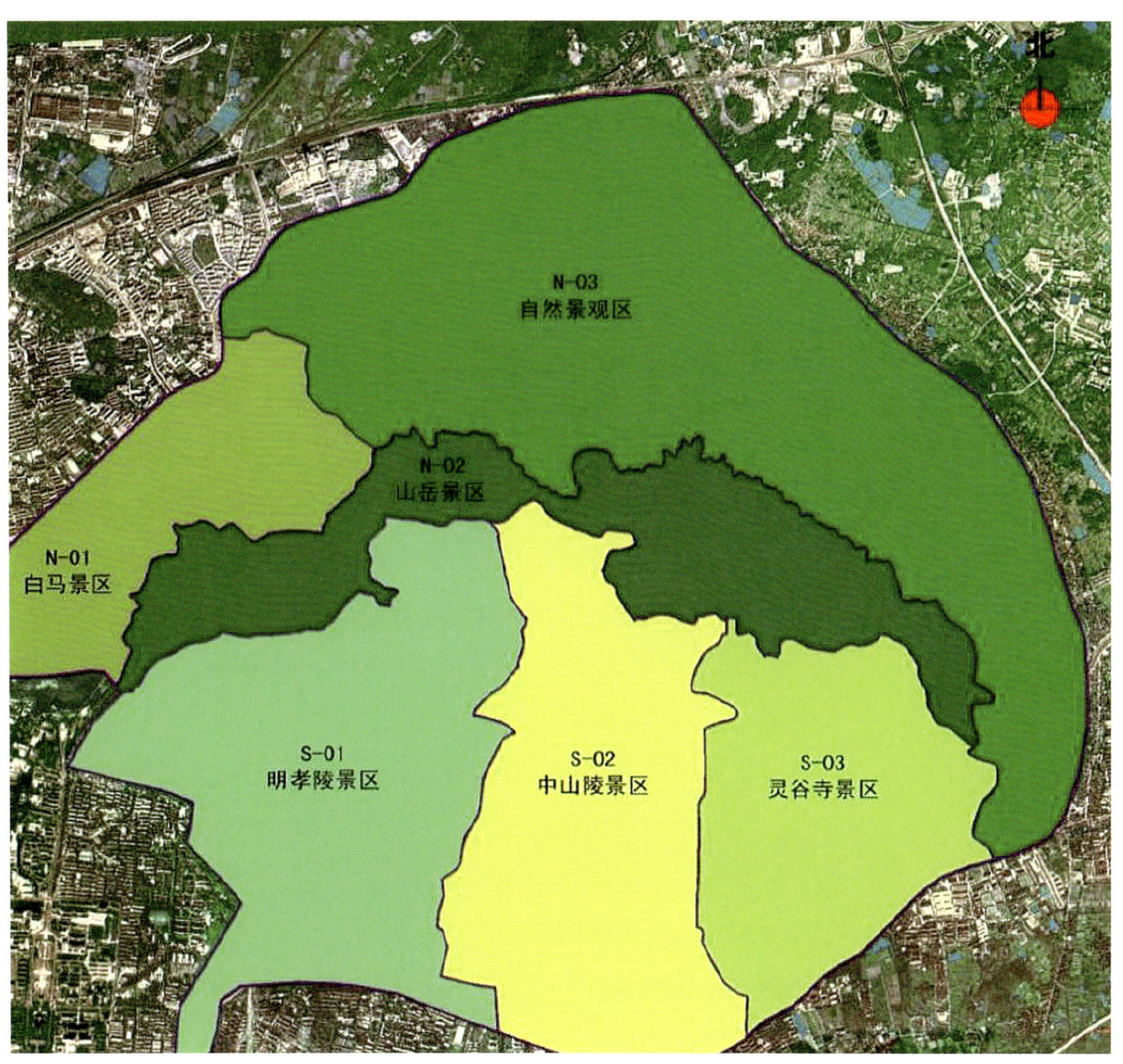

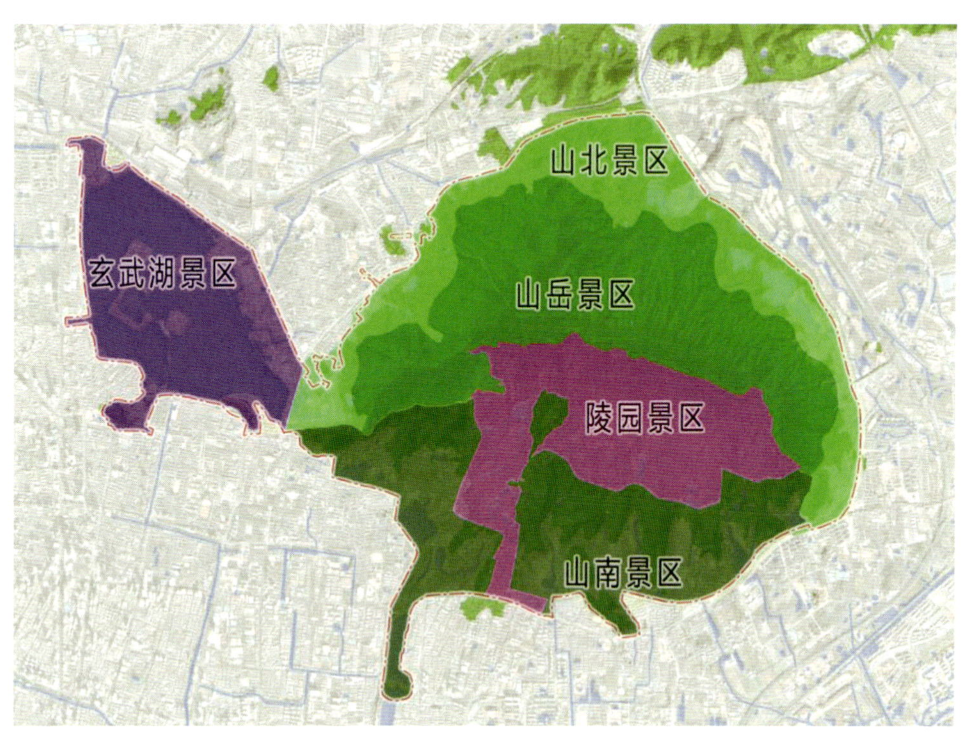

《钟山风景名胜区总体规划（2021—2035）》中的五大景区

2023 年 1 月，中山陵园管理局制订了最新版《钟山风景名胜区总体规划（2021—2035）》，明确了中山陵现行保护范围均位于钟山风景名胜区史迹保护区（一级保护区）内，区内严禁与资源保护、生态保育无关的各类工程建设，并要求按照文物相关工作要求严格保护；规划还强调了史迹保护区内应严格控制旅游高峰期的游客及机动车辆，保护文物安全。这部总体规划较好地保护了中山陵及其周边遗存、周边景观环境，为中山陵的保护与利用提供了宏观支撑。

近年来，中山陵及其周边城市建设活动加速，城市发展与文物保护的关系亟须协调，为有效保护中山陵及其周边环境，促进文化遗产研究工作，科学、合理、适度地发挥其在地方社会发展和经济建设中的积极作用，中山陵园管理局编制完成《中山陵保护规划（2023—2035）》，对中山陵文物本体保护提出更具体严格的要求。在保护范围内，不得建设污染文物本体及其环境的设施，不得进行可能影响文物安全及其环境的活动。对文物本体或环境造成破坏或不利影响的建筑物或设施应根据实际情况和经济条件，分别进行改善、整治或分期拆除。

（二）文物本体保护管理工作

1. 民国时期

抗战期间，陵园遭到日军严重破坏，中山陵及其附属建筑受到不同程度的毁坏。抗战胜利后，南京国民政府对陵园进行恢复建设，需要修复的陵园建筑面广量大，但经费有限。1946 年 10 月，孙科在陵园管理委员会第一次全体委员会议上提出《恢复陵园旧观三年工作计划纲要草案》，计划在 1947 年至 1949 年修缮藏经楼、小红山官邸等，重建永慕庐、桂林石屋、中山文化教育馆、温室等。1946 年 12 月 21 日，陵园管理委员会制定了《兴复国父陵园六项工程募捐办法》，确定募捐金额总数为 150 万美元，但捐款者寥寥。原定募捐期限至 1947 年 8 月底，后虽几经延期至 1948 年底，只募得少量捐款，与原定金额相差较多，加之时局变化，恢复陵园建设的“三年计划”难以实现。

2. 中华人民共和国时期

中华人民共和国成立以后，国家高度重视对中山陵的保护。1961 年，中山陵被列为首批全国重点文物保护单位。1965 年，中山陵园管理处组织江苏省勘察设计院等单位的专家和技术人员，研究制定《中山陵维修方案》，包括祭堂、墓室、陵门、碑亭、东西休息室、花岗石路面、台阶、踏步、围墙、护坡、排水沟、明水沟、下水道以及其他零星项目维修。1966 年是孙中山先生诞辰 100 周年，国家拨款 100 万元用于中山陵维修。

1965 年《中山陵维修方案》（部分）

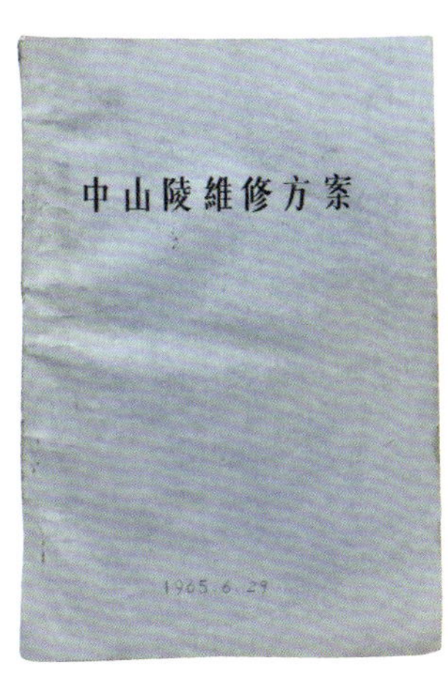
中山陵维修方案

1965.6.29

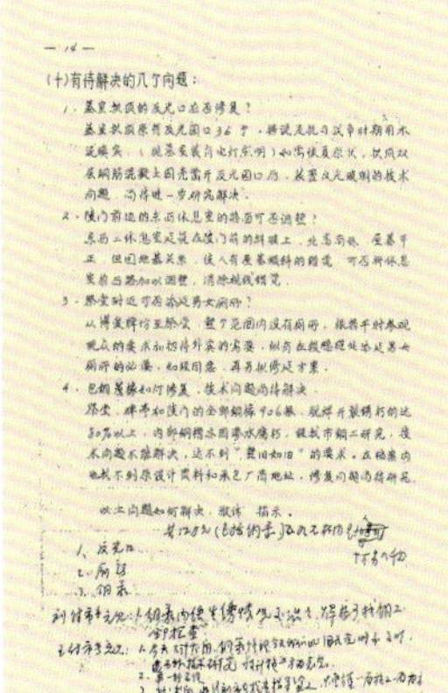
中山陵维修方案

修理项目

1. 祭堂及墓室
2. 陵门
3. 碑亭
4. 东西休息室
5. 花岗石路面、台級、踏步
6. 围墙
7. 护坡
8. 排水沟、明水沟、下水道
9. 其它另星项目
10. 有待解决的几个问题
11. 附全部工程概算表

“文革”期间，中山陵及其附属建筑遭到了严重破坏。“文革”结束后，党和政府按照“恢复原状或保存现状”原则，在尊重历史原貌的前提下，立即对中山陵进行抢救性修缮。1978 年 7 月 31 日，国家文物局拨款 60 万元，对中山陵牌坊、墓道、排水系统、碑亭、屋面、祭堂、墓室等进行维修。工程由南京市城建局负责组织实施，历时近半年，完成了牌坊、墓道路面及大部分排水系统的修补，恢复了中山陵牌坊额匾上的“博爱”二字，清除了“文革”期间遗留的政治标语。1981 年 6 月 2 日至 9 月 25 日，经国家文物局同意，由江苏省委统战部拨款 7.8 万元，中山陵园管理处对陵墓中的中国国民党党徽图案等进行了修复，以原图案的尺寸和原产地的材料，准确地恢复了中山陵的原貌。

改革开放以来，党和政府坚决贯彻“保护为主、抢救第一，合理利用，加强管理”的文物工作方针，投入大量资金，中山陵园管理局负责具体实施，对中山陵及其附属建筑进行全方位的修缮保护管理和预防性保护，使得中山陵及其附属建筑作为文化遗产的主要构成要素得到全面系统的保护。中山陵园管理局建立科学的保护和管理体系，加强文化遗产保护管理监测，维护好文化遗产的真实性、完整性、延续性，牢牢守住了中山陵文物安全底线。

第一，对中山陵及其附属建筑的文物本体进行修缮保护，分为全面修缮和专项修缮。中山陵属于全国重点文物保护单位，音乐台、光化亭、仰止亭、藏经楼、流徽榭属于江苏省文物保护单位，永慕庐、行健亭属于南京市文物保护单位。因此，所有修缮保护工程措施，严格遵循了《文物保护法》《文物保护工程管理办法》等法律法规，并严格执行“不改变文物原状”和“最小干预”的基本修缮原则。所有修缮保护措施的运用都建立在各建筑具体问题的实际调研和科学分析的基础上，技术方案能够确保文物本体的安全性，工程工艺都提交实验数据，经上级文物主管部门组织专家论证通过。

2009 年修缮中山陵陵门

在孙中山诞辰、逝世或安葬等重大纪念日，党和政府都会投入大量资金对中山陵进行全面检查或修缮。1986 年是孙中山先生诞辰 120 周年，国家拨款 62 万元维修中山陵，进行了金字出新、琉璃瓦更换、花岗石栏杆加固、铜椽除锈焊缝、配齐陵门上的梅花空格紫铜门窗零件、油漆门窗、疏通窨井等工程，解决了祭堂屋面漏水、围墙开裂等问题。2009 年是孙中山先生安葬中山陵 80 周年，中山陵园管理局按照文物保护法的要求，制订维修方案，投入 300 多万元，对中山陵陵门、祭堂、广场进行了更换屋面琉璃瓦及部分琉璃构件、疏通排水系统、四个耳房局部出新、牌坊至陵门地面修补、补齐排水沟盖板等多项维修工程。同时，对周边环境及附属纪念建筑进行大修。这次大修是中华人民共和国成立以来中山陵第二次大规模维修，更好地保护了中山陵的原有风貌。

除中山陵本体外，中山陵园管理局还对中山陵附属建筑进行全面修缮。20 世纪 80 年代，国家和省、市政府先后拨款 400 余万元，全面维修了中山陵园的纪念性附属建筑和历史文物。20 世纪 90 年代末到 21 世纪初，中山陵园管理局先后投入 700 万元，对音乐台、流徽榭、藏经楼、行健亭等 10 多处附属纪念建筑进行了全面维修，因地制宜改善了各个建筑的周边环境。永丰社、永慕庐等一批在抗战期间毁于日军炮火的建筑物一一复建。

专项修缮是针对中山陵各部建筑及附属建筑进行有针对性的单项修缮。近十年来，中山陵园管理局分别对陵门、碑亭、围墙等各部建筑及附属建筑进行了专项修缮。2012 年，对音乐台进行修缮保养。2017 年，对中山陵碑亭进行抢救性保护修缮。

2017 年修缮中山陵碑亭

2024 年，为了解决祭堂建筑外在的病害，确保国家重点文物本体安全，中山陵园管理局编制上报的《中山陵祭堂修缮设计方案》获得江苏省文物局批复同意。这是中山陵祭堂有史以来最大规模的一次修缮工程，主要包括：祭堂屋面瓦整修、四角耳房屋顶防渗、铜门窗及飞椽修复、祭堂内墙及墓室地面局部开裂修补、墓包风机更换、陵寝后花园下水道疏通、排水明沟安装地漏防堵装置、墓包油灰勾缝、祭堂高窗加装金属网隐形纱窗等，以确保中山陵祭堂在未来更长时间内保持稳定、安全的状态。为了不影响游客和市民的参观游览需求，景区管理部门在修缮工作中贯彻“修缮不打烊”的理念，在兼顾施工安全与施工进度的同时，确保祭堂正常向市民游客开放。结合该项目施工特点、安全要求以及施工进度等，根据安全验算，采取了高标准的全包围脚手架并外挂防护冲孔板。特别是为了弥补远道而来的游客无法看到祭堂建筑的缺憾，采用了“防风高清喷绘布”的形式，其画面面积达到了 1300 平方米，力图尽可能呈现祭堂建筑原貌。

2024 年修缮中山陵祭堂

第二，对中山陵周边环境进行综合整治。主要是防治钟山风景名胜区内的环境污染，包括物质污染（大气污染、水污染、固体污染）与能量污染（噪声、热干扰、电磁波干扰等）。2004 年，中山陵园管理局在南京市委、市政府的领导下，实施环境综合整治工程，对景区六大片区的居民、工业和企业单位实施拆迁，同时整合景区旅游资源，从保护和利用的角度适度建设旅游配套设施，实现景区提档升级。环境综合整治总体目标是全面整合风景区内的景观、生态、旅游和历史文化资源，发挥景区在南京的“龙头”作用和“品牌”效应，将景区建设成为自然环境优美、人文景观丰富、环境整洁有序、管理科学规范的世界级风景旅游胜地。

第三，建立了中山陵文物日常巡查保护管理制度。为了规范中山陵园风景区文物保护单位巡查工作，落实文物巡查监管和主体责任，提高监管效率与能力，及时发现、制止并依法查处文物违法行为，根据《中华人民共和国文物保护法》等法律法规，制定了《中山陵园风景区文物保护单位巡查管理办法》，按照属地管理、分级负责的原则，实行网格化全天候管理，主要巡查文物建筑是否存在腐蚀、渗漏、剥落、掉瓦、缝隙、坍塌等问题以及各种违法违规行为，对中山陵每日最少巡查一次，还鼓励工作人员和文物保护志愿者共同参与文物巡查，提高公众的文物保护意识。

第四，对中山陵陵寝区域实施游客预约管理制度。1982 年，国务院将钟山风景名胜区公布为首批国家重点风景名胜区，中山陵是钟山风景名胜区的重要组成部分。2010 年，中山陵陵寝实行免费开放（每周一关闭进行维修养护），年平均客流量激增至 1000 万人次。为保护文物安全，缓解游客容量压力，提升景区的游览舒适度，根据 2018 年 6 月 1 日开展的预约制试运行数据分析，2019 年 1 月 1 日，中山陵陵寝区域开始正式实施游客预约管理制度。此外，中山陵园管理局积极规范和引导游客行为，严禁游人在文物、景物上涂写、刻划、张贴等不文明行为。

第五，引导和动员广大公众参与遗产保护，提高公众的保护意识。中山陵园管理局通过媒体宣传、大型展陈、重大活动等，持续扩大宣传中山陵的文物价值及其在文物保护利用中的社会影响力，调动全社会参与保护利用的积极性。2024 年 6 月 1 日，中山陵园管理局孙中山纪念馆举办“致敬大师——吕彦直诞辰 130 周年纪念特展”，全面系统地展示中山陵建筑师吕彦直的生平、建筑作品及建筑思想，并通过展示中山陵的历史文化价值、科学技术价值和人文艺术价值，引导全社会形成保护建筑遗产的共识与自觉。

（三）中山陵保护管理工作未来展望

目前，中山陵园管理局全面负责中山陵各项维修、保护和管理工作。在加强保护、探索遗产价值的可持续发展道路上已经取得了一定的成果，构建了一个较为完整的文化遗产保护体系，使得中山陵及其附属建筑作为文化遗产的保存保护现状优良。

作为历史的见证，遗产的文化价值主要基于它原真的或重要的材料特征。中山陵文物本体沿着中轴线自南向北依次为广场、牌坊、墓道、陵门、碑亭、台阶、祭堂、墓室、后花园，以及东西卫士室、围墙、排水沟、石凳、铜鼎、石狮、华表等。从遗产的真实性出发，中山陵自1925年开始筹建，1926年动工，1931年底完工，距今约100年历史，中山陵各组成部分均得以保存完好，具有较高的真实性。从遗产的完整性出发，中山陵自广场、牌坊至祭堂、墓室、后花园，整体格局清晰、完整，永慕庐、仰止亭、流徽榭、行健亭、音乐台、光化亭、藏经楼等附属纪念建筑，总体保存完整。从遗产的延续性出发，中山陵基本延续其拜谒和纪念孙中山的独特功能。

历史文化遗产承载着中华民族的基因和血脉，是不可再生、不可替代的中华优秀文明资源。中山陵及其附属建筑由于自身的历史文化价值、科学技术价值和人文艺术价值，使其形成了长期、稳定、全面、整体的社会价值，是中国乃至世界建筑宝库中的瑰宝。

加强文物保护利用和文化遗产保护传承，是传承中华优秀传统文化、扩大中华文化国际影响力的重要途径。立足当下，展望未来。中山陵园管理局将继续坚持“保护第一、加强管理、挖掘价值、有效利用、让文物活起来”的新时代文物工作方针，全面提升中山陵这一文化遗产的保护传承利用水平。

二、文化研究与展示利用

为了弘扬孙中山先生的革命精神和崇高品德，陵园管理机构对孙中山先生的革命事业和中山陵的历史文化内涵进行全方位深入细致的挖掘研究和广泛宣传。多年来，中山陵园管理局致力于收集、整理、研究、展示孙中山和中山陵的文物史料，形成了丰硕的文化研究和展示利用成果，文化影响力不断扩大。

（一）文化研究机构沿革

中山陵的文化研究工作始于 1933 年成立的中山文化教育馆。该馆位于中山陵园灵谷寺附近，由孙科创办，其宗旨是为了阐扬孙中山的思想与学说，恢复中华固有之文化，以推动中华民族文化之发扬光大。

中山文化教育馆

孙中山纪念馆（藏经楼）

中华人民共和国成立后，尤其是改革开放以来，孙中山研究得到高度重视。1982 年，中山陵园管理处开展孙中山纪念馆筹建工作。1984 年 4 月，中山陵园管理处成立文史资料研究室，成员有刘维才、郭常柏、向阳鸣、范方镇、柳冬 5 人，具体负责孙中山纪念馆的筹建和孙中山思想及中山陵园的历史文物研究工作。1987 年 5 月 7 日，南京市人民政府正式批准将藏经楼辟为孙中山纪念馆。1989 年 5 月 31 日孙中山安葬中山陵 60 周年之际，孙中山纪念馆举行开馆仪式，6 月 1 日起正式对外开放，承担着中山陵的文史研究、陈列展示等工作职能，成为中山陵园景区重要文化场馆之一。

孙中山纪念馆

2015 年 11 月 15 日，中共中央办公厅秘书局、国务院办公厅秘书局联合下发《关于同意孙中山纪念馆搬迁及重新布展工程的复函》，同意对孙中山纪念馆实施搬迁并重新布展。2021 年 8 月 25 日，中宣部正式批复同意进行改陈布展。2022 年 12 月底，孙中山纪念馆完成改陈布展并面向公众开放。新馆位于中山陵广场东侧，是研究、宣传、展示孙中山生平史迹、革命精神和崇高品德的专题纪念馆，承担着中山陵全国爱国主义教育示范基地和海峡两岸交流基地的主要工作，是中山陵园风景区传播孙中山思想、弘扬爱国精神、打造中山文化的主阵地。

（二）文化研究

1. 民国时期

民国时期，孙中山先生葬事筹备处、总理陵园管理委员会和中山文化教育馆围绕孙中山生平、逝世、思想学说以及中山陵建设管理编著形成了一批档案成果。1925年，孙中山先生葬事筹备处编印《哀思录》，详细记述了孙中山北上、病逝至移灵北京西山碧云寺暂厝，以及海内外各地追悼的情形。1929年，总理奉安委员会编印《总理奉安实录》，详细记载了孙中山先生遗体由北平奉移南京安葬的整个过程，披露了奉安筹备、迎榇公祭、宣传、陵墓工程、奉安典礼、奉安账目等鲜为人知的史料，时间跨度为1925年4月至1929年6月1日。1931年，总理陵园管理委员会印发《总理陵园管理委员会报告》，主要记述了筹建中山陵园的历程以及陵园初期的发展历史，内容包括各项组织法规，以及历次委员会会议记录，各项陵园工程，园林、园艺、警卫、经费、统计、纪事、专载、赠赙等方面工作的详细记录，是一部既有研究参考价值，又有欣赏收藏价值的重要史料。

《哀思录》

中山文化教育馆研究部成立之初，研究范围仅限于经济、土地、教育三项，后分设民族、民权、民生三组，每组设置组长一人，指导研究事业，抗战前研究出版的著作达 13 种，各组的研究课题达 19 项。编译部的主要工作是编辑出版《时事类编》，创刊号于 1933 年 8 月出版，每月发行三期，后改为半月刊，每月发行达 7000 余份。抗战爆发后，《时事类编》改名《时事类编特辑》，共出版 5 卷 101 期，是抗战时期必读的刊物。此外，编译部编著《中山文库》，翻译介绍可供研究中山思想之参考、可供研究本国实际问题之参考而在学术上有永久价值的论著，包括《现代民族主义演进史》《马克思之真谛》《现代资本主义》《政治经济学教程》等 30 余部，还出版了《国际时事丛书》及季刊等。中山文化教育馆还编印出版《期刊索引》及《日报索引》两种月刊，并与商务印书馆合纂《中山大辞典》，由中山文化教育馆主办的英文《天下月刊》更是蜚声海内外。

2. 中华人民共和国时期

中华人民共和国成立以来，陵园管理机构依据自身的有利条件，致力于孙中山思想学说和中山陵景区的文化研究，出版数十本、计数百万字的研究成果，包括档案史料、普及读物和宣传品。

档案史料主要包括《中山陵档案史料选编》《中山陵档案》《钟山志》等。1986 年孙中山先生诞辰 120 周年之际，南京市档案馆和中山陵园管理处合编出版《中山陵档案史料选编》，共选编 330 余份文件、信函，160 多次会议记录以及日记等档案史料，记载了 1929 年孙中山灵榇由北京西山碧云寺迁葬南京紫金山的奉安大典，及 1925 年 4 月至 1948 年中山陵的筹建、管理和变迁，是研究中山陵发展历程的珍贵参考资料。

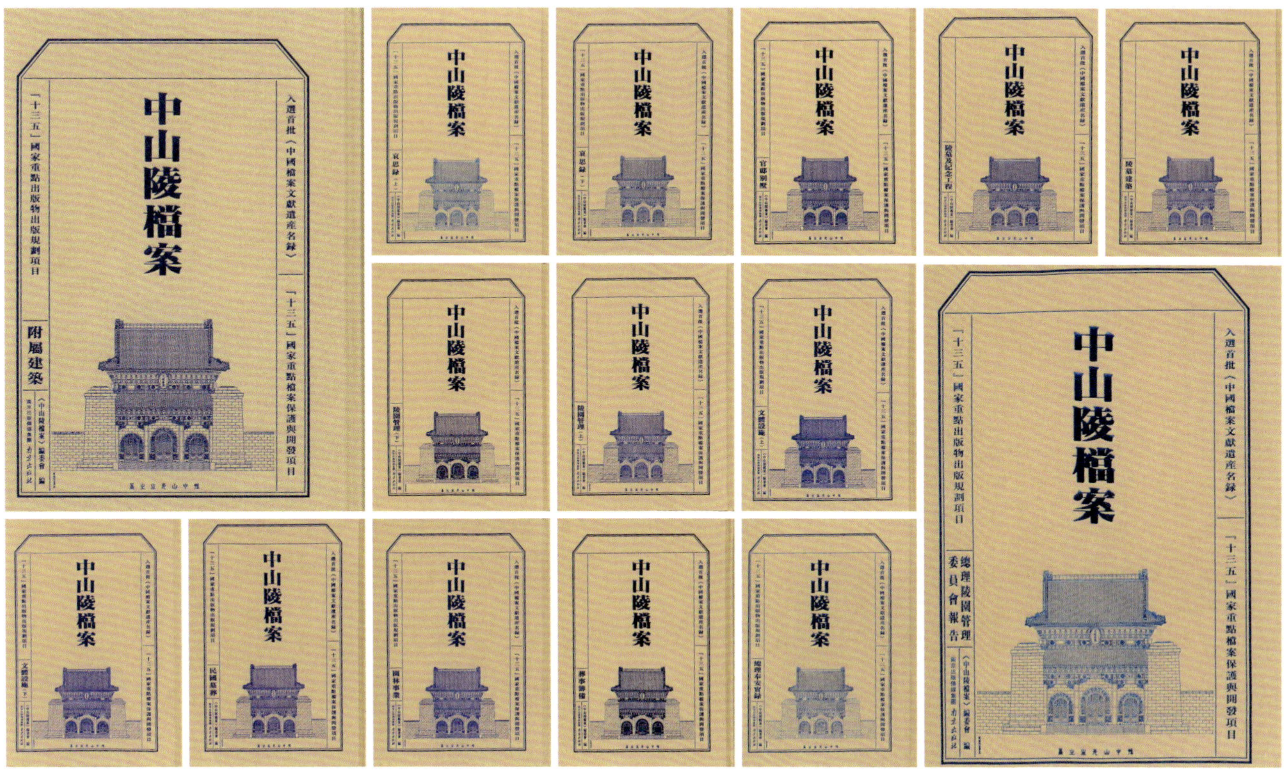

《中山陵档案》

2009 年孙中山先生安葬中山陵 80 周年之际，中山陵园管理局编撰了《钟山志》，全面介绍了钟山的自然环境、景区概况、管理机制、经济建设和事业发展、景区综合治理等内容，从中山陵、谒陵、陵园纪念建筑、陵园基础设施、陵园文体设施、民国政要别墅、保护与维修七个方面介绍了中山陵景区的详细情况。

2016 年孙中山先生诞辰 150 周年之际，在中共南京市委、南京市政府暨市委宣传部的指导下，由南京市档案局、中山陵园管理局、南京市规划局、南京出版传媒集团发起，南京市档案馆、孙中山纪念馆、南京市城建档案馆、南京出版社四家单位的专家学者对中山陵档案文献进行全面、系统、深入的筛选和整理，编纂出版珍贵历史档案文献《中山陵档案》15 册，通过基础性的档案编纂，全彩色影印件的形式，全面展现了 1925 年 3 月孙中山逝世前后至 1949 年 4 月中山陵园的建设发展历史。

为了深入挖掘中山陵景区的文化资源，向广大游客和民众普及中山陵的历史文化，景区陆续出版了一批普及读物，主要包括《中山陵园博记》《中山陵园史录》《中山陵园史话》《孙中山传奇》《中山陵史话》《民国名人与中山陵》《中山陵之谜》《走进中山陵》《抗战中的中山陵》《民国风范长相忆：中山陵园的建设者》《解密中山陵》及“孙中山与他的秘书们”系列丛书等。

为了更加直观生动形象地展示中山陵景区的历史文化内涵，相继出版了一批图文并茂的宣传品，主要包括《孙中山画册》《孙中山奉安大典纪念图册》《孙中山奉安大典纪念邮册》等，其中《孙中山画册》荣获国务院新闻办、国务院台办优秀对台宣传品二等奖。针对中小学生，编写了爱国主义教育基地丛书《世纪伟人》《孙中山》《钟山风采》等。此外，还协助中央和省市电视台拍摄孙中山和中山陵相关历史题材的影视作品，如《情萦中山》《中山伟陵》《孙中山铜像的故事》《中山梦寻》《总理奉安大典》等，取得了很好的宣传教育效果。

除了进行基础性的学术研究外，还积极进行应用性的课题研究。如：与南京大学档案馆合作开发了“数字钟山”科研项目，荣获江苏省优秀科技成果三等奖；“中山陵园文化景区建设与发展的研究”调研课题荣获南京市优秀调研成果三等奖；“关于进一步提升中山陵对台交流中功能与作用的研究”调研课题荣获南京市优秀调研课题二等奖；“孙中山国家统一思想与台湾问题研究”荣获 2021—2022 年度南京市涉台调研课题二等奖。

此外，学术界的研究成果较为丰富，主要包括殷力欣著的《建筑师吕彦直集传》，赖德霖著的《中国近代建筑史研究》和《民国礼制建筑与中山纪念》，建筑文化考察组编著的《中山纪念建筑》，南京大学历史系李恭忠教授著的《中山陵：一个现代政治符号的诞生》，南京大学历史系陈蕴茜教授著的《崇拜与纪念：孙中山符号的建构与传播》等。根据 CNKI 中国学术期刊网络出版数据总库统计，以“中山陵”为检索主题词所获得的中文文献总数高达 400 余篇。

（三）展示利用

陈列展示是为社会服务、为观众服务的重要环节。几十年来，中山陵及其附属建筑的展示利用水平不断提升。

1. 基本陈列

1989 年 6 月 1 日，孙中山纪念馆正式对外开放。主体陈列位于藏经楼三楼，运用历史图片、实物、文物复制件等常规陈列手段，让观众在有限的展览空间中了解孙中山伟大而光辉的一生及其丰富的思想。

1997 年 10 月 20 日正式启动孙中山纪念馆基本陈列第一次改造，最大特点是丰富了展示手段。主要项目有：在一楼大厅四壁上新增介绍孙中山从事革命活动的大型木刻浮雕，在中央大厅竖起孙中山的半身铜像，单一的黑白图片被彩色图片、文物复制件、油画、模型、光盘等取代，并采用声、光、电等高科技手段，增强史料展出的效果，全部工程于 1998 年 2 月底完成。

2005 年 3 月 12 日是孙中山先生逝世 80 周年纪念日。为提升硬件水平，中山陵园管理局投入 300 多万元对孙中山纪念馆进行场馆改造。经过 5 个多月，先后完成影视厅、藏经楼、碑廊电路改造和四楼展厅调整、中央空调安装、整体油漆出新等 10 多项改造工程。二楼改造为“中山画廊”，新创作的 14 幅油画，生动地再现了一代伟人孙中山的革命历程。四楼改建为办公区，综合档案室面积扩大为 120 平方米，比过去增加了两倍，各部门工作环境得到较大改善。同时，为提升展示水平，实现档案史料数字化，孙中山纪念馆与南京大学档案馆合作开发了“数字钟山”科研项目，将景区的全部资料搜集整理、剪辑、制作，完成后的《数字钟山》更加突出一代伟人孙中山，为孙中山纪念馆基本陈列改造打下了良好的基础。

2006年，在孙中山诞辰140周年之际，中山陵园管理局又投入500万元专项资金对原有基本陈列进行全面改造，推出新的主题展览“世纪伟人——孙中山”，展览以孙中山光辉的一生为主线，结合“孙中山生平”“中山陵兴建”“中山陵今昔”“孙中山思想”等专题进行展示。在展示手法、陈列手段上力求推陈出新，内容设计尽量吸收孙中山研究的新成果。形式设计着眼于强化主题、激发情感，按照精品展陈要求，吸收新设计理念，有效利用新手段、新材料、新技术，在陈列空间、展线布置上做到以人为本，布局合理，增强展览的可看性、互动性、科技性和表现形式的多样性。为更好地服务于海内外观众，兼顾不同层次观众的需要，展陈内容全部采用了中英文对照版，充分体现了“以人为本”的人文情怀与游客至上的服务理念，成为中山陵景区文化展示的亮点。

2022年，孙中山纪念馆由藏经楼搬迁至嘉麟楼，新馆改陈以习近平新时代中国特色社会主义思想、习近平总书记《在纪念孙中山先生诞辰150周年大会上的讲话》和《在纪念辛亥革命110周年大会上的讲话》精神为统领，并以《中国共产党历史》（第一卷）和《中国共产党简史》为重要史实表述规范依据，立足当下，着力体现孙中山精神和思想的时代意义、当代价值与国际影响。改陈后的“世纪伟人——孙中山生平史迹展”基本陈列，包括“少年萌愿、立志救国”“推翻帝制、创建民国”“百折不挠、捍卫共和”“国共合作、伟大转折”“与世长辞、万众景仰”“崇高精神、宝贵遗产”等六个部分，以孙中山先生为实现中华民族伟大复兴进行的不懈探索及中国共产党与他的真诚合作、对他革命事业的继承和超越为主线，较为全面客观地反映孙中山先生爱国、革命、奋斗的一生。改造后的新馆每年游客参观量达到200多万，真正实现了馆陵一体化。

2006 年“世纪伟人——孙中山”基本陈列

2022 年“世纪伟人——孙中山生平史迹展”基本陈列

2. 临时展览

除了基本陈列，孙中山纪念馆还结合重大纪念日、节庆活动不定期地举行各种临时性展览。这些展览影响大，社会反响好，给人们以知识的教育、心灵的震撼、精神的激励和思想的启迪。

“为民族复兴而奋斗——孙中山与中国共产党人主题展”

2021 年，为纪念中国共产党成立 100 周年、孙中山先生诞辰 155 周年、辛亥革命 110 周年，3 月 12 日，孙中山纪念馆推出“为民族复兴而奋斗——孙中山与中国共产党人主题展”。展览包括“救亡图存：辛亥革命与早期中国共产主义者”“艰辛探索：新道路的选择与新的希望”“真诚合作：开创革命新局面”“走向复兴：中国共产党人对孙中山事业的继承和发展”四个部分。该展览因其鲜明的主题入选 2021 年度“江苏省博物馆陈列展览提升工程项目”“江苏省文物局馆藏文物巡回展项目”、江苏省文物局和国家文物局“弘扬中华优秀传统文化、培育社会主义核心价值观”主题展览推介项目。

2024 年是中山陵建筑师吕彦直诞辰 130 周年，孙中山纪念馆策划举办“致敬大师——吕彦直诞辰 130 周年纪念特展”。展览包括“短暂而璀璨的一生”“以生命铸就两大中山纪念建筑”“探索中国现代建筑之路”三个部分，全面系统地展示了吕彦直生平、建筑作品及建筑思想，向一代建筑大师致敬。

历年部分临时展览一览表

序号	时间	展览名称
1	2003.11	纪念孙中山诞辰137周年武中奇《大同篇》书法作品展
2	2004.3	南京云锦、剪纸、仿古雕刻民间艺术展
3	2004.4	“纪念一代伟人孙中山”南京城市记忆老照片展
4	2004.7	庆“七一”南京市老年书画作品展
5	2004.10	“一代伟人——孙中山”南京市中小学生书法篆刻优秀作品展
6	2006.7	纪念孙中山诞辰140周年及辛亥革命95周年资料展
7	2006.11	“锦绣钟山”摄影大赛优秀作品展
8	2007.3	明太祖功臣图——缪俊铜刻画展
9	2007.4	屠国啸摄影作品展
10	2007.9	海峡两岸书画交流展
11	2007.11	“永恒的纪念”大型图片展
12	2008.2	当代画家文人刘梵天画展
13	2008.4	迎奥运百位将军书画展
14	2008.9	“中山美陵”摄影作品展
15	2009.2	“梅花韵·两岸情——梅花摄影大展”两岸四地巡展
16	2009.4	“明·金陵四十八景”缪俊铜刻画展
17	2009.6	纪念孙中山先生奉安80周年图片展
18	2009.9	江南画驴人——呙顺昌国画作品展
19	2009.10	纪念南京解放60周年图片展
20	2010.2	虎年喜洋洋——四合农民画优秀作品展
21	2010.2	钟山访梅——主题影友联谊会获奖作品展
22	2010.5	留法风云——国共要人与留法勤工俭学运动图片展
23	2011.1	李长生中国画作品展
24	2011.2	冯东乾梅花扇面作品展
25	2011.6	庆祝中国共产党建党九十周年书画作品展
26	2011.8	纪念辛亥革命100周年——“辛亥革命与南京”图片展
27	2011.9	“中山杯”南京市中小学生书法大赛优秀作品展
28	2012.6	中山陵——不朽的经典
29	2013.2	嘉言警世 墨香传情——蔡传兴《孙中山先生嘉言》书法作品展
30	2013.5	城市的记忆——南京民国建筑图片展
31	2013.7	咱们新疆好地方——刘玉社中国画展
32	2013.8	孙中山与美加华侨
33	2013.10	刘纪文先生生平展
34	2014.5	古应芬先生文献史料展
35	2015.5	江苏省文物局巡展项目：“碧血忠魂——抗战中的中外航空英烈图片及实物展”

续表

序号	时间	展览名称
36	2015.10	林文奎先生生平史迹展
37	2016.5	“孙中山的足迹”图片展
38	2016.11	双城记忆——南京·广州纪念孙中山先生诞辰 150 周年档案史料展
39	2017.2	“金陵九闲”梅花节书画展
40	2017.5	孙中山先生卫士队长的传奇人生——姚观顺将军纪念展
41	2017.6	志在冲天——中国空军的抗战记忆
42	2017.7	1937·南京空中保卫战
43	2017.10	扬子清波——历代廉政文化展
44	2017.12	全面抗战中的南京记忆图片史料展
45	2018.7	孙中山与早期中国共产党人
46	2018.11	城市的记忆——南京民国建筑图片展
47	2019.2	一城一中山——孙中山安葬 90 周年图片展
48	2019.2	孙中山与早期中国共产党人专题展
49	2019.4	“红旗插上总统府”展览
50	2019.5	孙中山安葬 90 周年图片展
51	2019.8	孙中山与航空救国专题展
52	2019.9	辛亥首义人物谱
53	2019.10	钟山风雨——中山陵发展变迁 70 年图片展
54	2020.3	医者仁心——孙中山的行医生涯
55	2020.6	纪念孙中山先生奉安 91 周年图片展
56	2020.9	弘扬中山精神 建功立业新时代
57	2020.11	大美钟山图片展
58	2021.3	为民族复兴而奋斗——孙中山与中国共产党人主题展
59	2021.5	“中山陵建筑师——吕彦直”图片展
60	2021.10	“辛亥革命与南京”线上主题展
61	2021.10	“辛亥百壶”线上主题展
62	2021.11	“孙中山国家统一思想及实践”线上主题展
63	2022.5	“振兴中华：孙中山的实业救国梦”主题展
64	2022.7	“1937·紫金山保卫战”线上展
65	2023.5	“努力向学 蔚为国用——青少年时期的孙中山”线上展
66	2023.8	“极美钟山”图片展
67	2024.1	大师与经典——中山陵园的经典建筑
68	2024.3	两岸书 血脉情：王省、王翔宇捐赠家书展
69	2024.6	致敬大师——吕彦直诞辰 130 周年纪念特展
70	2024.12	永垂不朽：辛亥武昌首义英烈肖像印展

三、公共文化服务与宣传

中山陵园管理局立足生态、人文、科普、休闲、旅游资源禀赋，确立生态宝地、文化高地和旅游胜地的发展定位，秉持博爱、为公、开放、创新、求真的价值理念，深化文旅融合，为游客提供优质的公共文化服务和公共文化产品。经过几十年的建设和发展，中山陵景区现已拥有完善的旅游服务设施、文化产品供给和志愿服务体系。

（一）公共服务设施

中山陵园风景区依托得天独厚的旅游资源，加快发展旅游产业，通过完善旅游服务设施，提升旅游综合服务能力，为游客提供了一流的旅游服务体验。

景区内合理设置各类宾馆酒店十多家，为来中山陵的游客提供餐饮和住宿服务。中山陵大酒店为游客就餐提供便利，东苑宾馆、南京东郊国宾馆、南京国际会议中心等酒店为游客提供住宿服务。各类宾馆酒店涵盖高中低各个档次，能够满足海内外游客不同层次的旅游消费需求。

中山陵园风景区内兴建了紫金山客运索道、滑道游乐园、山顶公园、海底世界、白马高尔夫俱乐部、白马激流回旋比赛运动场等一批运动、游乐设施。紫金山客运索道于 1993 年 3 月破土动工，10 月竣工试运行，12 月 30 日正式对外运营，是当时亚洲最长的单线循环固定抱索器吊椅式索道。2017 年，索道原址原线改造，更新了设施设备，优化了周边景观，提升了服务水平。1994 年，由中山陵园管理处投资 300 多万元开发的紫金山山顶公园——头陀岭景区初步建成开放。山顶公园的建成，一改过去山顶无人管理“脏、乱、差”的状况，经过绿化、美化，已成为众多市民登山健身的热衷之地。

中山陵园风景区内建有良好的配套商业设施。在建设、完善旅游配套商业设施时，景区始终贯彻建筑风格必须与主要景观相协调的原则，强调旅游购物场所不妨碍游客游览，不与游客抢占道路和观景空间等。1999 年，景区结合中山陵广场道路封闭改造，在其外围建成一条中山陵商业街，将过去散布在各景点的临时摊点集中经营，形成了景区旅游商品经营规模化、服务专业化的格局。近年来，景区优化中山陵商业街、紫岚里、红楼艺文苑、灵谷片区、体育运动公园、石象路、索道、白马公园八大客流聚集区域商业格局，对内选育培优，对外精准招商，打造景区旅游商业新业态。

景区不断优化内外交通体系，为游客提供了较为便利的交通服务。景区内部旅游道路建设与城市交通体系实现无缝对接。根据景区客流市场需求，景区购置了观光小火车和电瓶车，并统一纳入局交通组织管理，统一调度配置，规范行车时间和管理制度，为游客提供了交通保障。进入旅游经济发展新时期，尤其是2010年11月12日中山陵陵寝对社会免费开放以后，客流和车辆剧增，景区新建和扩建了中山陵停车场等一批停车场，有效缓解了进入景区车辆的停放问题。

景区一向注重提升自身形象，针对投诉处理工作，制定《中山陵园管理局旅游投诉及求助管理办法》，对游客公布了投诉电话和投诉办公室标志，在游客中心放置投诉意见簿等，并将投诉电话标识在景区门票上，以方便游客投诉。2006 年建立 ISO9001 质量管理体系后，旅游投诉处理工作提高到了一个更高的层次，提出了“游客意见投诉处理率 100%”的服务目标，对待游客提出的各类投诉，严格按照规定的程序落实处理，做到有诉必复，有错必改，让游客满意。

景区建立了一套紧急救援体系，保证在必要时对游客的救护服务及时有效。景区成立了应急救援指挥部，分工明确，责任到人，专门配置了应急救援车，随车配备了担架、药箱等医疗设备，参与抢救伤员的救援人员均通过急救基本知识培训。景区与临近的三级甲等医院签订了协议，确保绿色通道开通，在紧急情况下能以最快的速度应对突发事件。景区内还设立了免费医疗点，能够及时救助突发患病游客。

1999 年 9 月，景区成立了提供导游及咨询服务的导游服务公司。为进一步树立景区的旅游品牌形象，解决景区导游供不应求的矛盾，2006 年 12 月 31 日，中山陵园管理局收并原改制的导游公司，成立了集接待、营销、市场开发为一体的中山陵营销导游服务中心，增加导游服务点和旅游信息咨询点，不断促进和提升导游员的讲解水平。

2006 年，景区配套新建了中山陵游客中心。中心位于中山陵商业街入口处，是游客进入中山陵游览的必经之地。游客中心建筑外观醒目，内部设施与服务项目内容丰富、齐全、规范，为游客提供旅游咨询等服务。

（二）公共文化服务活动

中山陵是全国爱国主义教育基地，是开展爱国主义教育的独特实境课堂。中山陵整体建筑呈警钟形，有“木铎警世”之寓意；建筑风格中西合璧，与孙中山先生“学贯中西”的开放思想一脉相承；中山陵的建筑语言独特深刻，有“博爱”“天下为公”“民族、民权、民生”等代表孙中山思想学说精髓的题刻，这些都成为爱国主义教育的最好题材。

孙中山纪念馆主要承担着中山陵爱国主义教育基地工作，先后获得“江苏省爱国主义教育基地先进单位”“江苏省优秀学校德育基地”“全国青年文明号”集体等荣誉。

多年来，孙中山纪念馆积极发挥中山陵作为全国爱国主义教育示范基地的功能与作用，弘扬孙中山先生的博爱精神，深耕“博爱行动”爱国主义教育品牌。面向社会、面向青少年，推出内容丰富的中山文化宣传活动，开展系列寓教于乐的主题研学活动，彰显孙中山革命精神和崇高品德的当代价值与时代意义，取得了良好的社会效益。

一是持续开展“四送”爱教活动。2000 年开始，中山陵以“弘扬中山文化，传承博爱精神”为目标，每年分赴江宁、溧水、高淳、浦口、六合等地的大中小学以及社区、部队等开展“流动的纪念馆”“送展、送教、送奖、送书”等活动，受到广大师生的欢迎，既弘扬了中山精神，也为广大学生上了生动的爱国主义教育课，有力地配合了大中小学校的德育工作。

送展到校

二是持续开展底蕴深厚、门类丰富的主题研学活动。推进文教旅融合，将研学主题与孙中山文史研究成果有机结合，策划开展历史文化类、生态科普类、思政传承类等系列主题研学活动，内容包括参加升旗仪式、参观纪念馆、观看纪录片、学习孙中山名言警句、植树等，让青少年接受爱国主义教育的洗礼，领略"博爱"精神的独特魅力。

研学活动

三是持续开展“中山博爱奖教奖学金”和“中山博爱助学金”评选等特色共建活动。从1997年开始，在南京市部分中小学校设立了“中山博爱奖教奖学金”。从2002年开始，设立了“中山博爱助学金”，资助南京市郊区贫困学生。

特色共建活动

（三）志愿服务

近年来，中山陵所在的钟山风景区整合各类资源，孵化志愿力量，打造推出“博爱钟山”文旅志愿服务，每年招募志愿者超7000人次，涵盖文物保护、生态环保、文明旅游、文化宣讲等服务内容，为市民游客提供更高效、多元的文旅服务，志愿服务深度融合到文化旅游管理中，助力服务品质提档升级。

孙中山纪念馆“博爱使者”志愿服务队，是创建时间最早的志愿服务队，通过采取面向社会聘请专业人士、面向大学招募青年志愿者等方式，建立了一支专兼结合的志愿者队伍。同时，南京农业大学、南京理工大学还选派优秀大学生担任义务讲解员，利用节假日为游客义务讲解，受到广大游客的一致好评。

“我爱紫金山”环保公益志愿队成立于2015年，是景区志愿者人数最多的志愿队。志愿队与院校环保协会、公益组织，共同组织开展“野生动物保护”“物候观测”“带走一包花种子”“护笋”等活动800余场次，4万人次参与志愿活动。2023年，开展“环保家庭日”“关爱母亲山”“环保公益课”等系列活动23场，参与志愿活动人数超400人次。

中山陵园风景区文保志愿服务大队成立于2019年10月，40余名志愿者担负着风景区外缘区域7处13个点位的日常文物巡查工作。2023年4月，景区文物部门首次向社会招募，成立“神道守护神”志愿服务队，在景区文物重点保护区域，开展劝导市民文明晨练、爱护文物等志愿服务。

“博爱使者”志愿服务队

左：“我爱紫金山”环保公益志愿队

右：中山陵园风景区文保志愿服务大队

节假日期间景区志愿服务

中山陵博爱救护志愿队成立于2015年，目前固定注册志愿者30人，每年与南京红十字会联合招募培训志愿者达50人。先后获得南京市学雷锋志愿服务先进典型、南京市优秀职工志愿服务组织、江苏省优秀志愿服务组织、全国红十字模范单位等荣誉称号。在景区常设40多处小药箱，节假日设立一线救助岗，每年应急救护游客约1000余人次。

"YUE钟山"青年志愿服务队，常态化开展景区文明旅游咨询引导服务，重点保障节假日高峰期服务，"文明有礼、安全有序、景区有爱、文化有我"，不断创新服务形式，推出"扫我答题、知足常乐""扫码路路通"等惠民服务。2023年，招募志愿者近3000人次，直接服务游客超45000人次，服务总时长超24000小时。

四、对外文化交流与合作

中山陵作为全世界的重要文化遗产，是凝结全球华人情感的文化纽带，也是联结海峡两岸的历史和情感纽带，在促进祖国和平统一的进程中发挥了重要而独特的作用。中山陵园管理局致力于开展各种形式的对外文化交流活动，不断扩大中山陵在全世界的文化影响力。

（一）海内外各界人士谒陵

孙中山的伟大功绩和高尚人格，受到中国人民和世界各国人民的尊敬。近百年来，每天都有大批来自世界各地的人们怀着崇敬的心情前来晋谒中山陵。

1. 国际友人谒陵

孙中山先生不仅赢得了中国人民的尊敬，而且也受到世界各国人民的尊敬。自 1929 年 6 月 1 日孙中山安葬中山陵后，不断有外国贵宾和友人晋谒中山陵。

中华人民共和国成立后，首批到中山陵谒陵的外国友人，是苏联著名作家法捷耶夫、西蒙诺夫率领的苏联文化艺术科学工作者代表团。20 世纪 50 年代，波兰、德国、瑞典、匈牙利、意大利、奥地利、冰岛、缅甸、尼泊尔、叙利亚等许多国家的文化代表团，也都曾到中山陵瞻仰。1956 年 11 月 12 日孙中山诞辰 90 周年之际，苏联、蒙古、日本、朝鲜、缅甸、印度尼西亚、英国和加拿大 8 个国家的谒陵代表，其中有曾在伦敦蒙难中营救过孙中山的英国老师康德黎的儿子勘勒斯·康德黎随同中央谒陵代表团晋谒中山陵。20 世纪 50 年代，来谒陵的还有印度、印度尼西亚、阿尔巴尼亚、苏联、蒙古、波兰、缅甸、捷克斯洛伐克等国领导人。

1954 年 10 月，印度总理尼赫鲁和女儿英迪拉·甘地晋谒中山陵。

晋谒中山陵次数较多的外国元首是柬埔寨国家元首诺罗敦·西哈努克亲王。西哈努克亲王早在 1960 年 12 月 21 日，就曾在周恩来总理的陪同下晋谒过中山陵。1971 年，西哈努克两次晋谒中山陵。第一次是在 3 月 2 日，他和夫人莫尼克公主以及他的姑母诺罗敦·凯卡尼亚公主等，在叶剑英陪同下晋谒中山陵。第二次是在两个月后，他带着夫人莫尼克公主、儿子诺罗敦·尤瓦那王子夫妇、女儿诺罗敦·伦赛公主以及姑母诺罗敦·凯卡尼亚公主等同来谒陵。

1971 年，柬埔寨国家元首西哈努克亲王（前排左六）晋谒中山陵。

20 世纪 70 年代，来谒陵的有尼泊尔、博茨瓦纳共和国、扎伊尔共和国、突尼斯、冈比亚、联邦德国、中非共和国、喀麦隆、利比里亚、卢森堡、毛里塔尼亚伊斯兰共和国、伊朗、吉布提共和国、朝鲜等国领导人。

1975 年 4 月，邓小平陪同朝鲜金日成主席晋谒中山陵。

1978 年改革开放以后，外宾谒陵更加频繁。20 世纪 80 年代至今，来谒陵的有赞比亚共和国、日本、法国、泰国、荷兰、民主德国、联邦德国、捷克斯洛伐克、乌拉圭、黎巴嫩、越南、马来西亚、新加坡、南非、冰岛、乌克兰、贝宁、马里共和国、佛得角共和国、伊朗、比利时、蒙古、古巴、巴西、菲律宾、圭亚那、瓦努阿图、老挝、巴布亚新几内亚、几内亚比绍共和国、利比里亚、韩国、奥地利、马达加斯加共和国、美国等国领导人及国际组织负责人。

1994 年 9 月，新加坡资政李光耀（前排右二）晋谒中山陵。

2014 年 8 月 16 日，联合国秘书长潘基文晋谒中山陵。

2. 港澳台同胞谒陵

早在台湾开放大陆探亲之前，一些去台人员和台湾地区同胞在几经周折辗转回大陆探视、旅游时便晋谒过中山陵。开放大陆探亲以后，大批台胞回大陆探亲，他们到了南京，必定要到中山陵谒陵。

1986 年 11 月 12 日是孙中山诞辰 120 周年，中共中央决定举行隆重的纪念活动。全国政协六届十二次常委会议通过了关于孙中山诞辰 120 周年纪念活动办法。11 月 7 日，港澳各界人士中山陵参谒团 130 多人来到中山陵举行谒陵仪式。

进入20世纪90年代，来中山陵谒陵的港澳台同胞更多。1992年4月28日，台湾海峡两岸商务协调会会长张平沼一行 70 余人晋谒中山陵。在祭堂，张平沼一行向孙中山坐像敬献花篮，宣读祭文，入墓室，绕墓圹一周凭吊。张平沼题写：“和平奋斗救中国，吾等中华民族子子孙孙应永铭心中，两岸中国人更不可或忘。”1999 年 3 月 19 日，台北孙中山纪念馆馆长曾江源一行 5 人晋谒中山陵。谒陵后，曾江源感言：“在台北我们晋谒中山先生，只是心谒，这次能到中山陵谒陵，了我多年心愿，真像一块石头落了地，心里踏实了。”2000 年 8 月 16 日，台北孙中山纪念馆馆长张瑞滨率团晋谒中山陵。谒陵后，张瑞滨感言：“我是第一次到大陆，来中山陵谒陵一直是我们的心愿，今天能如愿以偿感到非常高兴。弘扬中山精神，加强两岸交流，促进共同发展是我们的共识。”

2005 年 4 月 27 日上午，中国国民党主席连战率团拜谒中山陵，成为时隔 56 年来首位拜谒中山陵的国民党主席。连战率访问团从博爱牌坊开始，走过 392 级石阶，来到中山陵祭堂。面对孙中山坐像，连战和访问团全体成员行礼三鞠躬，默念一分钟。晋谒之后，连战激动之情溢于言表，挥毫题词“中山美陵”。在博爱广场连战又发表了拜祭感言，盛赞中山陵的保护管理做到了尽善尽美。

2005 年 4 月 27 日，中国国民党主席连战率中国国民党大陆访问团晋谒中山陵。

2005 年 5 月 7 日上午，亲民党主席宋楚瑜率团拜谒中山陵。在祭堂，宋楚瑜向孙中山坐像敬献了花环，宣读了祭文。随后，在中山陵博爱广场前，宋楚瑜发表感言，希望海峡两岸人民心灵相通，精诚一致，向中山先生所号召的完成中华民族复兴的伟大使命和事业共同努力。

2005 年 7 月 8 日上午，新党主席郁慕明率团来南京拜谒中山陵。访问团成员一律身穿深色西服，缓步穿过牌坊、陵门、碑亭，拾级而上，来到祭堂。访问团全体成员每人手持白色百合花，在孙中山坐像前肃立、默哀。郁慕明向孙中山坐像敬献黄色花环。访问团向孙中山坐像行三鞠躬礼，随后进入墓室凭吊，最后把百合花一一敬献在孙中山坐像前。礼成之后，郁慕明为中山陵题词“情系中山在人心”，并在博爱广场发表了简短演讲。

2008 年 5 月 27 日，中国国民党主席吴伯雄率团拜谒中山陵，并现场题词“天下为公，人民最大”。2009 年 6 月 1 日，中国国民党主席吴伯雄率团晋谒中山陵，纪念孙中山奉安 80 周年。此后，2016 年、2025 年，中国国民党前主席洪秀柱率团谒陵，对海峡两岸的和平发展起到了积极作用。

2023 年 3 月 28 日，中国国民党前主席马英九一行晋谒中山陵，并表示深盼两岸共同努力，致力振兴中华。

2023 年 3 月 28 日，中国国民党前主席马英九晋谒中山陵。

3. 孙中山亲属谒陵

改革开放以后，孙中山嫡孙孙治平、孙治强，嫡孙女孙穗英、孙穗华先后回大陆晋谒中山陵。

1986 年 11 月 12 日孙中山诞辰 120 周年，孙穗英夫妇、孙穗华夫妇、戴成功，以及孙中山的其他亲属，分别从北京来到南京，参加江苏省暨南京市各界在中山陵举行的盛大谒陵仪式。

1992 年 7 月 17 日，孙中山嫡孙孙治强率全家来南京谒陵，并题写：“先人足迹，步步为艰。”

1996 年 11 月，孙中山诞辰 130 周年，孙穗华、孙穗英、孙治强、孙国雄等几代人从海外归来，晋谒中山陵。

2001 年 10 月 15 日，参加辛亥革命 90 周年纪念活动的孙穗英、孙穗华及海外来宾等近百人晋谒中山陵。11 月 12 日孙中山先生诞辰 135 周年，孙中山嫡孙孙治平一行晋谒中山陵。

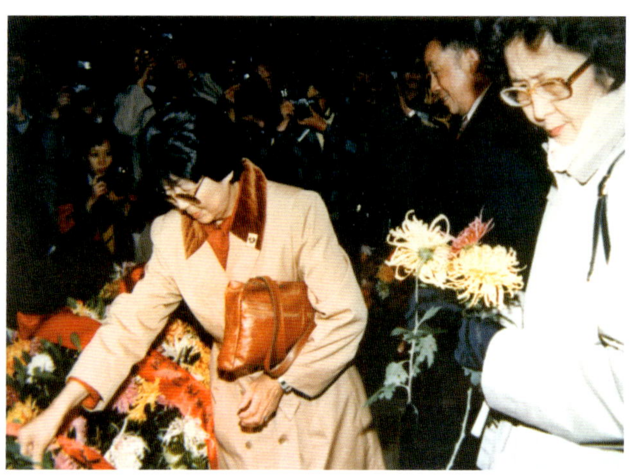

左：1992 年 7 月，孙中山嫡孙孙治强（左二）全家晋谒中山陵。
右：1986 年 11 月，孙中山孙女孙穗英、孙穗华晋谒中山陵。
下：2001 年，孙中山嫡孙孙治平（中）一行晋谒中山陵。

（二）开展交流活动

1. 面向港澳台

中山陵是联结海峡两岸的历史和情感纽带，多年来致力于两岸文化交流，在促进祖国和平统一的进程中发挥了独特的作用。两岸的文化交流始于 20 世纪 90 年代，1999 年 3 月 18 日，台北孙中山纪念馆馆长曾江源应邀前来孙中山纪念馆参观、考察。此后，两岸之间通过举办展览、举行研讨会、开展青少年演讲比赛等文化活动，增进了交流与往来。2011 年，中山陵被列为第四批全国海峡两岸交流基地。在基地授牌仪式上，时任国台办副主任的叶克冬在致辞中说："中山陵作为两岸共同的历史记忆，既是推动中华民族革命和向前跃进的重要象征，同时也是今天两岸和平发展的一个很重要的象征，中山陵作为两岸交流基地发挥的特殊作用是不可替代的。"2022 年，中山陵海峡两岸交流中心建成。2023 年，"海峡两岸青少年中山文化研习中心"在孙中山纪念馆挂牌成立，开启了中山陵海峡两岸交流基地发展的新阶段。

1999 年 3 月 18 日，台北孙中山纪念馆馆长曾江源（右五）应邀前来南京孙中山纪念馆参访交流。

通过和港澳台地区联合办展等文化交流活动，中山陵的对外影响力不断扩大。2009 年 6 月 13 日至 20 日，孙中山纪念馆与南京市档案馆联合在台湾举办“纪念孙中山先生奉安 80 周年图片展”。2009 年 9 月，孙中山纪念馆赴香港孙中山纪念馆举办“时代符号——南京中山陵 1929. 6. 1”展览。2019 年中山陵园管理局与台湾青雁和平教育基金会共同举办的“孙中山与航空救国专题图片展”被列为国台办对台交流项目。在台湾展出期间，中国新闻网、新华网、中央 4 套中文国际频道、东南卫视、台湾中天亚洲台等媒体对展览进行了全面报道。2024 年 3 月 12 日，在江苏省台办、南京市台办指导下举办的“两岸书　血脉情：王省、王翔宇捐赠家书展”，以一个家族的血脉亲情为视角，展现了海峡两岸人民期盼祖国早日和平统一的心愿。

中山陵海峡两岸交流基地开展了形式多样的两岸文化交流活动，促进两岸同胞心灵契合，尤其是在促进两岸青少年的民族认同中发挥着独特作用。

为了推动海峡两岸青少年的交流与交往，孙中山纪念馆配合江苏省台办、南京市台办和台湾夏潮基金会等单位多次举办了海峡两岸青少年夏令营活动。来自台湾岛内的大学生，还有在江苏就读的台湾大学生和定居江苏的台湾省籍大学生积极参加活动。

自 2007 年开始，由澳门辛亥 · 黄埔协进会主办的“民族心 · 中华情”青少年征文演讲比赛已连续举办 17 届，孙中山纪念馆负责南京赛区选拔赛，并组织优秀选手赴澳门参加决赛。

自 2015 年起，在南京市台办的指导下，孙中山纪念馆连续策划举办了九届“寻访中山足迹”台胞研习营活动，追寻孙中山先生奋斗足迹，回顾伟人孙中山为民族独立、国家富强、社会进步、人民幸福建立的不朽功勋，为实现中华民族伟大复兴汇聚精神力量。

上：海峡两岸“民族心·中华情”青少年征文演讲比赛

下：2023 年“寻访中山足迹”台胞研习营

2. 面向国际

中山陵作为全球华人共同景仰的圣地，多方面积极开展国际交流活动。

早在民国时期，景区内的中山植物园和紫金山天文台就已经开展国际交流活动。中山植物园，原名“总理纪念植物园”，为纪念孙中山先生而建立，隶属于总理陵园管理委员会园林组，从 1929 年筹备时起，植物园就与世界各大植物园建立了联系。为了植物园的长远发展，陵园还派青年技师叶培忠到英国爱丁堡大学及英国皇家植物园学习，回国后为植物园的建设服务。

中山植物园

紫金山天文台

紫金山天文台位于紫金山第三峰，1934年9月1日落成，是我国自行设计、自行建造的第一座现代天文台。当时的紫金山天文台，因建筑美观、仪器名贵、图书丰富，而在国内外颇负盛名，号称“东亚第一”。紫金山天文台同国外天文研究机构有着长期而广泛的学术交流。

孙中山宋庆龄纪念地联席会议始创于1989年，是沟通、联结世界各地孙中山宋庆龄纪念地的重要平台，由包括南京中山陵在内的五家纪念地联合发起成立，截至2024年，已举办34届，在继承弘扬孙中山先生的革命精神和崇高品德方面发挥了重要作用。

在学术活动方面，中山陵积极举办孙中山、辛亥革命等相关主题的国际性学术会议。2005年，中山陵园管理局和南京大学中华民国史研究中心在中山陵联合举办“纪念中国同盟会成立100周年国际学术研讨会”。2010年，中山陵园管理局和哈佛大学、牛津大学、剑桥大学、东京大学、莫斯科国立大学、南京大学在中山陵联合举办“中华民国史第六次国际学术讨论会”。2021年，在南京市台办的指导下，中山陵园管理局高规格成功举办“孙中山与中华民族伟大复兴学术研讨会”，海峡两岸知名专家学者等60多人参加了会议。

上：第 26 次孙中山宋庆龄纪念地联席会

下：第六次中华民国史国际学术讨论会

景区充分发挥自然与人文景观资源优势，通过举办中国南京国际梅花节、中国南京灵谷桂花节、南京森林音乐会等国际性文化活动，以文塑旅，以旅彰文，不断扩大中山陵的国际影响力。

1996 年，首届梅花节在中山陵园风景区梅花山举办。1997 年梅花节正式定名为“中国南京国际梅花节”，并定于每年的 2 月下旬至 3 月中旬在梅花山举办。梅花节以“梅”为主题，其间举办各种系列活动，包括文艺表演、花车巡游、梅花书画笔会、摄影竞赛等，南京市民和中外游客同赏梅花，专家学者云集共论梅花。2000 年以来，梅花节“以花为媒，以梅会友”，已演变为融赏花探景、休闲娱乐、文化展览、商贸经营为一体的综合性旅游活动。国家旅游局亦将梅花节列为国家年度系列旅游节庆项目之一。中国南京国际梅花节已成为南京城市旅游的著名品牌活动，并取得了良好的生态、环境和经济效益。

2024 中国南京国际梅花节

首届灵谷桂花节开幕式

紫金山植桂历史悠久，20 世纪 90 年代后，中山陵园管理局为进一步改善景区旅游生态环境，在灵谷公园规划建成了万株桂园，园内共栽植桂花 38 个品种 18000 株，规模约 2000 亩，成为著名的桂花专类园。每逢金秋十月，万株桂花盛开之时，十里飘香，秀木佳林，色彩斑斓，景色十分迷人，赏桂游人盛况空前。景区以优美的灵谷胜景旅游资源，筹办桂花节。1998 年 9 月 24 日，首届“中国南京灵谷桂花节”作为南京首届园林花卉节重要活动，在中山陵园灵谷景区开幕，活动规模和社会影响力巨大。

音乐台是重要的附属纪念建筑之一，建成后举办过多次大型歌舞活动，如 1947 年 11 月新疆青年歌舞团曾在此举行大型演出。60 年代以后，几次中日青年大联欢在音乐台举行，纪念孙中山先生的大型文艺演出也经常在此演出。从 2015 年开始，南京森林音乐会在音乐台隆重上演，以“南京，让世界倾听”为主题，坚持“国际化、专业化、经典化”的高度和“国内一流、国际知名”的品牌方向，来自全球多个国家和地区的顶级音乐家在这里倾情演出，为人们呈现出美轮美奂的视觉与听觉盛宴。活动延续至今，已举办 10 年，成为南京最具有代表性的国际文化演出品牌之一。

南京森林音乐会

后　记

建筑遗产是人类文化遗产中的重要组成部分，具有不可替代的多重价值，不仅属于我们这一代人，也属于子孙后代。吕彦直设计建造的南京中山陵是全球范围内最经典、最重要的中山纪念建筑，是中国乃至世界建筑宝库中的瑰宝。

《中山陵》一书的编辑出版得到了中山陵园管理局领导的大力支持和指导。在书籍的策划编写方面，成立了《中山陵》编辑委员会，领导、组织、推进编纂工作，确保书稿按计划出版。

在书稿酝酿、撰写及修改完善的过程中，馆领导与馆里研究人员多次一起讨论，集思广益，不断对书稿进行修改、补充、完善。苏艳萍撰写书稿第一部分，卢立菊撰写第二部分，王晓楠撰写第三部分。对于写作中遇到的难点，大家畅所欲言，深入讨论，碰撞出不同的思想火花，使书稿从内容、图片及档案选择到语言表述、排版装帧等都更完善。

在书稿写作的过程中，《中山陵》广泛汲取了前人的研究成果，参考学习并借鉴了众多专家学者的最新学术研究成果，特别是李恭忠、陈蕴茜、廖大伟、马敏、赖德霖、周琦、殷力欣、周学鹰、卢海鸣、汪晓茜、达志翔、卢洁峰、张力等专家学者的著作与文章，在此表示衷心的感谢。在书稿的配图方面，要特别感谢梅宁、贲放，他们拍摄的很多美图与书稿文字内容相得益彰，使广大读者可以更直观地欣赏中山陵的建筑特色和景区优美的自然景观。刘树稼多方搜集历史图片，丰富了本书的内容。在原始档案和建筑图纸的使用方面，本书得到了南京市档案馆、南京市城市建设档案馆的大力支持，在此表示衷心的感谢。书稿完成后，南京大学历史学院李恭忠教授在百忙之中阅读书稿并提出了宝贵的修改意见。

加强文物保护利用和文化遗产保护传承，提高文物研究阐释和展示传播水平，是传承中华优秀传统文化、扩大中华文化国际影响力的重要途径。希望《中山陵》书籍的编纂出版是一次有益的探索与尝试，在展示中山陵的历史文化价值、科学技术价值和人文艺术价值的同时，能引导全社会形成保护建筑遗产的共识与自觉，为建设社会主义文化强国、增强民族文化自信贡献力量！

最后，学术研究是一个不断深化和完善的过程，写作者虽竭尽全力，力求完善，但因学识、时间和精力有限，书中仍有不足之处，敬请谅解并指正！

《中山陵》编委会

2025 年 5 月

图书在版编目（CIP）数据

中山陵 / 汪东明主编. -- 南京 : 江苏凤凰美术出版社, 2025. 5. -- ISBN 978-7-5741-3229-0

Ⅰ. K928.76

中国国家版本馆CIP数据核字第2025L48P27号

责任编辑 王左佐
装帧设计 焦莽莽
责任校对 李凡伟
责任监印 唐　虎
责任设计编辑 龚　婷

书　　名 中山陵
主　　编 汪东明
出版发行 江苏凤凰美术出版社（南京市湖南路1号 邮编：210009）
印　　刷 上海雅昌艺术印刷有限公司
开　　本 889 毫米×1194 毫米 1/16
印　　张 17.25
版　　次 2025年5月第1版
印　　次 2025年5月第1次印刷
标准书号 ISBN 978-7-5741-3229-0
定　　价 398.00元

营销部电话 025-68155675 营销部地址 南京市湖南路1号